Albert Breyer

Vom Feind gejagt

Die tollkühne Flucht eines Landsers

1982 Lizenzausgabe für Manfred Pawlak
Verlagsgesellschaft mbH, Herrsching
Schutzumschlag: Bine Cordes, München
ISBN: 3-88199-087-9

Die letzten Kriegstage
(7)

Kapitulation
(39)

Internierung
(53)

Eine große Enttäuschung
(63)

Mit List und Selbstvertrauen
(96)

In schwerer Krise
(143)

Mit neuer Mannschaft
(185)

Letzter Ausbruch
(235)

Heimkehr
(275)

Ausklang
(293)

Skizzen
(295)

DIE LETZTEN KRIEGSTAGE

Schon tagelang feuern die Russen an den Fronten und in das Hinterland des eng zusammengedrückten Kessels an der östlichen Weichselmündung. Aber auch die Rohre unserer schweren Waffen werden nicht kalt. Es ist eine Trommelei, die mich an Stalingrad erinnert. Der Krieg geht zu Ende, und jeder fühlt das. Diese nunmehr sinnlose Ballerei erscheint mir wie das „Sich-Wehren" einer sterbenden Kreatur vor dem Tod.
Was soll es denn noch?! Hitler ist tot und Berlin gefallen. Im Westen haben die Alliierten die Elbe erreicht. Es ist doch alles aussichtslos! Der Gedanke, in den letzten fünf Minuten des Krieges noch zu fallen oder verwundet zu werden, macht uns mutlos. Keiner riskiert mehr etwas. Also behält man am besten auch die Nase im Sand und steckt den Kopf nur raus, wenn es unbedingt sein muß.
Wir haben eine ruhige Nacht in unserem Abschnitt auf der Frischen Nehrung gehabt. Es ist der 6. Mai 1945. Ich erwache noch vor Sonnenaufgang in meinem Unterstand, den ich mit dem Obergefreiten Küchler teile. Er schläft noch, seine ruhigen Atemzüge verraten es. Ein netter Zeitgenosse aus Solingen, stets etwas naiv und verwundert, sehr kameradschaftlich und im richtigen Augenblick fest zupackend. Alles in allem ein ganzer Kerl, der es versteht, mit jeder Situation auf seine Art fertig zu werden!
Ich stehe auf, räume vorsichtig die Tarnung vor unserem Eingang beiseite und krieche ins Freie, um die Umgebung, ein bewaldetes und hügeliges Gelände, vorsichtig zu beobachten.
Die Ruhe ist verdächtig: Die Russen haben schon ihren Brückenkopf von Pillau aus zur Frischen Nehrung gebildet. Wenn wir uns auch hinter der Hauptkampflinie in der unmittelbaren Nähe des Bataillonsgefechtsstandes befinden, so müssen wir dennoch immer auf einen Überfall gefaßt sein. Doch im Augenblick rührt sich nichts, bis auf das wenig entfernte Trommeln berstender Granaten in den übrigen Ab-

schnitten des Kessels. Ich prüfe meine Pistole, die bewährte „08", lade sie durch und stecke sie wieder in das Futteral zurück, wende mich dann meinem Krad, einer 750er BMW mit Seitenwagen, zu. Es war alles in Ordnung.
Unterdessen ist Küchler munter geworden und kriecht blinzelnd aus dem Einstieg: „Mensch, hab' ich gut geschlafen!" Er legt sich lang in den Sand und alle Viere von sich streckend, sagt er gähnend weiter: „Die Ruhe ist ja unheimlich, Albert!"
Mit der Absicht, eine Morgenwäsche vorzunehmen, schnalle ich meinen Utensilienkoffer vom Krad:
„Die Russen werden uns die Ruhe als Henkersmahlzeit überlassen. Ich bin überzeugt, daß die sich auf einen Angriff vorbereiten!" „Mit Sicherheit, Albert. Bloß wann, ist die Frage?" Aber hätten die es jetzt nicht schon tun können? Ist denn im Morgengrauen nicht die beste Zeit dafür?
„Die Vorbereitung mit schweren Waffen hätte in der Nacht schon stattfinden müssen. Ich glaube, sie werden uns heute morgen nichts mehr tun. Laß uns deshalb die Zeit nutzen und die Wäsche wechseln!"
Auch Küchler kramt sofort seine Sachen hervor, und gemeinsam beginnen wir in aller Eile mit Zähneputzen, Rasieren und Waschen. Wir wechseln die Wäsche und bringen das Lederzeug in Ordnung. Anschließend verpacken wir die Utensilien und kriechen wieder in den Unterstand zurück. Voll umgeschnallt legt sich jeder auf sein Lager. So, den Kopf auf meinem Stahlhelm balancierend, luge ich sinnend durch einen Spalt des Einstiegs ins Freie.
Dieser Morgen verspricht ein schönes Wetter für den Tag zu werden. Kein Wölkchen ist am Himmel zu erblicken. Die ersten Sonnenstrahlen spiegeln sich in den Tautropfen auf dem noch jungen Laub. Jungfräulich und mit voller Kraft drängt die Natur wieder zum Leben. Es ist ein schönes Frühlingswetter wie im Bilderbuch!
Nur wir stehen auf der anderen Seite des Lebens! Auf der Abschußliste! Ohne Hoffnung auf eine Zukunft, und wenn

sie noch so mies sein würde! Wir warten auf das Ende! Auf's Krad und raus aus dieser Falle hat auch keinen Sinn; von einer Scheiße in die andere? Das wäre nicht mein Stil. Am nächsten Baum würde mich der Ordonnanzoffizier, ein Leutnant des Bataillonsstabes, aufhängen lassen. Er war schon mal auf Jagd nach Fahnenflüchtigen. Ein 150-prozentiger, der ohne ein Konzept den Krieg noch gewinnen will! Ich muß ihm aber zugute halten, daß er ängstlich darauf bedacht und auch bemüht ist, in unserem Haufen die militärische Ordnung aufrechtzuerhalten. Die Übertreibungen allerdings sind nicht nötig. Unsere Truppe ist bis zum letzten Mann absolut zuverlässig.

Die Lage ist aber trostlos!

Plötzlich ist das Motorengeräusch unseres Schwimmwagens vernehmbar, der Kaffee und Verpflegung bringt. Vielleicht auch Neuigkeiten? Die vom Troß wissen doch immer mehr als wir! Vom Lager hochfahrend, setze ich meinen Stahlhelm auf, schiebe ihn ins Genick und ergreife Kochgeschirre und Feldflaschen. Küchler schläft wieder ruhig atmend, wie ein unschuldiger Engel, den nichts Böses erwartet. Der leicht geöffnete Mund legt sein kräftiges Gebiß frei. Seine Bärenruhe ist beneidenswert! Er empfindet doch die Lage genau so wie ich. Sicher will er für die Dinge, die an der Front immer überraschend auf einen zukommen können, nur Kraft speichern.

Ich krieche hinaus und schlendere langsam zum Ausgabeplatz hinüber. Es kommt Leben in die Landschaft. Aus allen in die Hügel getriebenen Erdlöchern und Unterständen kommen die Kameraden hervorgekrochen, um die Verpflegung zu empfangen. Zum Glück leidet unsere Einheit daran noch keine Not. In allen Gesichtern Apathie und bange Fragen: Wie soll's weitergehen? Was wird aus uns: Schürt die unheimliche Ruhe unseres Abschnitts die Angst vor der Zukunft, die sich wie ein Schleier über diese Szene legt?

Angst?!

Auch ich bin davon betroffen! Und kann mich nicht dagegen

wehren! Es ist ein sich steigerndes Gefühl, durch die Hilflosigkeit unserer Lage ausgelöst und von der „Ruhe vor dem Sturm" genährt. Während des ganzen Krieges über habe ich das nicht gekannt. Unsere Zukunft war Krieg mit all seinen Situationen und Bewegungen, denen Angriffs- und Ausweichsmöglichkeiten offenstanden; hier sind wir mit dem normalen Angstgefühl immer wieder fertig geworden.

Aber hier?

Rückzugsgefechte!

Nun gut, aber wohin denn nur?

Kriegsende?!

Überlebt man? Und was kommt danach?

Gefangenschaft?!

Wie mag die wohl aussehen?

Es werden Rufe laut nach dem Sanitäter! Den Gefreiten Koslowski, der uns die Verpflegung brachte, hat es erwischt; seine linke Hand ist voller Blut, die Feldbluse an der Schulter zerrissen. Ich gehe auf ihn zu und frage teilnahmsvoll: „Was ist denn mit Dir passiert, Kossi?" „Granatsplitter!" antwortet er und bagatellisiert die Verwundung mit einer abwehrenden Handbewegung.

„Und wo?" „Ein paar Kilometer von hier!"

Es war wohl nicht so schlimm, wenn er noch bis hierher fahren konnte, denke ich. Unterdessen entladen einige Kameraden den Wagen, auch die Kübel für die Kompanien, die von den jeweiligen Essenholern abgeholt würden.

„Wo bleibt denn nur der Sanitäter?" frage ich laut in die Runde.

„Der weiß schon Bescheid!" antwortet einer aus dem Kreis der Umherstehenden.

„Kannst Du noch die Finger und den Arm bewegen?"

„Ja, ja — hier!" entgegnet er und macht mit angewinkeltem Arm, den er hin und her bewegt, eine Faust.

„Tut's weh?"

„Nein, aber wenn Du mich so danach fragst, ein bißchen!"

„Komm' Kossi, runter mit den Klamotten!"

Schnell greife ich zu und helfe ihm beim Entkleiden. Es ist nur eine, wenn auch klaffende, Fleischwunde am Oberarm in Schulternähe. Ein Knochen wurde nicht verletzt. Endlich kommt der Sanitäter, reinigt und verbindet die Wunde und verpaßt ihm schließlich noch eine Spritze. Wir helfen ihm beim Anziehen.

„Was gibt's denn Neues, Kossi, und wie geht's dem Quandt?"

Quandt ist Verpflegungsunteroffizier des Bataillons, ein kontaktfreudiger Mensch, wenn auch ein wenig egoistisch, so doch kameradschaftlich, rege und klug. Im Zivilberuf Jurist, ist er vielseitig interessiert, und so hatten wir oft Gelegenheit, miteinander zu diskutieren.

„Na, dem Quandt geht's ja gut, er überlegt schon, wie er nach dem Krieg wieder Geld verdienen kann. Hoffentlich kommen wir alle noch mal dazu!"

„Der denkt ja schon weiter als wir! Und Neuigkeiten?" frage ich wiederum; denn ich bin darauf versessen, aus irgendeiner Nachricht eine Erleichterung unserer Lage sehen zu können. Mit Hoffnungen lebt sich's leichter!

„Radio dürfen wir nicht mehr hören!"

„Das doch schon seit einigen Tagen nicht mehr!" Ich bin enttäuscht, nicht mehr von ihm zu erfahren.

„Ja, und die Ballerei, aber die hörst Du doch selbst! Bei Euch ist es doch hier schön ruhig!"

Was soll die Redensart? Der weiß doch genau, was uns bevorsteht, wenn es jetzt so ruhig ist.

Er setzt sich in seinen Wagen und wendet mit schmerzverzerrter Miene. Ich rufe ihm nach:

„Grüße den Quandt von mir! Paß' auf, hier sind über den Knüppeldamm zwanzig Meter Feindeinsicht!"

Er nickt und ruft über die Schulter: „In Ordnung!"

Im niedrigen Gang hoppelt der Wagen mit heulendem Motor a tempo durch die kritische Zone.

Unterdessen ist einer meiner Kameraden schon dabei, die Verpflegung auszuteilen. Ich stelle mich in die Reihe und

empfange die Ration für Küchler mit. Welche Freude! Es gibt sogar heißen Bohnenkaffee! Ich lasse ihn in die Kochgeschirre gießen, die Feldflaschen fülle ich mit Wasser und gehe dann zum Unterstand zurück.
Küchler ist inzwischen wieder wach geworden und aus seiner oberen Koje gestiegen. In dem vier Quadratmeter großen Unterstand breite ich auf meiner fast zur ebenen Erde befindlichen Pritsche die Verpflegung aus. Der Kaffeeduft zieht in die Nase, und wir freuen uns auf das Frühstück. Nebeneinander sitzen wir im Schneidersitz auf der Erde, es gibt Brot, Margarine, Schmelzkäse, Leberwurst und Marmelade. Küchler nimmt einen Kanten Brot, schneidet ihn in Scheiben und fragt:
„Was gibt's Neues?"
„Den Koslowski hat's erwischt."
„Hach du lieber Jott, wie kümmt dat dann?"
Diese Antwort mußte ja kommen. Er gebraucht diesen Spruch in seinem rheinischen Dialekt immer wieder, so daß er schon sein Markenzeichen wurde.
„Am Oberarm hat er 'ne Fleischwunde abbekommen! Nicht schlimm. Seinen Wagen kann er jedenfalls noch fahren."
„Ach, deshalb die Rufe nach dem Sani. Ich habe mich schon gewundert, weil es doch so ruhig ist. Wo ist denn das eigentlich passiert? Und wodurch?
„Ein paar Kilometer von hier. Wahrscheinlich bei den Artilleriestellungen. Es war ein Granatsplitter."
Mit Appetit verspeisen wir die Brote und genüßlich trinken wir den Bohnenkaffee. Mich beschleicht ein Gefühl von satten Friedenszeiten. Wenn auch meine Eltern nicht auf Rosen gebettet waren, so erinnere ich mich an einen Ausflug mit ihnen in die Müggelberge bei Berlin. Wie meine Mutter im Schatten eines Laubbaumes ein Tuch ausbreitete und aus einem Tragekorb für uns Jungen frische Brötchen mit Wurst und Käse darauf servierte! Es war auch damals ein seltener Genuß, wenn unsere Familie Bohnenkaffee trank.
Als ob Küchler meine Gedanken erraten hätte. Mit vollen

Backen eifrig kauend und einem Seitenblick auf mich, folgert er:
„Genieße den Krieg, Albert, denn der Friede wird fürchterlich!"
Er greift zum Becher. In einem Zug leert er ihn. Ich antworte nicht. Nach einer Gedankenpause wechselt er das Thema und kommt auf Koslowski zurück:
„Für den Kossi ist der Krieg zu Ende. Wenn es auch nur ein Kratzer ist!"
„Ja, aber wo will er denn hin? Doch letzten Endes nur in die Gefangenschaft! Aber dazu muß er erst mal das Kriegsende heil überstehen!"
„Ja, ja — aber trotzdem ist der Krieg für ihn zu Ende", meint er beharrlich.
„Gott sei Dank, daß es nur ein Kratzer ist. Der hat noch Glück im Unglück. Vielleicht findet sich ein Schiff an der Küste, das ihn in den Westen bringt."
„Jetzt noch ein Schiff?" fragte Küchler zweifelnd und schüttelt verneinend den Kopf:
„Das glaube ich nicht!"
„Für Verwundete! Warum nicht?"
„Na, ich würde auf so einen Kahn nicht rauf wollen! Die Russen haben schließlich auch U-Boote in der Ostsee."
„Ja, das stimmt, Erwin."
Im Grunde hat er recht. Ich könnte einwenden, daß auch wir eine Marine haben, die uns letzten Endes unterstützt. Aber was heißt denn letzten Endes? Letzten Endes ist jeder sich selbst der Nächste! Uns wird man genau so vergessen wie die Armee von Stalingrad. Den kleinen Haufen hier sogar noch eher! Nein! Es hat keinen Zweck, sich mit dem Thema noch weiter zu befassen. Für uns gibt's nur eines: Das Beste aus jeder Situation zu machen!
Wir zünden Zigaretten an und blasen, an die Bunkerwände zurückgelehnt, den Rauch genießerisch zur Decke und schweigen. Sie ist mit schweren, kreuzweise übereinander angeordneten Baumstämmen abgesichert. Ich glaube nicht, daß ein

Volltreffer der Konstruktion was anhaben könnte. Die Zeit vergeht. Unterdessen raucht Küchler schon die zweite Zigarette. Wird er nervös? Er drückt die Kippe im Sand aus und prüft den Inhalt seiner Feldflasche. Seine Frage klingt verwundert:

„Warum hast du denn hier keinen Bohnenkaffee einfüllen lassen?"

„Was willst Du denn nachher mit kaltem Kaffee? Trink doch Wasser!"

„Bohnenkaffee ist doch eine schöne Sache, Albert", entgegnet er mißmutig.

„Aber Wasser ist doch vielseitiger verwendbar, Erwin! Wer weiß, was heute noch alles passiert!", beschwichtige ich ihn.

Wir heben die „Frühstückstafel" auf. Um immer einsatzbereit zu sein, schnalle ich mein Holzköfferchen auf dem Gepäckständer meiner Beiwagenmaschine fest, und wir legen uns wieder in die Kojen. Am besten, man sieht uns nicht. Jede Aufgabe ist hier ein Risiko. Hoffentlich vergißt man uns erst einmal.

Ich war wohl auch eingenickt. Im Unterbewußtsein vernehme ich näherkommende Laufschritte. Sofort schnelle ich hoch und spähe aus dem Einstieg; es ist der Putzer des Kommandeurs:

„Du sollst sofort zum Ordonnanzoffizier kommen!"

„Was will denn der von mir?"

„Keine Ahnung! Ich soll Dich nur holen!". Das hat mir noch gefehlt, denke ich. Jetzt gibt es ein Himmelfahrtskommando. Ich setze meinen Stahlhelm auf und krieche aus dem Loch. Gemeinsam gehen wir zum Gefechtsstand hinüber. Den Sand von meinem Kradmantel abklopfend, frage ich wieder:

„Hast Du denn nicht gehört, was der von mir will?"

„Nein! Der faßt doch immer einsame Entschlüsse."

Vor dem Eingang schiebe ich den Riemen des Stahlhelms unter das Kinn und teile mit einer Handbewegung den Vorhang.

Ich trete ein und salutiere leise; denn der Kommandeur liegt in der Ecke auf seinem Lager und schläft. Gleichzeitig mit

meinem Eintritt legt der Ordonnanzoffizier, Leutnant Schröder, seinen Finger an den Mund. Ein Zeichen dafür, mich ruhig zu verhalten. Er sitzt auf einer Kiste und ist mit der Generalstabskarte beschäftigt. In der Mitte des Unterstandes liegt sie vor ihm ausgebreitet auf einem roh zusammengezimmerten Tisch. Ich flüstere:
„Obergefreiter Breyer zur Stelle!"
Er winkt mir, näher zu kommen. Ich gehe auf ihn zu und beuge mich hinab. Mein Ohr befindet sich ganz nah an seinem Mund, als er leise seinen Auftrag formuliert:
„Wir haben einen Funkspruch aufgefangen. Die Russen wollen um 12.00 Uhr angreifen. Ich habe mir überlegt, daß wir einen wendigen Munitionstransporter gebrauchen könnten, am besten so ein allradgelenktes Fahrzeug. Wissen Sie, was ich meine?"
„Jawohl, Herr Leutnant. Ich kenne diese Fahrzeuge."
„Dann fahren Sie nach hinten zum Troß. Da sind verschiedene Parks mit abgestellten Fahrzeugen. Da muß doch so was stehen! Suchen Sie ein solches Fahrzeug aus und bringen Sie es her!"
„Jawohl, Herr Leutnant. Hoffentlich sind die Fahrzeuge, die ich da vorfinde, in Ordnung!"
„Dann müssen Sie den Wagen schnellstens instandsetzen!"
„Allein?"
„Da sind doch Leute, die Ihnen helfen müssen!"
„Jawohl, Herr Leutnant. Unter den Umständen werde ich es aber heute kaum noch schaffen!"
„Dann kommen Sie eben morgen wieder!"
„Was mache ich mit meiner Maschine, Herr Leutnant? Die wird doch hier gebraucht!"
Er stützt nachdenklich seinen Kopf in die Hand. Sein Schweigen sagt mir, daß mein Einwand berechtigt ist. Endlich habe ich ihn soweit, um Küchler in's Spiel zu bringen:
„Darf ich den Obergefreiten Küchler mitnehmen? Er könnte mir nicht nur helfen, sondern auch das Krad zurückbringen."

„Nehmen Sie den Küchler mit!"
Gott sei Dank! Ich habe es geschafft.
„Ich melde mich und Küchler ab!" sage ich leise, und nehme, mit der Hand am Helm grüßend, eine straffe Haltung ein. Ich verlasse den Unterstand und entferne mich mit diensteifrigem Schritt.
Meine Armbanduhr zeigt 11.20 Uhr. Jeden Augenblick können die Artillerievorbereitungen der Russen beginnen. Es ist höchste Eile geboten, zu verschwinden, bevor der Rummel los geht! Meine Gangart wird zum Laufschritt.
Mit einem Sprung verschwinde ich in dem Einstieg meines Bunkers, packe den schlafenden Küchler am Arm und schreie: „Küchler raus!"
Er bekommt einen mächtigen Schreck, springt mit einem Satz aus der Koje und stößt mich in seiner Eile um:
„Was ist los?"
„In den Beiwagen! Nimm Deine Klamotten mit!" antworte ich, noch am Boden liegend. Ich krieche wieder ins Freie, werfe die Maschine an, und lasse sie warm laufen. Die aus dem Einstieg von Küchler herausgeworfenen zwei Decken, Zeltbahnen sowie seinen Brotbeutel bringe ich hinten im Beiwagen unter. Sekunden später kommt er heraus, schnallt den Stahlhelm fest, legt den Karabiner neben den Sitz und zwängt sich selbst in das Gefährt.
Ich bekomme plötzlich Hemmungen und das Gefühl, die Ruhe nicht stören zu dürfen, durch den Krach das Drohende nicht herauszufordern, die Lauerstellung meiner Kameraden nicht zu unterbrechen. Warum eigentlich? Wäre es nicht wie ein Hohn, wenn ich mit heulendem Motor abfahre und im nächsten Augenblick bricht hier die Hölle los? Gut, wir haben einen Auftrag; aber auf der anderen Seite macht sich bei mir, wenn auch unbegründet, ein schlechtes Gewissen meinen Kameraden gegenüber breit, die ich in dieser Scheiße zurücklassen muß.
Langsam wende ich das Krad in Richtung des Knüppeldammes und schalte die Maschine mit ruhig laufendem Motor

auf den dritten Gang hoch. So habe ich genügend Anlauf und fahre verhältnismäßig schnell mit leisem Motor durch die kritische Zone. Ich federe mich auf den Fußrasten stehend ab. Auch Küchler richtet sich im Beiwagen auf, um nicht zu sehr durchgeschüttelt zu werden. Bevor ein Scharfschütze uns im Visier hat, sind wir längst hinüber. Es ist geschafft!

Aufatmend lege ich ein bedächtiges Tempo vor, während Küchler sich bequem im Beiwagen ausstreckt. Jetzt kann ich ihn über unseren Auftrag und die Lage informieren:

„Wir haben vom Leutnant Schröder die Order, ein allradgelenktes und für den Munitionstransport geeignetes Fahrzeug vom Troß zu organisieren!"

„Beim Troß gibt es doch so was nicht!"

„Ich meine, von den dortigen Kfz.-Abstellplätzen!" berichtige ich mich.

„Die sind doch alle im Eimer! Wie stellt denn der sich das vor?"

„Wir sollen das Fahrzeug reparieren und uns von unseren Männern helfen lassen!"

„Die Männer möcht' ich sehen, die uns helfen werden!" entgegnet er zweifelnd.

Plötzlich bricht hinter uns die Hölle los. Wir sind noch keine zweihundert Meter weg. Ich halte an. Wir steigen ab und blicken zurück: Stalinorgeln, Artillerie und Granatwerfer beharken unsere Stellungen. Auch in dem Bereich des von uns soeben verlassenen Gefechtsstandes landen die Treffer.

„Hach, du lieber Jott, wie kümmt dat dann? Die armen Schweine! Die Ballerei wird ja immer verrückter! Hoffentlich halten die das durch", sagt Küchler. Betroffen sieht er mich an: „Hast Du das gewußt?"

„Das Bataillon hat einen Funkspruch aufgefangen, daß die Russen um 12.00 Uhr angreifen wollen. Nun beginnen sie mit den Artillerievorbereitungen."

„Ach, deshalb Deine Eile!"

„Wenn Du Dich nicht beeilt hättest, wären wir nicht mehr rausgekommen, Erwin."

„Mensch — Albert, haben wir ein Glück gehabt!"
„Weiß Gott! Laß uns weiterfahren, bevor sich solche Blindschleiche von Granate bis hierher verirrt!"
Wir schwingen uns auf die Maschine und setzen die Fahrt fort.
Das Nichtstun, die Ungewißheit und das quälende Warten liegen hinter uns. In eigener Verantwortung haben wir jetzt einen Befehl durchzuführen. Kein Wunder, daß sich in uns das Gefühl breit macht, ein Wink des Schicksals ließe uns nochmal davonkommen!
Küchler zündet sich eine Zigarette an, pafft den Rauch gegen den Fahrtwind. Unsere innere Spannung löst sich, und auch das übersteigerte Angstgefühl läßt nach. Unsere Aufmerksamkeit richtet sich auf die Straße und neue Situation. Schon bald haben wir die emsig feuernden Granatwerfer hinter uns gelassen und die ersten Artilleriegeschütze erreicht. Sie befinden sich im Gelände, links und rechts der Straße verstreut in Stellung und ballern ebenfalls, was die Rohre hergeben. Vereinzelt schlagen russische Granaten ein. Ich fahre nach links und halte an einem Hügel. Küchler springt aus dem Beiwagen:
„Die Luft wird eisenhaltiger, Albert!"
Ich dachte, er meint damit unsere Artillerie, und antworte:
„Gott sei Dank, daß unsere Kameraden noch diese Unterstützung haben!"
„Nein, ich meine die Einschläge!"
„Na ja, die Russen lassen sich auch nicht lumpen!"
„Von wo schießen die eigentlich?"
Das frage ich mich auch:
„Doch nur über das Haff! Vom Brückenkopf aus sind die Russen mit unserer Front beschäftigt."
„Über das Haff?", fragt Küchler und sieht mich mit großen Augen an:
„Dann schießen die sich ein!"
Ich habe plötzlich den gleichen Gedanken:
„Komm, laß uns abhauen!"

Wir schwingen uns auf die Maschine; ich gebe Gas und beeile mich, auf Tempo zu kommen. Die Einschläge werden zahlreicher! In geduckter Haltung versuche ich die Unebenheiten des Weges zu umfahren. Immer gelingt es mir nicht, und so stehe ich wieder teilweise auf den Fußrasten der Maschine, um mein Gewicht abzufedern. Das Heulen der anfliegenden Granaten nimmt zu. Sie bersten überall im Gelände. Hin und wieder ein schwabbelnder Blindgänger. Die Russen wollen unsere Artillerie zudecken, das Sperrfeuer verhindern und somit die Abwehrbereitschaft der deutschen Front schwächen.
Die Hand am Lenker ist ruhig.
Aufmerksam unterscheide ich die Töne heranheulender Geschosse, je höher, um so mehr Respekt! Bald kann ich auch das nicht mehr auseinanderhalten. Die Luft ist voll vom Konzert des Todes. Überall eine scheinbar unaufhörliche Kette von Explosionen ...
Splittern ...
Zischen ...
Surren ...
Schreie und Kommandos gehen unter.
Die Rache der Welt entlädt sich hier!
Neben mir auf der Anhöhe eine Serie von Detonationen ...
Wie im Reflex schalte ich den Gang in den Leerlauf, trete gleichzeitig auf die Bremse und stoße mich von dieser zu einem Hechtsprung über den Lenker in den Straßenrand ab. Durch den Bremsschwung der Maschine lande ich vor einem Splittergraben und hechte bäuchlings hinein.
„Vater unser ...
Wenn, dann bitte einen Volltreffer!"
Die Detonationen über mir hören nicht auf. Die Erde zittert. Meine Hände krallen sich fest. Kommt denn kein Volltreffer?
Sollte ich nochmal Glück haben?
Voller Angst drehe ich mich um und blicke auf.
Ich traue meinen Augen nicht, die Detonationen sind die Abschüsse unserer „Do"-Werfer.

Bin ich denn schon verrückt geworden?
Ich werde etwas ruhiger.
Wo ist Küchler?
Über den Rand des Splittergrabens suche ich nach ihm, doch er ist nicht zu sehen.
„Küchler!"
„Hier, Albert!"
Auf der anderen Straßenseite erspähte ich ihn, wie er ebenfalls mit dem Kopf aus einem Loch auftaucht. Ich rufe hinüber:
„Alles in Ordnung?"
„Ja!"
Die würgende Angst weicht von mir; ich spüre eine Entkrampfung. Sie mündet in ein befreiendes, lauthalses Lachen. Küchler hat es ausgelöst, weil er mit seinem Kopf so komisch, gleichmäßig langsam aus der Versenkung hervorkam.
„Wo ist denn die Maschine, Erwin?" rufe ich noch halbwegs beherrscht hinüber.
„Keine Ahnung!"
Auch das noch! Das gibt's ja nicht! Die hat sich doch nicht aufgelöst!
Ich rutsche in den Graben zurück. Es gelingt mir nicht, den Lachanfall zu ersticken. Plötzlich erscheint Küchler über mir:
„Was ist denn mit dir los, Albert?"
Seine erschrockenen, großen Augen geben weiteren Anlaß, mich nicht zu beruhigen. Vom Lachen schmerzt mir der Leib.
„Beruhige Dich doch!", höre ich ihn auf mich einreden.
Mir wird die Luft knapp; ich muß ihn erst mal los werden:
„Kümmere ... Dich um die ... Maschine!"
Er verschwindet. Langsam beruhige ich mich. Es dauert noch geraume Zeit. Das Toben der Materialschlacht ruft mich in die Wirklichkeit zurück.
Ich krieche hinaus und springe auf die Straße. Dreißig Meter weiter, am Hang einer Düne, entdecke ich die Maschine. Küchler sitzt daneben:

„Ist der Motor in Ordnung?"
„Ja!"
„Los rauf, wir hauen ab!"
Im Nu sitzen wir auf. Jetzt erst merke ich, daß ich vorhin in der Eile versehentlich den ersten Gang statt des Leerlaufs eingeworfen habe. So ist die Maschine bis zum Hindernis allein weitergerollt. Mit dem ersten Tritt läuft der Motor und heult beim Heraufschalten der Gänge. Zusammengeduckt und mit höchstmöglicher Geschwindigkeit wollen wir dem Schicksal entrinnen.
Links und rechts der Straße abgeknickte Bäume, ausgebrannte und noch brennende Fahrzeuge. Die russischen Granaten wühlen die Erde um. Ein Splitter pfeift ganz nah an meinem Gesicht vorbei, ich spüre den Luftzug. Dreck fliegt mir ins Gesicht und auf die Schutzbrille; mir fehlt die Sicht! Ich reiße die Brille runter und lasse sie um den Hals baumeln. Staub und Qualm brennen mir in den Augen. Ich kneife sie zusammen. Der Staub setzt sich in meine Nasenlöcher, ich bekomme kaum noch Luft!
Was ist das für ein Wahnsinn!
Ich blicke auf meinen Kameraden neben mir im Beiwagen. Er hält sich mit beiden Händen fest und hockt mit angezogenen Beinen auf dem Sitz, absprungbereit.
„Ist bei Dir alles in Ordnung, Erwin?"
„Ja!"
Plötzlich zeigt er mit ausgestreckter Hand auf einen Schwimmwagen und schreit:
„Koslowski! Halt' an, Albert!"
Ich fahre in ein am Straßenrand ausgehobenes Erdloch. Ein guter Splitterschutz. Schnell springen wir über den Weg zum Schwimmwagen. Uns bietet sich ein furchtbares Bild: In Fahrtrichtung liegt er auf der Seite, ist wie ein explodierendes Benzinfaß auseinandergebeult und an einer Stelle aufgerissen. Einige Meter weiter liegt ein Teil des Körpers von Koslowski.
„Das war ein Volltreffer!" diagnostiziert Küchler, vom Anblick erschüttert.

„Er wird von seinem Tod nichts gemerkt haben, Erwin. Komm', laß uns gehen! Wir können hier nichts mehr machen."
Wir springen über den Weg zurück in das Erdloch und zwängen uns hockend zwischen das Krad und die Wand. Schweigend sitzen wir eine Zeitlang nebeneinander. Der Schlachtenlärm will kein Ende nehmen.
War ein netter Kerl, dieser Koslowski. Nie klagte er und war immer voller Optimismus. Man konnte sich an seiner Art immer wieder erfrischen. Seine Zuverlässigkeit war sprichwörtlich.
„Der liebe Gott meint es gut mit mir", hatte er mir mal lachend gesagt.
„Hoffentlich!"
„Wie hast Du den Wagen eigentlich erkannt?", unterbreche ich das Schweigen.
„Am Nummernschild! Ich dacht', ich seh' nicht richtig."
„Der hat genau wie wir auf seinen guten Stern gesetzt und wollte mit Gewalt durch!"
Küchler rangelt sich hoch und öffnet die Kofferklappe vom Beiwagen. Er kramt seine Feldflasche hervor und trinkt in langen Zügen. Auch ich verspüre plötzlich Durst. Er reicht sie mir rüber. Das Wasser ist erfrischend. Wie trocken doch die Kehle ist! Im Angesicht des schrecklichen Todes von Koslowski empfinde ich Hemmungen vor der Weiterfahrt:
„Wollen wir noch eine Zigarette rauchen?"
„Können wir machen", entgegnet Küchler, holt aus seiner Tasche ein Päckchen, entnimmt zwei Zigaretten und zündet sie an. Eine davon überläßt er mir und fragt:
„Ist das nicht ein bißchen leichtsinnig, durch diesen Hexenkessel zu fahren?"
„Sicher! Aber was wollen wir machen? Unser Bataillon braucht schnellstens den Munitionstransporter!"
„Eben deshalb! Wenn wir eine geplättet kriegen, dann bekommen sie den überhaupt nicht mehr."
„Da hast Du auch wieder recht! Ich kann den Leutnant

Schröder nicht verstehen. Jetzt erst fällt dem ein, daß wir einen Munitionstransporter brauchen!"
„Einen allrad-gelenkten, Albert! Normale haben wir ja vorne!", verbessert er mich.
„Ja, das hätte er aber schon vor ein paar Tagen wissen müssen. Er kennt doch das Gelände!"
„Das stimmt", entgegnet Küchler und schüttelt den Kopf, „dieser Plattfußindianer!"
„Der kennt die Lage besser als wir und weiß genau, durch welchen Mist wir hier hindurch müssen."
„Wenn er Dich wenigstens informiert hätte!"
Küchler holt aus seiner Schachtel noch zwei Zigaretten, die letzten! Keine Tragik, ich habe auch noch welche.
Da explodiert plötzlich unmittelbar neben uns eine Granate; der herabfallende Dreck schlägt ihm die Glimmstengel aus der Hand. Sofort sitzen wir auf und fahren rückwärts aus dem Erdloch; in Sekundenschnelle sind wir wieder auf der Straße.
Hoffentlich ereilt uns nicht das gleiche Schicksal wie Koslowski!
Was ist richtig?
Was ist falsch?
Wieder anhalten und ein Loch suchen?
Die Ballerei hört ja überhaupt nicht mehr auf! Dann sitzen wir womöglich morgen früh noch hier im Dreck! Im Loch kann ich genauso einen Volltreffer bekommen wie hier auf der Straße! Aber im Loch bin ich wenigstens vor Splittern geschützt! Wir müssen aber weiter! Die brauchen schnellstens den Munitionstransporter! Jeder Splitter trifft ja nicht!
Sehe ich richtig?
Am Straßenrand sitzt auf einem Feldstein ein Landser. Schon von weitem entdecke ich ihn; wir kommen näher und halten: Ein Bein ist ihm bis zum Oberschenkel abgerissen, ein festgezogener Gurt am Stumpf verhindert das Ausbluten. Macht er den Eindruck, als ob er aufgeben will? Spuren von Tränen verlieren sich im staubbedeckten Gesicht! Wenn er das will,

dann braucht er doch bloß den Gurt zu lösen! Hat er Angst vor dem Tod? Warum aber sitzt er hier auf dem Stein, wie auf einem Präsentierteller für herumfliegende Splitter explodierender Geschoße? Was auch immer sein mag, Trost kann der nicht gebrauchen! Nur harte Worte können den Mann wieder hochreißen:

„Bist du bescheuert, Du Idiot, wie ein Denkmal hier herumzusitzen?"

Wir springen vom Krad und auf ihn zu. Küchler muß wohl genauso empfunden haben wie ich. Er brüllt ihn an:

„Du bist wohl besoffen! Willst Du auch noch durchsiebt werden?"

Wir nehmen ihn in die Mitte, greifen uns unter seinem Hintern und Rücken bei den Händen und heben ihn in den Beiwagen. Beim Aufsitzen merke ich, daß der Sattel so ungewöhnlich tief hängt. Haben wir einen Platten? Ich beuge mich runter.

Tatsächlich!

Erspart uns das Schicksal überhaupt nichts mehr? Werden wir noch mehr herausgefordert? Ist das noch nicht genug? Schaffen wir es?

Wir müssen! Wir müssen!

Wir können das Krad mit dem Verletzten hier nicht zurücklassen!

„Los Erwin, Reifenwechsel!"

„Hach du lieber Jott, wie kümmt dat dann?"

„Los, los, Werkzeugtasche! Ersatzrad! Maschine hoch!"

Auf die Arbeit konzentriert, überhöre ich den Lärm! Wir ergänzen uns wunderbar; keine überflüssige Handbewegung, kein Griff daneben. Wenn es uns auch wie eine Ewigkeit vorkommt, so dauert der Wechsel nur Minuten.

Mit unverminderter Heftigkeit deckt uns der Russe mit seinem Feuer weiter ein. Oberflächlich verstauen wir Werkzeug und Gerät, sitzen auf und geben Fersengeld. Die Lage nimmt keine Rücksicht auf den Verletzten. Von seinem Stöhnen bei jeder Erschütterung lasse ich mich nicht ablenken. Erst mal

raus aus diesem verfluchten Abschnitt. Es kann doch nicht mehr weit sein?!
Endlich!
Haben wir es geschafft? Haben wir es bald geschafft? Vor mir nur vereinzelte Einschläge! Es werden weniger! Erst jetzt spüre ich den Druck auf meinem Rücken, der langsam nachläßt. Küchler preßt sein Körpergewicht auf mich. Wir richten uns wieder in normale Haltung auf. Ich beginne, die Geschwindigkeit herabzumindern. Küchler kümmert sich um den Verwundeten.
„Wie lange hast Du denn schon dagesessen?"
Er gibt keine Antwort. Küchler versucht ihn weiter aufzurichten:
„Wie Du darf man sich aber nicht verhalten bei einer Verwundung! Ich kann ja verstehen, daß man bei solcher Verletzung erst mal geschockt ist. Du hast doch noch ein Köpfchen! Deine Familie wartet doch auch auf Dich! Du kommst mir vor wie ein Waschweib! Wie kann man nur seine Beherrschung verlieren! So geht's nicht, mein lieber Freund!"
Ich wende meinen Kopf nach links und raune über die Schulter zu Küchler:
„Jetzt hat er genug, Erwin. Mach's nicht so doll!"
Der Beschuß hört auf. Ich fahre noch langsamer, sanfter, vermeide jede Erschütterung. Zu unserem Kranken heruntergebeugt, sage ich beruhigend:
„Ich verstehe ja, daß der Verlust Deines Beins ein Schock ist. Aber für Dich ist jetzt der Krieg zu Ende! Und sobald Du transportfähig bist, kommst Du nach Hause! Wir bringen Dich jetzt erst mal in's Lazarett. Da bist Du auch für später am besten aufgehoben."
Er gibt keine Antwort. In seinem Gesicht keine Reaktion. Nur eine schwache Handbewegung sagt mir, daß meine Worte angekommen sind.
Hinweisschilder zeigen uns den Weg zum Hauptverbandsplatz. Es ist schon spät. Am Horizont deutet sich der Sonnenuntergang an. Wir sind am Ziel; vor dem Eingang eines

Operationszeltes halten wir. Küchler springt vom Sozius und eilt in's Innere. Nach wenigen Sekunden kommen zwei Sanitäter, die den Verletzten aus dem Beiwagen heben, auf eine Trage betten und in das Zelt bringen. Kurze Zeit später kommt Küchler heraus:
„Die operieren gleich! Ich habe den Oberstabsarzt gesprochen. Wir können noch etwas Essen kriegen, sollen uns an die Küche wenden und sagen, daß wir auf seine Anordnung kommen!"
„Da hast Du gut geschaltet, Erwin! Hier gibt's besseres Essen als bei unserem Troß. Wo ist denn die Küche?"
Wir schauen uns um. Zwischen einer Baumgruppe entdecken wir einige Fahrzeuge, darunter den Küchenwagen. Wir fahren mit dem Krad hinüber, sitzen ab und melden uns in strammer Haltung bei dem Feldwebel:
„Obergefreiter Breyer, vom Stab des Ersatzbataillons der Panzergrenadier-Division ‚Feldherrnhalle'!"
„Obergefreiter Küchler, von der gleichen Einheit! Wir haben die Order von Ihrem Oberstabsarzt, uns bei Ihnen zu melden. Wir sollen uns Essen geben lassen."
„Wie soll ich denn das machen? Ich habe doch nichts mehr!"
Er sieht uns an, breitet die Arme aus, schüttelt den Kopf und scheint ratlos. Sich abwendend, schüttelt er wieder den Kopf und murmelt:
„Wie der sich das immer vorstellt!"
Wir bleiben stehen, sehen ihn an und geben noch nicht auf. Unterdessen öffnet er einige Kübel, und sieht prüfend hinein. Schon glaubt Küchler, daß wirklich nichts mehr übrig ist und reagiert enttäuscht:
„Hach du lieber Jott, wie kümmt..."
Da unterbricht der Feldwebel und sagt:
„Setzt Euch mal hin, und wartet einen Augenblick!"
Er hat uns wohl angesehen, daß wir es nötig haben.
Ich setze mich auf das Krad, während Küchler die Kochgeschirre hervorholt und sich dazusetzt. Der Duft von Gulasch steigt mir in die Nase. Ich bekomme Appetit, verspüre Hun-

ger, und mir knurrt der Magen. Nach einer Weile beugt sich der Feldwebel aus dem Eingang des Küchenwagens und ruft:
„Kommt mal her!"
Wir gehen hin. Er reicht für jeden einen Teller mit Kartoffelbrei und Gulasch herunter. Ein warmes Essen! Heißhungrig machen wir uns darüber her. Mit den beiden leeren Tellern geht Küchler zum Küchenwagen zurück und fragt:
„Wo ist hier Wasser, um die Teller abzuwaschen, Herr Feldwebel?"
„Das braucht Ihr nicht zu machen, gebt sie mal her!"
„Vielen Dank, Herr Feldwebel! Wir melden uns ab!" Er kehrt zurück, wir sitzen auf und fahren zum Troß.
Ringsum, von fern vernehmbar, begleitet uns das dumpfe Grollen der feuernden schweren Waffen, als wir bei unserem Troß eintreffen. Die Sonne ist mittlerweile untergegangen. Die Nacht kündigt sich an. Es wird kühl, mich fröstelt.
„Wie ist es, Erwin, wollen wir zum Quandt, und bei dem übernachten?"
„Natürlich, da wären wir am besten aufgehoben! Wir müssen ihm außerdem über Koslowski berichten!"
Vor dem Einstieg seines Unterstandes stoppe ich das Krad. Wir sitzen ab und zwängen uns durch die schmale Öffnung. Unteroffizier Quandt liegt mit offenen Augen auf seinem Lager und schnellt überrascht hoch:
„Wo kommt Ihr denn her?"
Sein Unterstand ist sehr niedrig. Wir kauern am Boden und legen die Hand zum Gruß an den Helm:
„Von vorn, Herr Unteroffizier!"
„Was habt Ihr für einen Befehl?"
Ich unterrichte ihn über unseren Auftrag, auch über die Auffassung des Leutnant Schröder, daß uns Männer von hier bei der eventuellen Instandsetzung helfen müssen. Er zieht unwillig die Stirn in Falten:
„Wir haben keine Männer hier, die sind doch alle vorne! Was hat der bloß für Vorstellungen?" Nachdenklich schüttelt er den Kopf und fährt fort, als ob er mit sich selbst spräche:

„Er hat doch selbst jeden, nach seiner Meinung hier entbehrlichen Mann nach vorn geholt! Das müßt Ihr schon allein bewerkstelligen!"
„Wir haben Ihnen noch was zu melden, Herr Unteroffizier. Leider eine schlechte Nachricht", sagt Küchler in gedämpftem Ton.
„Ja, mein Gott, was denn?"
„Den Koslowski hat es erwischt. Ein Volltreffer. Ich habe den Wagen am Nummernschild erkannt."
Betroffenes Schweigen. Seine erschrocken auf uns gerichteten Augen wenden sich zu Boden. Auch wir sind still; denn uns ist bekannt, daß die beiden immer einen guten kameradschaftlichen Kontakt zueinander hatten. Endlich sagt er:
„Ich habe mir bald so was gedacht, weil er bis jetzt nicht zurückgekommen ist."
Mich beschleicht das Gefühl, ihn allein lassen zu müssen, und mit dem banalen Vorwand, nach der Maschine sehen zu wollen, zwänge ich mich an Küchler vorbei aus dem Unterstand. Nach geraumer Zeit kommt auch der:
„Das hat den ganz schön mitgenommen!"
„Die waren auch gut befreundet."
Nach einer Pause berichtet Küchler dann:
„Ich habe den Unteroffizier nach der Übernachtungsmöglichkeit gefragt Albert, und er meinte, daß wir bei ihm schlafen könnten."
„In Ordnung! Aber wollen wir uns nicht waschen? Wir sehen aus wie die Schweine!"
Wir finden eine Waschschüssel, füllen sie mit Wasser und reinigen Gesicht und Hände. Die Säuberung von Krad und Uniform verschieben wir auf den nächsten Tag. Jetzt ist es dafür zu dunkel. Wir kriechen in den Unterstand zurück. Der Tag war eine große Belastung! Dicht zusammengedrängt liegen wir nebeneinander. Mir fallen die Augen zu, und ich schlafe fest bis zum nächsten Morgen.
Ich komme zu mir, als mich Quandt an der Schulter schüttelt und flüstert:

„Ich fahre jetzt die Verpflegung nach vorn. Wenn Ihr nachher munter seid, könnt Ihr frühstücken."
Er zeigt mit der Hand auf zwei Rationen, die er auf einem Brett abgelegt hat.
„Danke sehr, Herr Unteroffizier!", antworte ich leise, „wollen Sie bitte Leutnant Schröder melden, daß wir gestern Abend hier eingetroffen sind und uns erst jetzt um das Auto kümmern?!"
„Ja, ich sage Bescheid! Macht's man gut!"
„Fahren Sie vorsichtig, nicht mit Gewalt und kommen Sie gut zurück!"
Küchler schläft noch tief. Um ihn nicht zu stören, bleibe ich ebenfalls liegen. Ich denke an meine lange Soldatenzeit. Von Anfang an bin ich dabei und immer nur im Osten. Von Polen über Wien, Budapest, Rumänien, Bulgarien nach Jugoslawien, zurück über Wien nach Polen und zum Auftakt des Krieges nach Rußland. Bei Kiew ging es über den Dnjepr. Es war ein Vormarsch ohne Probleme, und Gefangene wurden in Massen gemacht. Von Taganrog kam ich mit meiner Einheit, der 60. Inf.-Div. (mot.) nach Stalingrad. Damals bekamen wir den ersten Hieb, als Hitler die 6. Armee opferte. Ich war dieser Tragödie entkommen, weil ich mit Typhus ins Lazarett mußte. Und diese schwere Erkrankung war mein Glück! Die Räumung des Lazaretts kam plötzlich. In meinem Zustand war ich nur auf Geborgenheit bedacht. Eine Krankenschwester erzählte von dem modernen Lazarettzug, der uns abtransportieren sollte. Sie hätte ihn gesehen.
So aber sah der Rücktransport tatsächlich aus: Der moderne Lazarettzug war ein Viehwaggon mit Strohsäcken! Wie die Heringe in Dosen verpackt, schichtete man die Infektionskranken auf Luk eng nebeneinander. Der eine mit dem Kopf nach links und der andere nach rechts. In der Mitte kauerte ein an Gelbsucht Erkrankter, der das Feuer eines kleinen Kanonenöfchens unterhielt. Wenn es auch glühte und ich unmittelbar daneben lag, so war dennoch nicht zu vermeiden, daß meine Unterschenkel bis zum Knie Erfrierungen zweiten

Grades erlitten. Wenn morgens die Sanitäter kamen, um die Toten herauszuholen, den Abortkübel auszuwechseln und warmen Tee zu bringen, knirschte der Schnee draußen vom klirrenden Frost. Am furchtbarsten waren die Nächte. Tragödien spielten sich ab! „Nähmaschinen"-Bomber, die in Abständen Bahnkörper und Zug gezielt bombardierten, verursachten mitunter stundenlange Aufenthalte. Ein Diptheriekranker mit Halsröhrenschnitt, dessen Wunde nicht jeden Tag gereinigt werden konnte, lief immer wieder nach Luft ringend, röchelnd über die Körper der Kranken, trat in deren Gesichter und Weichteile, so daß sie aufschrien. Er riß in seiner Not die ringsum notdürftig als Kälteschutz befestigten Strohsäcke aus ihrer Halterung und ließ sie fallen. Morgens räumten die Sanitäter diese Säcke hinaus. Sie zu befestigen, fehlte die Zeit. Das zwangsläufige Mehr an Zugluft konnte ich in meinem Fieber schon nicht mehr empfinden. Der Lungenkranke neben mir stöhnte und klagte, daß er sterben müsse. Ich redete ihm zu, bis ich glaubte, er sei eingeschlafen. Doch am Morgen des dritten Tages brachte man ihn tot hinaus. Zum Glück kam ein Arzt, der den Diptheriekranken behandelte. Am vierten Tag waren wir endlich am Ziel. Weil mein Körper vor Schüttelfrost wie ein elektrischer Aal ausschlug, wurde ich als erster in den Krankenwagen gebracht und kam in ein warmes Bett. Den Abtransport eines steifgefrorenen Toten an der Stirnwand des Waggons hoben sich die Sanitäter bis zuletzt auf.

Ein halbes Jahr später war ich wieder hergestellt und durfte mich in Abbazia an der Adria vier Wochen erholen. Dort lernte ich Felicitas kennen. Es war eine herrliche Zeit! Ein unbeschwerter Urlaub wie im tiefsten Frieden, eine Zeit des Atemholens! Fern die gleichzeitig ablaufenden Kampfhandlungen an der Front, fern Uniform, Militärfahrzeug, Kommandos. Von Not und Elend keine Spur.

Würde ich Felicitas wiedersehen? Doch was könnte ich ihr bieten nach einem verlorenen Krieg?

Als ich wieder hergestellt war, kam ich bei Witebsk an die

Front, erlebte Rückzugsgefechte über die Beresina, überstand Einkesselungen, bis eine infektiöse Gelbsucht der Anlaß war, wieder ins Lazarett eingeliefert zu werden. Auskuriert schickte man mich zum Ersatztruppenteil nach Danzig. Mit diesem Haufen bin ich nun hier im Einsatz.

Seit der Verheizung der Armee in Stalingrad hatte mich — wie so viele andere — Kriegsmüdigkeit befallen. Neben der Erfüllung meiner Pflicht war ich jetzt zunehmend darauf bedacht, heil davonzukommen. Alle meine Kameraden waren dort zurückgeblieben. Von keinem hatte ich mehr gehört. Der Obergefreite Penndorf zum Beispiel! Ist er tot? Oder in Gefangenschaft? Damals hat er in Danzig, als unsere Division aufgestellt wurde, ab und zu in der Marienkirche als Organist ein Konzert gegeben. Ich war jedesmal dabei. Er war ein prächtiger Kamerad.

Meine Gedanken kreisen wieder um die hoffnungslose Lage: Was für eine Situation erwartet uns bei Kriegsende? Wann wird es soweit sein? Die Durchhalteappelle waren immer so optimistisch! Die müssen sich doch was dabei gedacht haben? Wir landen doch in der Gefangenschaft, wenn das so weitergeht! Wie mag die wohl aussehen? Bringt man uns vielleicht nach dem berüchtigten Sibirien, um dort letztlich vergessen zu werden? Sichere Folgen wären neben Entbehrungen, Erfrierungen auch Krankheit und Tod! Oder hängen die uns womöglich auf, weil wir von der „Feldherrnhalle" sind? — Aber was ist, wenn sich unser Haufen nach dem Westen durchboxen würde? Unserem Kommandeur, ein Hüne von Gestalt und entschlußfreudig, wäre sowas zuzutrauen!

Nein, er käme nicht weit. Man würde uns jagen und wie die Hasen abschießen. Eine Flucht allein? Es sind insgesamt über 600 km. Wenn ich nur durch den polnischen Korridor käme, hätte ich schon gewonnen! Sicher werden die Polen gefährlicher als die Russen sein! Man müßte deshalb nur des nachts marschieren. Aber ist die Flucht mit einer kleineren Gruppe, so mit drei oder vier Mann, nicht vorteilhafter als allein? In Gesellschaft ertragen sich schwere Situationen leichter!

Doch es kommt immer anders als man denkt! Vorläufig ist es noch nicht so weit, wir haben noch Waffen und können uns wehren.
Durch den Einstieg bemerke ich die Morgendämmerung. Es wird Zeit, daß wir aktiv werden. Ich fasse den Schlafenden am Arm: „Komm Erwin, wir wollen uns fertig machen!" Er gähnt, räkelt und streckt sich:
„Schon wieder soweit?"
„Ja, leider! Quandt ist schon weg."
„Wo ist denn der hin?"
„Der bringt die Verpflegung nach vorn."
Nach langem Suchen entdecken wir das für uns geeignete Fahrzeug. Der Zustand ist erbärmlich. Es fehlt an allem. Drei Reifen sind ohne Luft. Die Batterie fehlt. Kabel hängen abgerissen um den Motor herum und im Fond des Wagens liegen die Sitze lose durcheinander. Wir machen uns an die Arbeit. Küchler organisiert Werkzeug, Batterie, Räder und Benzin, während ich mich zunächst um die Elektrik bemühe. Erst müssen wir den Motor zum Laufen bekommen, um dann feststellen zu können, ob es sinnvoll ist, weiter daran zu arbeiten. Endlich springt er an. Wir stecken die Räder um, prüfen Getriebe und Differential. Es funktioniert. Plötzlich geht die Maschine aus. Wir reinigen den Vergaser und die Leitungen. Der Wagen springt wieder an und läuft jetzt beständig. Wir entfernen die hinteren Sitze und befestigen die vorderen. Der Wagen ist fahrbereit. Auf dem Weg zum Troß kocht der Kühler. Wasser tropft aus der Schlauchverbindung. Der Inhalt unserer Feldflaschen ersetzt das fehlende. Erst am Ziel reparieren wir den kleinen Defekt.
Unteroffizier Quandt, inzwischen zurückgekehrt, unterbricht unseren technischen Dienst:
„Wenn Ihr noch Essen wollt, dann müßt Ihr Euch beeilen! Der Koch will die Küche aufräumen!"
„Wir gehen sofort hinüber, Herr Unteroffizier!"
„Übrigens, können Sie beide nach dem Essen mal zu mir kommen!"

„Jawohl, Herr Unteroffizier! Nach dem Essen kommen wir zu Ihnen!"
Küchler empfängt den Reiseintopf für mich mit. Zu ebener Erde neben unseren Fahrzeugen löffeln wir die Kochgeschirre leer.
„Hat der was besonderes für uns, Erwin?"
„Hört sich so an!"
„Was wird der wollen? Da bin ich aber gespannt!"
„Irgend was Besonderes wird's schon sein. Sonst hätte er es uns gleich sagen können."
Wir reinigen die Kochgeschirre und gehen vor Neugier diensteifrig sofort zu seinem Unterstand. Er liegt auf seiner Pritsche:
„Machen Sie sich's mal bequem!"
Wir setzen uns erwartungsvoll auf den Boden.
„Der Krieg wird in den nächsten Tagen zu Ende gehen. Wir haben eine Barkasse aufgebracht, an deren Leck zur Zeit noch gearbeitet wird. Sie ist mit einem 38 PS starken Motor ausgerüstet und seetüchtig. Wir beabsichtigen, damit nach Schweden hinüberzufahren. Es ist noch Platz frei. Wenn Ihr wollt, dann könnt Ihr mitkommen!?"
„Großartig, ich bin dabei!" antworte ich schnell und sehe Küchler fragend an.
„Ich selbstverständlich auch!" entgegnet er, „wieviel haben denn darin Platz?"
„Etwa 20 Mann!"
„Hat die Barkasse auch eine Kajüte?"
„Aber ja!"
„Sollen wir bei der Reparatur helfen? Wir könnten das für einige Stunden noch verantworten, weil wir dann wieder nach vorne müssen."
„Nein, das ist nicht nötig! Ihr würdet Euch gegenseitig im Wege stehen. Aber was anderes! Euer Wagen wird vorn nicht mehr gebraucht, weil unsere Einheit morgen wieder abgelöst wird. Ich habe mit Leutnant Schröder gesprochen."
„Hat er gesagt, daß wir hierbleiben sollen", frage ich.

„Nein, das nicht."
„Dann müssen wir natürlich nach vorn."
„Aber heute Nacht doch nicht mehr, fahrt morgen früh! Es wird sowieso schon dunkel!"
Ich sehe Küchler an:
„Was meinst Du?"
„Wenn's so ist, bin ich auch der Meinung, daß wir erst mal schlafen sollten. Denn wenn wir vorne sind, haben wir womöglich überhaupt keine Gelegenheit mehr dazu."
„Gut, dann fahren wir morgen früh!" entschied ich und komme auf die brennendste Frage zurück:
„Werden wir überhaupt kapitulieren, Herr Unteroffizier?"
„Es wird uns weiter nichts übrig bleiben!"
„Und wann?"
„Das kann keiner sagen! Wir sollten jedenfalls vorbereitet sein!"
„Ich dachte an einen gewaltsamen Ausbruch."
„Ohne Nachschub geht das nicht!"
„Gut, Herr Unteroffizier. Es ist alles klar. Wir wollen jetzt aber trotzdem weitermachen. Bevor es dunkel wird, müssen wir fertig werden. Wir melden uns ab!"
Wir haben es noch rechtzeitig geschafft. Licht zu machen war verboten wegen der berüchtigten „Nähmaschine". Es ist der russische Nachtbomber, dessen lautes Schnurren einem mit der Zeit auf die Nerven geht. Zwangsläufig achtet man darauf, ob sich das Schnurren verstärkt, also näher kommt, oder leiser wird und sich somit entfernt. Ab und zu setzt es dann eine Bombe. Solang man sie vorher hört, ist sie nicht gefährlich. Hört man sie aber vorher nicht, dann kann es zu spät sein.
Am Küchenwagen versammeln sich die Kameraden. Auch wir gehen hinüber. Der Küchenbulle hat noch Bohnenkaffee. Aber dennoch bleibt die Stimmung gedrückt. Jeder der hinzukommt, stellt die gleiche Frage:
„Gibt's was Neues?"
„Nein!"

Das Thema von der Barkasse wird nicht berührt. Behandelt Unteroffizier Quandt die Sache vertraulich? Obwohl ich brennend gern mehr davon hören möchte, verkneife ich es mir, davon zu reden. Einer aus der Runde fragt:
„Wo gibt es denn hier, außer unserem Haufen, noch deutsche Stützpunkte?"
„Im Kurland! Eine ganze Armee!" antwortet Quandt, „und auch auf Hela gibt es noch deutsche Soldaten."
„Und was ist mit Danzig?" fragt derselbe.
„In Danzig sind schon längst die Russen!" antworte ich, „das weiß doch jedes Kind!"
Auf eine ähnliche Idee wie ich sie hatte, kommt ein anderer:
„Alle deutschen Stützpunkte müßten sich vereinigen und gemeinsam nach dem Westen ausbrechen."
Unteroffizier Quandt winkt mit einer Handbewegung ab:
„Utopie! Ohne Nachschub geht das nicht. Die Verluste könnte keiner verantworten. Außerdem hat sich unser Haufen nach den Anordnungen der Obersten Heeresleitung zu richten, und wir uns nach denen unseres Kommandeurs."
„Wir glucken hier wie in einer Mausefalle", antwortet einer resignierend. „Was kann man nur tun?"
„Zunächst nichts! — Abwarten! — Erst mal versuchen, heil über die Runden zu kommen!" ruft der Koch aufmunternd vom Küchenwagen herunter.
Der Koch trifft mit seiner kurzen Bemerkung den Nagel auf den Kopf. Was soll das ganze „Wenn" und „Aber"? Neuigkeiten gibt es nicht, und das dumme Gerede bringt uns auch nicht weiter. Gemeinsam mit Quandt verlassen wir den Kreis und legen uns in dessen Unterstand zum Schlafen.
Aber war das ein so dummes Gerede? Nein! Die Kameraden wissen keinen Ausweg! Keine Hintertür! Sie fühlen sich in der Mausefalle. Mir würde es nicht anders gehen, wenn Quandt mir die Fluchtmöglichkeit, das Schlupfloch nach Schweden nicht angeboten hätte.
Quandt ist schon lange fort, als wir am Morgen des 8. Mai aufbrechen. Diese Fahrt hätte er sich sparen können, ich habe

ihm angeboten, die Verpflegung zu übernehmen. Aber ihm erschien unser neuer Wagen nicht zuverlässig genug, und ganz unrecht hatte er nicht. Ich lasse deshalb Küchler mit dem Kübelwagen vor mir her fahren, um bei einer Panne gleich zur Stelle zu sein. Das Fahrzeug aber fährt ohne Beanstandung. Auch der Weg nach vorn verläuft weniger dramatisch als vorgestern. Die Russen belegen die Frische Nehrung nur mit Störungsfeuer. Es kommen uns einzelne Verwundete entgegen. Eine kleine Gruppe mit einem Offizier hält uns an:
„Zu welcher Einheit gehören Sie, und wohin wollen Sie?"
Küchler antwortet knapp.
Der Offizier gibt den Verwundeten Befehl, aufzusitzen und kommt zu mir:
„Gehören Sie zusammen?"
Ich sitze ab und grüße:
„Jawohl, Herr Leutnant!"
Sein rechter Arm ruht in einer Binde. Er grüßt mit der Linken und setzt sich umständlich zu mir in den Beiwagen.
„Wenden Sie bitte und fahren Sie zum Hauptverbandsplatz!"
„Jawohl, Herr Leutnant!"
Wir wenden und fahren zurück. Unterwegs steigen noch einige Verwundete hinzu. Der Kübelwagen und mein Krad sind überladen. Plötzlich höre ich von einem meiner Mitfahrer:
„Das Oberkommando der Wehrmacht hat die allgemeingültige Kapitulationsurkunde unterschrieben."
Der Leutnant beendet schnell das Thema:
„Das sind Parolen! Offiziell ist nichts bekannt!"
Langsam und vorsichtig fahrend, treffen wir auf dem Hauptverbandsplatz ein. Die Verwundeten gehen zur Ambulanz. Küchler läuft erregt auf mich zu:
„Mir haben die Kameraden erzählt, daß die Oberste Heeresleitung die Kapitulation unterschrieben hätte und heute Nacht um 24.00 Uhr das Feuer an allen Fronten eingestellt werden soll! Sie hätten es im Radio gehört!"

„Bei mir hat das auch einer gesagt. Nur der Leutnant meinte, daß es eine Parole und offiziell nicht bekannt sei. Los, Erwin! Wir fahren wieder nach vorn! Unterwegs werden wir mehr erfahren!"

Noch einmal müssen wir Verwundete zurückbringen. Als wir wieder nach vorn fahren, laufen uns die Kompanien unserer Einheit entgegen. Sie sind abgelöst worden. Als auch der Wagen des Kommandeurs an uns vorüberfährt, machen auch wir kehrt, nehmen Kameraden auf und fahren zum Troß. Sofort überfalle ich sie mit der Frage:

„Habt Ihr auch gehört, daß die deutsche Armee kapituliert hat?"

„Ja, aber auf dem Dienstweg ist noch nichts bekannt geworden!"

Wir werden von einem Krad unseres Stabes eingeholt. Im Beiwagen sitzt Leutnant Schröder. Mit der Absicht, uns zurückzumelden, mache ich mit erhobener Hand auf mich aufmerksam und deute gleichzeitig auf den hinter mir fahrenden Kübelwagen. Mich überholend, ruft er:

„In Ordnung, Breyer! Fahren Sie zum Troß!"

Durch Kopfnicken zeige ich an, daß ich verstanden habe.

Unteroffizier Quandt ist mit seinem Verpflegungswagen beschäftigt, als wir eintreffen. Er legt seine Liste zur Seite und kommt auf uns zu. Schon sein Gesichtsausdruck bestätigt, was wir bisher nur inoffiziell gehört haben.

„Ich war eben beim Kommandeur", sagt er, „Deutschland hat kapituliert. Ab 24.00 Uhr ist Waffenruhe. Anschließend haben sich alle noch kämpfenden Truppen zu ergeben. Auch wir."

Küchler setzt sich auf eine Kiste und sagt geistesabwesend: „Nun ist es doch wahr geworden. Unsere Vernichtung ist besiegelt!"

Ich setze mich zu Küchler, finde keine Worte und sehe Quandt stumm an. Haben mich auch die vorher kursierenden Gerüchte nicht beeindrucken können, so trifft mich ihre End-

gültigkeit wie ein Hieb! Der einzige Ausweg, die Flucht, gibt mir wieder Mut:
„Wir müssen uns sofort für die Überfahrt nach Schweden vorbereiten!“
„Das klappt nicht!“ antwortete Quandt. „Die Reparatur an der Barkasse dauert noch einige Tage. Ich habe mit so einer schnellen Kapitulation nicht gerechnet.“
„Auch das noch!“

KAPITULATION

Seit Quandts Angebot, nach Schweden überzusetzen, hat sich in mir die Fluchtabsicht immer tiefer verwurzelt. Ich verdränge jetzt jeden Gedanken, der mit der Sache nichts zu tun hat. Ab 24.00 Uhr sind wir auf uns selbst gestellt. Ich habe mich damit abzufinden. Es ist kurz vor 18.00 Uhr! Wir haben nur noch sechs Stunden für die Vorbereitung.
Wir brauchen ein Schiff.
Plötzlich fällt mir das Ruderboot ein. Vor einer Woche ließ ich es, fünf Meter lang und eineinhalb Meter breit, bei einer Scheune zurück.
Um den Vormarsch der Russen aufzuhalten, hatten Wochen vorher deutsche Pioniere den östlichen Weichseldamm gesprengt und damit die ganze Gegend unter Wasser gesetzt. Vom Krad war ich deshalb auf dieses Boot übergewechselt, um die Verbindung zwischen den Gehöften aufrechtzuerhalten, die, aus Anhöhen wie Inseln aus dem Wasser ragend, als Stützpunkte dienten. Einen 5-PS-Sachs-Motor aus einer landwirtschaftlichen Maschine hatte ich für meine Zwecke zu einem Außenborder umgebaut. Auf ein Drehgestell montiert, wirkte er gleichzeitig als Steuer. Dieses Boot wurde nicht mehr gebraucht, als wir aus dem Abschnitt abzogen.
Ich springe von der Kiste hoch und fordere Küchler ohne Umschweife auf:
„Komm' mit, Erwin! Wir sehen mal nach meinem Ruderboot. Hoffentlich liegt es noch da!"
Ein paar Minuten später erreichen wir die Scheune. Mir fällt ein Stein vom Herzen. Unberührt, wie ich es verlassen habe, finde ich es vor.
„Nimm die Maschine und fahre zurück, Erwin! Ich bleibe hier, um zu verhindern, daß es von anderen organisiert wird. Nimm Deinen Kübelwagen, hole ein paar Männer zusammen, besorge eine Achse mit Rädern oder sowas ähnliches und komme wieder her. Dann schleppen wir den Kahn zum

Weichselufer! Ich beschäftige mich inzwischen mit dem Motor."
Der Motor funktioniert. Das Boot ist in Ordnung.
Küchler kehrt mit drei Mann zurück. Im Schlepp hat er eine niedrig laufende Achse. Das Boot wird verladen, befestigt, und vorsichtig geht der Transport zum dichten Ufergebüsch. Hier ist es vor fremdem Zugriff sicher. Einer der drei helfenden Kameraden, der Obergefreite Müller, fragt:
„Wo wollt Ihr damit hin?"
Küchler lacht:
„Albert will nach Schweden!"
„Aber, Erwin!" antworte ich. „Die Fahrt nach Schweden hat sich mit der Barkasse erledigt. Mit diesem Boot kommen wir bestenfalls nach Hela. Ich würde meinen, von Hela an der Küste entlang, am polnischen Korridor vorbei und irgendwo in Pommern an Land. Den Rest bewältigen wir, mit Unterstützung deutscher Anwohner, zu Fuß."
„Kann man sich anschließen?" fragt Müller spontan.
„Aber sicher ist noch Platz vorhanden!" entgegne ich interessiert und wende mich an die beiden anderen:
„Was ist mit Euch? Wollt Ihr mitkommen? Die See ist ruhig, wir haben das schönste Wetter!"
„Nein, wir bleiben bei der Einheit!"
Es kommen die Unteroffiziere Quandt und Drescher mit den Gefreiten Schöttler und Schulz. Der Transport ist ihnen aufgefallen. Mein Plan findet ihre Zustimmung. Wir sind damit sieben und unser Boot voll besetzt. Gemeinsam besprechen wir die notwendigen Vorbereitungen. An alles wird gedacht:
Für die Überquerung der Danziger Bucht, etwa 35 km, sind aufgeblasene Autoschläuche als Rettungsringe wichtig. Schulz und Schöttler müssen sie organisieren. Quandt bleibt die Verpflegungsfrage überlassen, auf Salz und Streichhölzer wird besonders hingewiesen. Für Wäsche und Strümpfe zum Wechseln, Wasch- und Rasierzeug, hat jeder selbst zu sorgen. Dabei ist zu beachten, daß das Fluchtgepäck so klein wie möglich

auszufallen hat. Die Beschaffung einer ausreichenden Menge Treibstoff überläßt man mir.
Sofort beginnen die Vorbereitungen. Ohne Schwierigkeiten sind wir um 21.00 Uhr damit fertig und finden Zeit, um uns von den übrigen Kameraden zu verabschieden.
Niedergeschlagen und hilflos sind die Männer in Gruppen zusammengekommen. Als ob sie sich gegenseitig schützen wollen. Die „Nähmaschine“ ist wieder in Aktion, und setzt wie zum Hohn in den üblichen Abständen ihre Bomben. Es ist nicht leicht für die Zurückbleibenden! Gegen den größten Teil der Welt standen sie immer unter Fahneneid, unter irgendeinem Befehl oder Kommando, bis zuletzt ihren Mann. All das ist ihnen mit einer Unterschrift genommen. Läßt der deutsche Staat, der sie in die Pflicht nahm, um 24.00 Uhr jeden wie eine heiße Kartoffel fallen? Fast müßte man den Eindruck haben! Die Strategen hätten uns vorher herausholen müssen! Oder sind sie möglicherweise selbst von den Ereignissen überrollt worden? Wie auch immer! Die Quittung für den Landser ist die Gefangenschaft und damit die Zwangsarbeit unter den unwürdigsten Bedingungen, die auf ihn zukommen müssen. Er bekommt als erster die Verantwortlichkeit zudiktiert und hat glühenden Haß, Rache und Bestrafung auf sich zu nehmen.
Dort sitzt der Spieß und blickt abwesend vor sich hin. Was mag er denken? Streng und gerecht, wie die Mutter einer großen Familie, kümmerte er sich bislang um die Belange jedes Einzelnen. Mit Vertrauen hielten wir alle zueinander und standen füreinander. In unserem Haufen fühlten wir uns geschützt und zu Hause.
Um Mitternacht ist alles zu Ende! Zerplatzt wie eine Seifenblase! Jedem ist die Aufgabe und die Verantwortung genommen.
Leer geht der Landser in eine ungewisse Zukunft!
Was hat er zu erwarten?
Eine Kette von Demütigungen!
Wieviel werden überleben?

Haben wir es auf der Flucht einfacher?
Werden wir überleben?
Es ist 24.00 Uhr. Die „Nähmaschine" in der Luft benimmt sich unverändert, als habe sie von der Waffenruhe nichts gehört.
Man müßte sie abschießen!
Quandt fordert uns auf:
„Macht Euch fertig, Männer, wir melden uns jetzt beim Kommandeur ab!"
Stumm folgen wir ihm. Mir wird der letzte dienstliche Schritt bewußt. Wenn ich das Zelt verlassen haben werde, bin ich frei. Vogelfrei! Ohne Legitimation muß ich in eigener Verantwortung das Risiko der Flucht auf mich nehmen. Es wird eine harte Zeit werden!
Vor dem Zelt halten wir und prüfen den Dienstanzug. Quandt gibt die Anweisung, zu warten. Er geht mit Drescher hinein. Wir hören durch die Zeltwand, wie Quandt unsere Gruppe abmeldet:
„Herr Hauptmann, es ist 24.00 Uhr und Waffenruhe. Sie sagten mir heute Nachmittag, daß auch wir in die Gefangenschaft gehen müßten. Wir beide und eine Gruppe von Männern sind dazu nicht bereit. Mit der deutschen Kapitulation fühlen wir uns vom Eid entbunden und wollen in eigener Verantwortung die Heimat erreichen!"
„Wo wollen Sie denn hin?"
„Zunächst nach Berlin!"
„Wie wollen Sie hier rauskommen?"
„Mit dem Ruderboot des Obergefreiten Breyer wollen wir Hela umfahren und an der pommerschen Küste anlanden. Zu Fuß wird weitermarschiert."
„Ich kann Sie nicht aufhalten, meine Herren! Aber sind Sie sich dessen bewußt, daß das ein risikoreiches Unterfangen ist? Es ist meine Pflicht, Sie darauf hinzuweisen!"
„Wir sind uns der Tragweite des Vorhabens bewußt, Herr Hauptmann!"
„Natürlich würde ich an Ihrer Stelle ebenso handeln. Aber

ich kann die Truppe in der Situation nicht allein lassen! Stehen die Männer draußen?“

„Jawohl, Herr Hauptmann!“

Wir formieren uns in einer Reihe. Der Kommandeur kommt heraus, hinter ihm Leutnant Schröder und die beiden Unteroffiziere.

„Ich danke Ihnen allen für Ihre bis zum Schluß bewiesene Treue und Ihr kameradschaftliches Verhalten. Auch ich habe nicht geglaubt, daß Deutschland ein solches Ende nehmen muß. Sie wollen den gefahrvollen Weg der Flucht eingehen. Sie müssen sich darüber klar sein, daß der Schritt unter Umständen viele Entbehrungen mit sich bringt. Ich wünsche Ihnen von Herzen eine gesunde Heimkehr!“

Er geht auf uns zu und gibt jedem einzelnen die Hand. Auch ich nehme zum letzten Mal eine straffe Haltung ein vor einem Offizier alter Schule, der sich immer schützend vor seine Truppe gestellt und im Kampf von den Soldaten nicht mehr verlangt hatte, als er selbst zu geben bereit war.

Quandt hatte den Koch veranlaßt, für uns warmes Essen aufzuheben. Wir trinken Kaffee und rauchen eine Zigarette. Er lehnt nachdenklich mit dem Rücken am Vorderrad des Küchenwagens.

„Der Kommandeur hat völlig recht, daß wir einer schweren Zeit entgegengehen. In Zukunft müssen wir unsere Verhaltensweisen der jeweiligen Lage entsprechend abstimmen. Das Gelingen der Flucht ist oberstes Gebot und verpflichtet jeden, seinen Teil selbständig dazu beizutragen! Wird einer krank, verletzt oder sogar verwundet, muß er damit rechnen, zurückgelassen zu werden. Gewaltanwendungen gegenüber der russischen Besatzungsmacht oder anderen können wir uns nur dann erlauben, wenn das eigene Leben bedroht ist. Also nur im äußersten Notfall!“

„Ich würde meinen“, ergänzt Drescher, „wenn der eine oder andere geschnappt wird, müßten sich die Entkommenen für dessen Befreiung einsetzen.“

„Das kann man nur machen, wenn eine Befreiung zu 100 Prozent möglich ist!" antwortet Quandt.
Wir sind alle damit einverstanden.
Quandt steht auf.
„Laßt uns aufbrechen!"
Wir schütteln den umherstehenden Kameraden die Hände. Der Abschied bedrückt mich. Es sind vertraute Menschen, die ich zurücklasse. Jeder hat seine Eigenarten und Angewohnheiten. Wir hatten uns aneinander gewöhnt. Wird man sich wiedersehen?
Einige Kameraden begleiten uns zum Boot und helfen, es zu wassern. Den Bug nimmt Quandt ein. Auf der Bank davor sitzen Müller und Schöttler. Küchler und Drescher belegen mir gegenüber die zweite Bank. Schulz sitzt unmittelbar vor mir in der Hocke.
Plötzlich will noch einer mit. Doch das Boot ist bereits überladen. Die Bordhöhe beträgt am tiefsten Punkt nur 20 cm.
Ich stoße mich vom Ufer ab und werfe den Motor an. Wir kommen in Fahrt und verlieren die winkenden Kameraden aus den Augen.
Im Mondlicht ist das andere Weichselufer zu erkennen. Ich steuere hinüber. Kein Luftzug ist zu spüren. Spiegelglatt ist die Wasseroberfläche. Keiner spricht ein Wort.
An den Fronten schweigen die Waffen...
Das Schnurren des Motors unterbricht die Stille...
Es ist Nacht und wir sind allein.
Langsam gleitet das Boot flußabwärts, unmittelbar am Westufer entlang. Sind wir sichtbar für die „Nähmaschine"? Mit der Tarnung habe ich es immer sehr genau genommen. Erlebte ich doch einmal allein auf freiem Feld einen Angriff von zwei russischen Kampfflugzeugen im Tiefflug. Beide flogen sie hintereinander. Nach einem großen Bogen visierten sie mich an, beharkten mich mit Bordwaffen und entleerten zu allem Überfluß noch ihre Bombenschächte. Diese Materialvergeudung auf einen einzelnen Kradmelder! Eine bessere Tarnung hätte mir das erspart! Seitdem bin ich vorsichtiger. Hier aber

ist eine Tarnung nicht möglich. Kann uns der Pilot in der Dunkelheit erkennen? Aber den Punkt, den wir bilden, muß er erst mal treffen!
Wir erreichen die Mündung. Vor uns die offene See. Sie wirkt auf mich endlos und unüberwindlich. Mich verläßt der Mut. Haben die Kameraden die gleiche Angst? Ich wage nicht zu fragen. Beiläufig äußere ich meine neue Auffassung:
„Laßt uns erst mal an der Küste entlangfahren, bevor wir hinaussteuern!"
Keiner erhebt Widerspruch. Ich schwenke nach Westen ab. Die Nähe des Strandes beruhigt, vermittelt Sicherheit. Im Osten kündigt sich der Tag an.
Trotz vielseitiger Interessen bin ich nie mit der Seefahrt in Berührung gekommen und bedaure jetzt den Mangel an Erfahrung.
Ich rede mir Mut zu. Wir müssen das scheinbar endlose Wasser überwinden! Wächst man nicht mit den Schwierigkeiten? — Überzeugt, daß Tageslicht Hemmungen abbaut, frage ich:
„Ist es nicht besser, jetzt in der Morgendämmerung noch einmal an Land zu gehen, bevor wir hinüberfahren? Nochmal richtig durchzuatmen und vom Land aus die Lage neu in Augenschein zu nehmen?"
„Ja, fahre noch mal an Land!" antwortet Quandt sofort.
Dort springen wir ins seichte Wasser und ziehen das Boot soweit wie möglich auf den Strand. Nicht nur, um die Beine zu vertreten, auch aus Freude darüber, wieder festen Boden unter den Füßen zu haben, laufen wir im Laufschritt hin und her. Ich sehe nach Norden, versuche Hela auszumachen und entdecke nichts als Himmel und Wasser. Quandt steht neben mir, zieht ein einrohriges Fernglas auseinander und versucht es damit. Auch er kann nichts erkennen und klappt es zusammen:
„Wir müssen da hinüber!"
„Gott sei Dank haben wir schönes Wetter und die See ist ruhig."

Es kommen zwei Unteroffiziere von der Flak und eine Wehrmachtshelferin mit einem aufgeblasenen Schlauchboot auf uns zu, lassen es zu Wasser, steigen ein und rudern hinaus.
„Die haben sich aber was vorgenommen!“ Bewundernd blickt Quandt ihnen nach. „Die werden sich ganz schön quälen müssen, aber untergehen können sie mit dem Ding nicht!“
Ich zweifle:
„Ob sie es schaffen werden?“
„Männer, wir fahren ab!“ Quandt ruft es so laut, als ob er sich selbst aufmuntern will. Wir springen in das Boot, wenden es und nehmen nach Nordnordwest den Kurs auf.
Die Weichselmündung im Rücken vermittelt die genaue Richtung. Quandt sucht mit seinem Fernrohr den Horizont nach russischen Kriegsschiffen ab. Wir wissen nicht, ob sie diesen Teil der Ostsee unter Kontrolle haben. Auf alle Fälle müssen wir damit rechnen, aufgebracht zu werden. Als ob ihm was entgehen könnte, lehnt er weit über den Bug hinaus. Amüsiert über den Anblick, beginne ich zu lächeln. Plötzlich dreht er sich um. Es ist ihm nicht entgangen:
„Kommt Ihnen das so lächerlich vor?“
Überrascht antworte ich:
„Entschuldigung! Aber Sie erinnern mich mit dem Fernrohr so an Störtebecker!“
Ohne darauf einzugehen setzte er seine Beobachtungen fort.
Drescher kramt aus seinem Brotbeutel eine kleine Flasche Schnaps hervor, zeigt sie hoch und ruft:
„Kirschlikör, meine Herren! Eine eiserne Ration für besondere Fälle! Ich glaube, wir haben heute so eine Gelegenheit: Kriegsende! Richtung Heimat, wenn auch auf der Flucht!“
Er zieht den Korken heraus und sagt doppelzüngig mit einem Seitenblick auf Quandt:
„Laßt uns Brüderschaft trinken und die Dienstgrade vergessen! Wir sitzen doch alle in einem Boot!“
Er setzt die Flasche an und nimmt einen kräftigen Schluck. Genießerisch atmet er hörbar aus und wischt sich mit dem Handrücken über den Mund.

„Trinkt, solang der Becher winkt,
nützet Eure Tage!
Ob man oben auch so trinkt,
das ist eine Frage!"

Dreschers aufmunternder Vers, wenn auch sarkastisch, kommt an. Die Flasche macht die Runde. Küchler quält den letzten Tropfen heraus und wirft sie über Bord.

Ich erkenne die erste Kontur des Sonnenballs am Horizont. Viel zu zaghaft hebt sie sich von der See ab und verzaubert zunehmend mit ihren Strahlen die Oberfläche in ein glitzerndes Märchenbild. Ich erlebe meinen ersten Sonnenaufgang auf hoher See. Mir kommen die letzten Tage in Erinnerung. Nur für Augenblicke und im Unterbewußtsein war mir dieses schöne Wetter gewärtig. Jetzt genieße ich die seltene Schönheit in vollen Zügen. Es ist endlich Frieden. Hoffentlich kommen wir gesund und schnell nach Hause!

Nun ist die aufgehende Sonne mein Kompaß. Leichter Wellengang kommt auf. Er stört nicht und findet keine Beachtung. Wir glauben, daß bei diesem Wetter die See nicht unruhiger werden kann. Wir sichten Wrackteile, Gasmaskenbüchsen. Ein halbbekleideter Toter treibt auf der Wasseroberfläche. Was hat sich hier für eine Tragödie abgespielt?! Kann uns das genauso ergehen?

Der Motor bleibt stehen. Benzin ist alle. Wir haben den Eindruck, daß unterdessen die Wellen etwas stärker geworden sind. Sie kommen aus nord-nord-ostwärtiger Richtung und machen das steuerlose Boot sofort zu ihrem Spielball.

„An die Riemen, Männer! Kurs halten!"

Die vier auf den Bänken sitzenden Kameraden legen die Riemen in die Halterung und quirlen zunächst unkontrolliert. Stehend beobachte ich das Durcheinander:

„Gleichmäßig! — Richtet Euch nach Vorder- und Nebenmann!"

Der Rhythmus ist gefunden. Die auf der linken Seite von mir rudernden Küchler und Müller weise ich an, sich stärker ins Zeug zu legen. Wir sind im Kurs, das Boot wird ruhiger. Der

vor mir hockende Fritz Schulz hält sich immer noch verdutzt an den Bordwänden fest, als ich ihn aufgeregt anfahre:
„Nun kipp doch endlich Benzin auf, Fritz!"
Der Anblick der Wrackteile hat ihn das Nachgießen vergessen lassen.
Ich werfe den Motor an, und wir kommen wieder in Fahrt. Die Riemen werden eingezogen und so verstaut, daß sie für den nächsten Fall besser zur Hand sind.
„Das klappt ja großartig! Exerziermäßig!" freut sich Quandt. „Ihr benehmt Euch schon so wie alte Seebären!"
Dieses kleine Ereignis war lehrreich und hat zwangsläufig jedem seine Aufgabe zudiktiert. Schulz weise ich nochmals nachdrücklich darauf hin, daß er sich um den Tank zu kümmern hat. Denn mit dessen geringem Fassungsvermögen bedarf er ständiger Kontrolle!
Abwechselnd zeigt Herbert Quandt hastig nach links und rechts — und verlangt damit die Änderung des Kurses. Am nordöstlichen Horizont hat er die Rauchfahne eines Dampfers entdeckt. Viel zu weit entfernt, um gefährlich werden zu können. Seine Zeichensprache wird nachdrücklicher, weil ich nicht reagiere.
Ich rufe ihm zu:
„Ich kann den Kurs nicht ändern, ohne das Boot zu gefährden!"
Er zeigt auf die Rauchfahne.
„Wir können dem doch nicht in die Arme fahren!"
„Mit unserem Tempo schaffen wir das mühelos!" antworte ich nicht ohne Ironie.
Mit seinem Fernrohr nimmt er die Beobachtung wieder auf. Doch nach geraumer Zeit ist die Rauchfahne verschwunden.
Durch den eingeschlagenen Kurs schneide ich durch Zufall richtig die Wellen an. Sie werden größer. Es gelingt mir, ohne daß Wasser einbricht, elegant darüber hinwegzukommen. Hinter meinem Rücken sind die Konturen der Weichselmündung kaum noch zu erkennen. An eine Rückkehr zum Festland ist nicht mehr zu denken, da ein Wendemanöver das

Boot gefährden könnte. Uns bleibt nur die Flucht nach vorn. Mehr und mehr muß ich die Wellenberge steiler angehen. Ich handle nach Gefühl und weiß nicht, ob ich mich richtig verhalte. Wir kommen aber damit zu weit nach Norden ab! Um Ausgleich bedacht, nutze ich jede Gelegenheit, nach Nordwest abzudrehen. Ein Zick-Zack-Kurs ist die Folge. Mit der Zeit kann ich auch darauf keine Rücksicht mehr nehmen. Die See wird unruhiger. Quandt hat längst seine Horizontbeobachtungen eingestellt und hält sich wie die anderen krampfhaft am Bootskörper fest. Schaumkämme heben sich von den Wellen ab und werden vom aufkommenden Wind zerstäubt.

Um uns nichts als Wasser und Himmel, kein rettendes Ufer!

Die Wellen wollen ihr Spiel mit uns treiben ... Und über uns die Sonne! ...

Das Boot wird ebenso schnell hochgetragen, wie es im Wellental verschwindet. Jeder ist auf das Äußerste konzentriert. Gischt spritzt uns ins Gesicht. Wie kunstgerecht auch immer ich die bewegte See bezwinge, das Überkommen von Wasser ist nicht mehr zu verhindern. Sich mit einer Hand festhaltend, schöpfen es die Kameraden mit ihren Kochgeschirren wieder aus. Plötzlich eine besonders steile Wand! Der Bug wird hochgerissen und das Heck mit dem Motor versinkt unter die Oberfläche. Er bleibt stehen. Der Vergaser hat Wasser angesaugt.

„An die Riemen, Männer!“

Im Nu haben die Kameraden das Boot unter Kontrolle. Um die Hände für die Arbeit frei zu behalten, klemme ich mich mit den Beinen am Bootskörper fest. Wenige Minuten darauf ist von Schulz und mir der Vergaser gereinigt und der Motor angeworfen, der Schreck überwunden.

Bin ich die Welle zu steil angegangen? Ich werde unsicher, und verhalte mich bei der nächsten vorsichtiger. Ich fahre sie schräger an. Um Haaresbreite hätten wir umgeschlagen. Nur der Widerstand des Wassers reißt beim Niedergehen das Boot in die normale Lage zurück. Belehrt, unterlasse ich Experimente.

Ohne Unterlaß wird weiter ausgeschöpft.
Da! — bin ich das Opfer einer Fata Morgana?
Keine hundert Meter nordwestlich der auf uns gerichtete hohe Bug eines Schiffes! Keiner hat es vorher gesehen.
„Die Russen steuern uns an!" rufe ich aufgeregt und versuche in der Schrecksekunde, dem Boot eine andere Richtung zu geben. Vergeblich! Ausreißen ist Unsinn!
„Ärmelstreifen runter! Soldbuch und Waffen über Bord!" ordnet Quandt an.
Ich habe mich wieder gefaßt.
„Laßt die Sachen so verschwinden, daß niemand von da oben etwas merkt!"
Schulz rückt sich derart in Position, daß er das Schiff im Rücken hat. Es gelingt ihm unbemerkt, seinen und meinen Ärmelstreifen abzutrennen. Auch das Soldbuch und die „08" werfe ich über Bord.
Nach wie vor haben wir alle Hände voll zu tun, lassen uns nicht stören und fahren mit unbefangener Miene weiter. An Deck ist niemand zu sehen.
Wir kommen näher. Mit Verwunderung stellen wir fest, es hat keine Fahrt. Ohne Beschriftung treibt es wie ein Geisterschiff dahin. Da sich noch immer niemand zeigt, nehme ich an, daß es herrenlos ist. Mich durchzuckt eine Idee. Müller spricht sie aus:
„Laßt uns umsteigen und damit nach Schweden fahren!"
„Da kommen wir gar nicht rauf!", sagt Küchler. „Die See ist zu bewegt und die Bordwände zu hoch."
„Wir fahren weiter!" beendet Quandt mit Bestimmtheit das Gespräch. „Der Spatz in der Hand ist besser!"
Drescher springt auf und zeigt auf drei Masten, die sich vor uns am Horizont schwach abzeichnen.
„Da muß Hela sein! Wir haben den richtigen Kurs!"
Ich kann sie gut erkennen und vermute, daß es Sendemasten einer Funkstation sind.
Das treibende Schiff ist ebenso schnell vergessen, wie es gesichtet wurde.

Quandt zieht sein Fernrohr auseinander. Von Schöttler gestützt, versucht er, unser Ziel vor die Linse zu bekommen. Es gelingt ihm nicht. Die See ist unverändert heftig, sie erlaubt keine Atempause!

Wieder wird der Bug hochgerissen, so daß das Heck mit Motor und Vergaser unter Wasser gerät. Ich darf mich nicht ablenken lassen! Die Riemenbesatzung ist auf der Hut und reagiert sofort ohne Kommando. Das Team ist eingespielt, der Schaden schnell behoben.

Es wird geschöpft, geschöpft...

Noch zweimal passiert das gleiche Mißgeschick.

Endlich erkenne ich die Landzunge.

„Land in Sicht, Männer! Wir haben es bald geschafft!"

Die Stimmung im Boot hebt sich. Matt klopft Drescher Küchler auf den Schenkel und sagt:

„Jetzt kann nicht mehr viel passieren, Erwin!"

„Schrei nicht so laut, wir sind noch nicht an Land!" antwortet dieser mit gedämpftem Optimismus.

Wir haben keinen Wassereinbruch mehr. Die Wellen werden niedriger. Der Wald der Halbinsel ist gut zu erkennen, und sogar die einzelnen Bäume sind bald zu unterscheiden.

Der Stimmungsaufschwung ist nur ein kurzes Aufflackern und verliert sich wieder in Erschöpfung. Die Gesichter sind von der Überanstrengung gezeichnet. Die zwanzig Stunden haben das Letzte an Kraft und Energie gefordert.

Ich erkenne einzelne 8,8-Flakgeschütze in Stellung. Das Boot gleitet, vom leisen Wellengang unbeeinflußt, in schnurgerader Bahn dem Ufer zu.

Zwar lockt das ruhige Wasser, wie beabsichtigt, Hela zu umfahren. Doch drohend zeigt sich von der offenen See die Gischt und läßt befürchten, daß die Wogen bei dem neuen Nordwest-Kurs das Boot umschlagen.

Die Sonne ist untergegangen. Es dämmert. Wir landen an, verlassen das Boot und ziehen es auf den Strand. Die Uniformen von Wasser vollgesogen, hängen wie Blei am Körper.

Wir haben es geschafft!
Ein Flaksoldat kommt auf uns zu:
„Wo kommt ihr denn her?“
Seine Frage laß’ ich unbeantwortet.
„Sind die Russen schon hier?“
„Nein, die haben sich noch nicht blicken lassen!“
Ich denke nur an Ruhe, bin müde und möchte schlafen.

INTERNIERUNG

„Ah, — Uri — Uri!"
Ich erwache und blicke in zwei blaue Augen. Freundlich strahlt mich ein russischer Soldat an:
„Woina kaputt, Kamerad!"
Er deutet auf meine Armbanduhr. Neugierig betrachtet er sie:
„Du Uri!" sagte er wieder.
Sucht er ein kameradschaftliches Gespräch?
Ein zweiter Russe kommt hinzu und stellt sich aufmerksam hinter seinen Kameraden.
Die Uhr ist das Einsegnungsgeschenk meiner Mutter. Intakt, wenn auch unmodern, funktionierte sie vierzehn Jahre ohne die kleinste Reparatur. Ich glaube, er interessiert sich für das Uhrwerk. Nehme sie deshalb vom Handgelenk und erkläre ihm bereitwillig die Technik.
Auf seine Bitte gebe ich sie ihm. Prüfend hält er sie ans Ohr und streift sie liebevoll über seinen Unterarm. Als fünfte Uhr!
Der will die Uhr mausen, durchzuckt es mich! Blitzschnell springe ich vom Lager:
„Komm' — komm', gib die Uhr zurück!"
Doch die beiden Russen verlassen schnell den Unterstand, drehen sich noch einmal um und rufen lachend:
„Spassiba, Kamerad!"
Hinterherlaufen? Nein! Ich bin im Unterhemd und langer Unterhose! Möglicherweise habe ich das Nachsehen, würde ein lächerliches Bild abgeben und der hiesigen Einheit, die uns aufgenommen hat, Ärger machen. Küchler, inzwischen aufgestanden, nimmt mich am Arm:
„Komm', Albert! Laß sie laufen. Es hat keinen Sinn, Theater zu machen."
Ärgerlich über meine Einfältigkeit, wende ich mich ab und verzichte auf meine Uhr. Ich betrachte sie als Preis für meine erste Russen-Erfahrung.

„Es ist unsere Schuld! Wir haben die Zeit verschlafen, hätten früher aufstehen und vor allem die draußen zum Trocknen liegenden Uniformen hereinholen müssen, dann hätten die Russen den Unterstand nicht auf Anhieb finden können", sagt Küchler.
Er geht hinaus, bringt die trocken gewordenen Sachen herein und hängt sie an die Wand des gut ausgebauten Unterstandes. Ich finde Stiefelfett. Die zuletzt einquartierten Kameraden haben das Zeug zurückgelassen. Wir nutzen die Gelegenheit und walken die hartgewordenen Stiefel weich.
Im Eingang erscheint ein Flaksoldat, der uns gestern zu diesem Unterstand führte und trockene Wäsche brachte. Er macht den Eindruck, als wolle er eine Neuigkeit loswerden.
„Habt ihr gut geschlafen?"
„Zwei Russen haben uns geweckt und ihm die Uhr geklaut!" sagt Küchler.
„Und ich bin gerade gekommen, um Euch zu warnen. Ein Vorauskommando der Russen ist hier und führt Übergabeverhandlungen. Das Begleitpersonal zieht plündernd von Unterstand zu Unterstand."
„Ist von den Verhandlungen schon etwas bekannt geworden?" lenke ich ab.
„Wir sollen interniert werden!"
„Interniert? Die Umschreibung für die Gefangenschaft!"
„Alle dürfen Orden und Ehrenzeichen behalten. Offiziere darüber hinaus ihre Pistolen!"
Argwöhnisch antworte ich:
„Mit Speck fängt man Mäuse! Erst lächeln, dann die Uhr klauen!"
Küchler wird deutlicher:
„Das muß man verstehen! Die Russen werden der Truppe schrittweise ihren Willen aufzwingen wollen, weil sie sonst weiteren Widerstand befürchten müssen. Das ist sehr geschickt! Die wahren Absichten werden so vertuscht!"
Die letzten Worte des Flaksoldaten klingen optimistischer. Als wolle er uns gut zureden, sagt er:

„Der Krieg ist aus, Kameraden! Die Russen werden die Truppen auflösen und die Männer in die Heimat entlassen. Das ist die Verpflichtung des Siegers! Ganz abgesehen davon werden die froh sein, uns wieder los zu werden."

„Dein Wort in Gottes Ohr, Kamerad! Dir alles Gute!"

Er verläßt den Unterstand. Wir machen uns fertig und gehen zu Quandt hinüber.

Alle Kameraden, bis auf Drescher, sitzen auf dem Waldboden in der Sonne und frühstücken. Quandt blickt auf und grinst:

„Du bist Deine Uhr losgeworden, Albert? Es hat sich schon herumgesprochen!"

Mißmutig winke ich ab:

„Vergiß es! Wo ist denn Helmut Drescher?"

„Bei dem Batteriechef, Leutnant Sylvester!"

„Was für eine Einheit ist denn das hier?"

„Eine Batterie des Flaksturmregiments vier! Drescher hat uns gestern Abend alle angemeldet und vorsorglich um Eingliederung in diese Einheit gebeten. Der Batteriechef wünscht, daß wir uns heute alle bei ihm vorstellen. Nach dem Frühstück gehen wir hin!"

„Wollen wir denn nicht mit dem Boot weiterfahren?"

„Nein, das hat keinen Sinn! Es ist zu klein! Man müßte zu dicht an der Küste entlangfahren, könnten dadurch zu leicht gesichtet und aufgebracht werden. Die Überfahrt war leichtsinnig genug. Nun gut! Der Kapitulationsschock hat uns hierher katapultiert! Um Haaresbreite wären wir abgesoffen. Von der Seefahrt habe ich vorläufig genug. Ich bin der Meinung, wir sollten erst mal die Internierung mitmachen. So vorsichtig, wie sich die Russen damit ausgedrückt haben, wird zunächst auch ihre Behandlung sein. Der Abmarsch von der Halbinsel geht sowieso nach Westen. Gelegenheit, die Weiche zu stellen, haben wir später immer noch."

Drescher kommt durch den Wald auf uns zu und ruft von weitem:

„Das russische Vorkommando ist wieder abgezogen!"

Er weist auf Küchler und mich und fragt Quandt:

„Hast Du sie von der neuen Lage unterrichtet?“
„Ja!“
„Dann laßt uns hinübergehen, Männer! Der Leutnant Sylvester will Euch kennenlernen.“
Geschlossen melden wir uns bei ihm in seinem Zelt. Jeden befragt er nach der Heimatanschrift und teilt mit, daß nach dem Mittagessen die Truppe im geschlossenen Regimentsverband von Hela hinuntermarschieren müsse. Rangabzeichen, Orden und Ehrenzeichen haben wir weiter zu tragen. Die Waffen sind abzugeben. Er wünscht einen geordneten Abmarsch.

*

Die wenigen Ruhestunden vergehen viel zu schnell. Es ist soweit.
Teilnahmslos, als wollen sie gegenseitig Halt suchen, kommen die Soldaten in Gruppen zum Sammelplatz. Aber auch der Kamerad zur Seite kann nicht mehr als Hoffnungslosigkeit bieten. In Sechserreihen stellen sie sich auf und formieren sich in Marschordnung. Wir mischen uns einzeln dazwischen, weil sich die feldgraue Uniform nicht geschlossen von denen der Flak abheben soll. Dennoch bleiben wir in Sicht- und Rufweite, um im Notfall beieinander zu sein.
Die Männer wissen, daß es in eine ungewisse Zukunft geht.
Nur die für das tägliche Leben notwendigsten Dinge haben sie so verstaut, daß während des langen Marsches keine Behinderung besteht. Zum Teil tragen sie in Zeltbahnen zusammengerollte Decken oder Mäntel über die Schulter.
Sie haben keine Waffen mehr. Sind wehrlos und fühlen sich hilflos ausgeliefert. Vertrauend auf Sicherheit, blicken sie auf ihren Batteriechef, der als einziger noch eine Pistole tragen darf. Das beruhigt etwas.
Leutnant Sylvester steht vor der Front:
„Batterie, stillgestanden!
Rechts — um!
Ohne Tritt — marsch!“

Er läuft nach vorn und setzt sich an die Spitze seiner Marschkolonne, die langsam in Bewegung kommt.
Wir haben die erste Etappe, einen Marsch von 35 km in nordwestlicher Richtung, vor uns. Die Gedanken an das Unbekannte macht die Männer schweigsam. Sie reden kaum miteinander.
Ihre körperliche Verfassung ist gut. Wie lange wird der Marsch dauern? Wo ist das Ziel? Keiner weiß es! Welche Richtung wird eingeschlagen, wenn wir die Halbinsel verlassen haben? Wird es weiter in eine westliche Richtung gehen? Dann wäre ich dafür, dabei zu bleiben! Aber damit ist kaum zu rechnen. Man wird die billige Arbeitskraft in Rußland ausnutzen wollen.
Am Straßenrand stehen ehemalige polnische oder französische Kriegsgefangene. Sie grinsen höhnisch und voller Genugtuung. Einige spucken verächtlich in unsere Reihen. Wieder andere lassen sich in Haß-Tiraden aus und verdeutlichen diese mit drohend erhobenen Fäusten. Keiner von uns reagiert darauf. Auch ich nicht. Mich speit jemand an. Mein Hintermann wischt mit einem Grasbüschel den Schmutz von meiner Schulter. Ich bin sehr erregt, gehe aber äußerlich ruhig weiter.
Von der neuen Siegermacht, die das Spießrutenlaufen unterbinden könnte, ist nicht ein einziger weit und breit zu sehen.
Aus einer Gruppe springt ein Mann hervor und teilt Fußtritte in unseren Reihen aus. Die anderen ermuntern ihn, und er steigert sich. Er macht den Eindruck, als wolle er den starken Mann herausstellen!
Keiner wehrt sich.
Ich erwarte seinen Angriff.
Ich bin an ihm vorüber. Sollte er mich auslassen?
Nein!
Im gleichen Augenblick drehe ich mich um. Ich versetze ihm eine Serie von Faustschlägen, bis er zusammenbricht. Der Überraschungsmoment gab ihm keine Gelegenheit zur Gegenwehr.

Verdutzt halten sich seine Leute zurück.
Ich springe wieder in meine Reihe. Die Kameraden waren wortlos stehengeblieben. Gemeinsam setzen wir den Marsch fort.
Ich will mich nicht umdrehen. Noch außer Atem, bitte ich meinen Nebenmann:
„Behalte die Gruppe im Auge!"
„Der ist wieder aufgestanden. Ich glaube nicht, daß die was unternehmen werden, unsere Männer erregen sich und lenken sie ab!"
Zum Glück hat Leutnant Sylvester nichts bemerkt. Eine Zurechtweisung durch ihn ist nicht auszuschließen.
Ich habe die neue Situation, in der wir uns plötzlich befinden, noch nicht verstanden. Es war eine Kurzschlußhandlung. Wenn der Geist aufhört, dann fängt die Kraft an! Ich ärgere mich, meine Beherrschung verloren zu haben.
Der Deutsche hat sie als Menschen zweiter Klasse behandelt. Ihr Haß, noch nicht verdaut, läßt den Auswüchsen freien Lauf. Wir müssen uns darauf einstellen!
Der Vorfall ist schnell vergessen. Unbehelligt marschieren wir bis zum späten Abend weiter. Nicht ein russischer Soldat ist zu sehen. Gegen 22.00 Uhr hält die Kolonne in einem Waldstück nördlich von Schwarzau.
Der Batteriechef ordnet an, hier zu übernachten.
Es wird kühl. Wir legen uns zum Schlafen in den Schutz eines dichten Gebüsches.

*

„Unteroffizier Drescher! Leutnant Sylvester will Sie sprechen!"
Die Worte höre ich im Unterbewußtsein. Kurze Zeit später weckt er uns:
„Aufstehen, Männer!"
Unwillig reibe ich mir die Augen:
„Was ist denn los?"
„Kommt — kommt, aufwachen! Neue Nachrichten!"

Gähnend strecken sich die Kameraden und werden langsam wach.
„Die Russen haben neue Befehle erteilt: Bei Tagesanbruch müssen die Marschkolonnen weiter zur Weichsel und den gesprengten östlichen Damm wieder aufschütten."
„Wir sollen dahin, wo wir hergekommen sind?"
„Ja! Und noch was: Die Offiziere haben ihre Pistolen abgeben müssen!"
„Dann werden uns auch bald die Orden und Ehrenzeichen abgenommen!"
„So geht es schrittweise weiter, bis die Gefangenen der Willkür ausgesetzt sind!"
Quandt steht auf und schnallt sein Koppel um:
„Jetzt ist es Zeit, abzuhauen! Wir haben etwa 25 km durch den polnischen Korridor vor uns. Es ist 01.00 Uhr. Bis zum Morgengrauen schaffen wir noch eine gute Strecke und verstecken uns dann tagsüber im Gebüsch. Nach der nächsten Nacht werden wir die Grenze Pommerns erreicht haben. Der schwierigste Teil wäre damit geschafft! Deutsche Anwohner werden uns sicher weiterhelfen."
Wir machen uns marschbereit. Müller, Schulz und Schöttler bleiben liegen:
„Wir kommen nicht mit, sind in Danzig zu Hause und wollen bis dahin in der Kolonne bleiben!"
„Ist es Euch eigentlich klar, was Euch da erwartet? Die Rache der Polen wird schlimmer sein als die der Russen!"
„Dann müssen wir erst recht zu unseren Familien!"
„Gut! Melde Du den Rest beim Batteriechef ab, Helmut!" entscheidet Quandt kurz. „Wir können uns nicht mehr lange aufhalten. In zweiundeinhalb Stunden graut der Morgen."
Drescher kehrt zurück:
„Albert, Du sollst Dich beim Leutnant Sylvester melden!"
„Warum?"
„Keine Ahnung!"
Hat er von der Schlägerei erfahren? Aber freundlich kommt er gleich zur Sache:

„Wenn Sie nach Berlin kommen, in Ihrem Nachbarhaus wohnen Stenzels, das sind meine Schwiegereltern. Berichten Sie ihnen bitte, daß ich gesund in die Gefangenschaft gegangen bin!"
„Selbstverständlich werde ich das ausrichten, Herr Leutnant! Aber wollen Sie sich nicht uns anschließen?"
„Nein, ich kann meine Männer nicht allein lassen!"
„Man wird Sie über kurz oder lang doch trennen!"
„Solange ich kann, bleibe ich bei ihnen."
„Gut! — Dann melde ich mich ab, Herr Leutnant! Ich wünsche Ihnen alles Gute!"
„Passen Sie auf sich auf, und kommen Sie gut nach Berlin!"
Um nicht noch mehr Zeit zu verlieren, fällt der Abschied von den drei zurückbleibenden Kameraden kurz aus.
Wir brechen auf.

*

Der Nordstern als Kompaß weist die Richtung. Im Laufschritt verlassen wir das Nachtlager. Ich halte mich dicht hinter Quandt. Drescher und Küchler folgen. In der Stille des nächtlichen Waldes wird das Klappern der Kochgeschirre und Feldflaschen sowie das Knacken des Geästes störend hörbar. Das ist zu verräterisch! Wir bleiben stehen und lauschen gespannt. Nichts regt sich! Kein verdächtiges Geräusch ist vernehmbar! Wir beseitigen das Klappern und gehen vorsichtiger weiter. Das Knistern bei jedem Schritt ist aber dennoch nicht zu vermeiden. Immer öfter bleiben wir lauschend stehen.
Mißtrauisch wittere ich überall Gefahr. Fragen kommen in mir auf: Ist die Gefangenenkolonne von Russen umstellt? War diese Gegend zuletzt noch Kampfgebiet? Liegen hier möglicherweise noch Tretminen herum? Haben die Polen das Gebiet schon wieder eingenommen und vielleicht eine neue Kampfgruppe gegen Deutsche aufgestellt?
Auf jeden Fall ist das Risiko groß, irgendwelchen Wachen in die Arme zu laufen. Sie haben eine bessere Position und können konzentrierter hören, wenn wir auf sie zukommen. Wir dagegen sind durch eigene Geräusche zu sehr abgelenkt. Selbst

mein hastiger Atem stört mich in meiner Aufmerksamkeit. Die Unsicherheit läßt mich noch vorsichtiger werden. Ich fühle, daß meine Kameraden Ähnliches empfinden. Auch sie werden zurückhaltender. Bald schleichen wir wie Diebe von Baum zu Baum.

Drohende Silhouetten entpuppen sich als Strauchwerk und Unterholz. Eine Straße wird überquert. Beide Richtungen verlieren sich in der Dunkelheit. Wir strengen unsere Sinne an, um in der Nacht mögliche Gefahren rechtzeitig zu erkennen.

Wir begegnen niemandem.

Langsam glauben wir deutlicher sehen zu können, fühlen uns sicherer und tasten uns entsprechend schneller vor. Aufkommendes Vogelgezwitscher kündet den nahen Morgen an.

Mit weit ausholenden Schritten wird diese beste Zeit genutzt.

Es wird heller. Der Nordstern ist nicht mehr zu erkennen. Die Wetterseite der Bäume vermittelt jetzt unsere Richtung.

Vor uns höre ich das Klopfen eines Spechts. Er sucht sein Futter. Dieses Geräusch wirkt beruhigend. Ich vermute weniger Gefahr und widme Tierstimmen meine besondere Aufmerksamkeit.

Kurz vor Sonnenaufgang finden wir im dichten Unterholz eine geeignete Schlafstelle. Ringsum mit mehr Laub abgedeckt, bietet sie Schutz. Wir müssen vor Überraschungen gefeit sein und erkunden die nähere Umgebung nach Wegen, Straßen und Häusern. Nichts ist weit und breit festzustellen. Man muß mit dem Teufel im Bund sein, dieses Versteck zu entdecken. Im Bewußtsein, für unsere Sicherheit alles getan zu haben, setzen wir unseren um 01.00 Uhr unterbrochenen Schlaf traumlos bis zum späten Nachmittag fort.

*

Wahrscheinlich haben wir etwa die Mitte des Polnischen Korridors erreicht. Ein genauer Standpunkt ist nicht festzustellen. Bei Abmarsch wurde auf Karte und Kompaß kein Wert gelegt und alles als überflüssiger Ballast abgetan. Unser

Weg durch den Korridor führt genau nach Westsüdwest. Straßen und Orte sind ohnedies zu vermeiden. Wir sind der Meinung, bis zur Grenze noch 10 — 12 km vor uns zu haben.

Es dämmert. Quandt mahnt zum Aufbruch:

„Prüft Uniform und Gepäck! Es darf nichts klappern! Wenn wir gegen Mitternacht uns der Grenze nähern, ist besondere Vorsicht geboten. Ich rechne damit, daß die Polen sie stark gesichert haben."

Nach Mitternacht glauben wir, im Grenzgebiet zu sein. Wir vermeiden mit äußerster Vorsicht jedes Geräusch. Langsam tasten wir uns voran. Ich wage kaum zu atmen und vermeide bei jedem Schritt, Reisig zu zertreten. Ich vermute Stolperdrähte und versuche sie rechtzeitig zu erkennen.

Die Nacht ist vorüber.

Wir haben nicht die geringsten Anzeichen irgendwelcher Befestigungen entdecken können. Nirgends auch nur ein Hinweis!

Um uns nichts als Wald.

Sind wir noch im Korridorbereich? Die Frage ist nicht zu beantworten. Es kommt auf keinen Fall in Betracht, den schützenden Wald zu verlassen, um auf gut Glück Ortsansässige zu befragen. Die Furcht, Polen dabei in die Hände zu fallen, verbietet diesen Schritt.

Wir haben keine Alternative! So müssen wir auch während der dritten Nacht auf der Hut sein.

Wieder arbeiten wir uns mit gewohnter Umsicht voran. Es zeigen sich keine Anhaltspunkte für eine Grenzbefestigung! Weit und breit keine Merkmale, endlich auf deutschem Reichsgebiet zu sein!

Wir sind ratlos.

EINE GROSSE ENTTÄUSCHUNG

Die Nacht geht zu Ende. Mit der Morgendämmerung kommen wir wieder besser voran.

Noch immer keine Anhaltspunkte, wo wir uns befinden!

Wir laufen und laufen, als wollten wir mit Gewalt die Kilometer fressen. Es wird immer heller.

Abrupt bleibt Quandt stehen. Er hebt mahnend die Hand zur Vorsicht. Wir werfen uns in Deckung.

In gebückter Haltung läuft er weiter, robbt noch einige Meter und bleibt dann liegen. Auf ein Zeichen rücken wir auf.

Wir liegen am östlichen Rand einer Waldschlucht, die sich etwa zweihundert Meter nach Westen hin erstreckt. An beiden Hängen befinden sich Höhleneingänge. Mit Holzstämmen stabil verarbeitet, lassen sie vermuten, daß auch die Innenräume gut ausgebaut sind. Die Sandaufschüttungen davor heben sich wie Terrassen ab. Auf einigen befinden sich, aus rohem Geäst zusammengezimmert, Tisch und Bänke. Die zum Trocknen aufgehängte Wäsche sagt uns, daß hier Bewohner sein müssen.

„Was ist denn hier los?“ frage ich verwirrt, die Art der Höhlenbauten entspricht nicht der mir geläufigen Bauweise von Unterständen.

„Das sieht aus, als hausen hier Steinzeitmenschen!“ antwortet Küchler. Ich habe den gleichen Eindruck.

„Sind es vielleicht Zigeuner?“

Wir finden keine Erklärung.

Oberhalb des südlichen Hanges schleichen wir weiter.

Rauch steigt auf. In der Talsohle kochen zwei Frauen auf einer offenen Feuerstelle einen großen Kessel mit Wasser. Ein vollbärtiger Mann sammelt Reisig.

Fast am anderen Ende der Schlucht finden wir ein schützendes Gebüsch.

Gespannt beobachten wir den Verlauf der Szene.

„Was sind das bloß für Menschen?“

„Russen sind es auf keinen Fall!“

„Sind es Polen mit ihren Familien?"
„Auch die haben es nicht nötig, sich hier für längere Zeit einzurichten!"
„Sind es Deutsche?"
„Nein! Die würden in ihren Häusern wohnen oder sie sind im anderen Fall auf der Flucht!"
„Vielleicht sind es doch Zigeuner, die vor den Wirren des Krieges Schutz suchen?"
„Dafür gibt es keine Anhaltspunkte; kein Pferd, kein Wagen ist zu sehen!"
Aus einem Höhleneingang des gegenüberliegenden Hanges tritt ein Greis mit freiem Oberkörper, gießt Wasser in eine Schüssel und wäscht sich. Er hat einen grauen Vollbart. Die Art, die Hosen in den Stiefelschäften zu tragen, erinnert an Russen. Auch die Frauen mit ihren langen Röcken und den verwaschenen Kopftüchern lassen auf Russinnen schließen.
Der Mann schüttet sein Waschwasser aus und verschwindet wieder im Höhleneingang.
Es ereignet sich weiter nichts. Nach einigen Minuten des Wartens sagt Quandt:
„Je länger wir hier untätig lauern, um so mehr Leben wird in die Landschaft kommen. Jetzt wäre die richtige Zeit, den Kontakt aufzunehmen, Albert!"
„Sollte es kritisch werden, dann müßt ihr den Reisigsammler von hier oben aus ablenken!"
Ich gehe hinunter und nähere mich ihm vom westlichen Ausgang der Schlucht.
Viel kann mir nicht passieren, denke ich. Er hat keine Waffen, und im Notfall bin ich mit meinen langen Beinen schneller als er.
Unbefangen gehe ich auf ihn zu. Noch bemerkt er mich nicht. Kurz vor ihm bleibe ich stehen.
Er blickt jäh auf und mustert verblüfft meine Uniform. Vor Überraschung sagt er kein Wort. Schnell frage ich:
„Sind hier Polen oder Russen?"
„Nein!"

„Alles Deutsche?“
„Ja!“
„Gehört die Gegend hier zum alten deutschen Reichsgebiet?“
„Ja!“
Ich glaube an keine Gefahr und gebe meinen Kameraden einen Wink. Sie kommen im Laufschritt den Abhang herunter. Ich reiße vor Freude die Arme hoch und rufe ihnen entgegen: „Wir haben es geschafft! Wir sind auf deutschem Gebiet!“
Doch der Mann mahnt zur Vorsicht. Unverhofft erscheinende Russen oder Polen könnten nicht nur uns gefährden, sondern auch sie fürchten Repressalien. Er gibt den Rat:
„Gehen Sie wieder in das Gebüsch zurück! Ich komme nachher zu Ihnen.“
Mit heißem Kaffee, Brot und Schmalz kehrt er zurück. Das haben wir von diesen armen Leuten nicht erwartet. Dankbar genießen wir das Frühstück.
„Wo sind wir eigentlich hier?“ will Quandt von ihm wissen.
„Nicht weit nordöstlich von Lauenburg!“
„Und wie kommt es, daß Sie sich hier so häuslich eingerichtet haben?“
„Wir überbrücken die Zeit, um auf unsere Höfe zurückkehren zu können. Die Polen haben uns rücksichtslos aus dem Dorf vertrieben.“
„Warum hat man das getan? Die Felder müssen doch bestellt werden!
„Die Polen behaupten, das Land bis zur Oder gehöre jetzt ihnen, und die Deutschen hätten zu verschwinden!“
„Die Polen behaupten das?“ fragt Quandt zweifelnd.
„Ja! Wir können das auch nicht glauben und warten hier die Zeit ab, um wieder zurückkehren zu können.“
„Finden denn die Polen bei den Russen Unterstützung?“
„Ja! Die Versuche, von den Russen Schutz zu erlangen, waren ergebnislos.“
„Das klingt ja unglaublich!“
„Unglaublich?“ wiederholt er, als verstünde er nicht, daß man seine Worte anzweifelt. „Was glauben Sie wohl, was wir

alles durchgemacht haben! Es war eine fürchterliche Zeit: Als die Russen kamen, plünderten sie alles, was sie gebrauchen konnten, und vergewaltigten die Frauen. Eine Jüngere hat sich geweigert. Man hat sie kurzerhand erschossen. Wenn Männer versuchten, das zu verhindern, wurden sie umgebracht. Ein Bauer hat sich deshalb mit seiner ganzen Familie vergiftet. Tragödien haben sich nicht nur mit den Russen abgespielt, auch mit den Polen war es so schlimm. Als die kamen, nahm sich ein Bauer mit seiner Familie das Leben, weil er den Hof nicht verlassen wollte. Ein anderer, der sich sträubte, wurde liquidiert. Aber genug davon! Ich könnte Ihnen noch viel mehr erzählen!"

Wir finden keine Worte und blicken betreten von einem zum anderen. Das Leid dieser Leute erschüttert uns. Es verdrängt unsere Interessen in den Hintergrund. Mir wird klar, daß Millionen deutscher Familien vom gleichen Schicksal betroffen sein müssen.

Quandt findet als erster seine Worte wieder:

„Wenn die Besatzungsmächte sich so brutal verhalten, dann sehe ich darin eine Endgültigkeit, die Deutschen hinter die Oder zu vertreiben. Ich rate Ihnen zur Flucht nach Westen!"

Seine sachlichen Worte gehen dem Bauern nicht in den Kopf. Beharrlich antwortet er:

„Wir geben nicht auf, wollen wieder auf die Höfe und unsere Heimat nicht verlassen!" Die Augen verfinstern sich. Sein Vorwurf ist im Unterton nicht zu überhören: „Wie konnte der Hitler nur bis zum letzten Atemzug kämpfen! Ich werde überhaupt nie begreifen, daß sich in diesem Volk niemand gefunden hat, der ihn an diesem Krieg hindern konnte!"

Den unterschwelligen Vorwurf weist Quandt sofort zurück:

„Wir waren Soldaten, hatten unseren befohlenen Dienst zu leisten, und das schon mit Beginn des Krieges. Aber in der Heimat, im Berliner Sportpalast, schrie man nach dem totalen Krieg! Wir haben es im Radio gehört! Was glauben Sie wohl, wie bei uns der Eindruck sein mußte? Wir fühlten uns doch erst recht in die Pflicht genommen!"

„Die Schreihälse waren Parteifunktionäre, die ihr eigenes Fell retten wollten! Und das nicht nur auf Kosten derer, die verbluten mußten!"

Er nimmt seinen Korb und wendet sich zum Gehen:

„Geben Sie mir Ihre Kochgeschirre! In der Gemeinschaftsküche gibt es Erbsen zu Mittag. Ich bringe Ihnen vier Portionen her!"

Als der Bauer gegangen ist, sagt Quandt:

„Wenn die Lage so ist, dann ist der Leidensweg dieser Leute noch nicht zu Ende. Zum Glück sind es Zivilisten, haben Ausweise, können freier auftreten und kommen leichter durch. Wir können uns weder anschließen, noch ihnen helfen. Als ehemalige Soldaten sind wir nur hinderlich!"

„Hast Du den im Unterton an uns gerichteten Vorwurf herausgehört, Herbert? Ich habe fast den Eindruck, als ob wir auch für die deutsche Zivilbevölkerung jetzt die Prügelknaben sind!"

„Ja! Er hat sich aber mit meiner Antwort zufrieden gegeben. Ich hätte ihm noch mehr sagen können! Zum Beispiel, daß auch das Ausland die deutsche Entwicklung voll geduldet hat. Aber was soll's! Wir könnten endlos diskutieren. Es kommt nichts dabei heraus. Wichtiger für uns ist, daß wir ein wenig Hilfe bekommen."

Die Freude, der Gefahr entronnen, endlich auf deutschem Gebiet zu sein, hat sich während des Gesprächs mit dem Bauern abgebaut und macht immer mehr einer Enttäuschung Platz. Es war eine Illusion! Doch keiner redet davon, um nicht noch mehr Mutlosigkeit aufkommen zu lassen.

Mir ist jetzt klar, daß die Flucht erst beginnt. Der schwierigste Teil von dreihundert Kilometer Luftlinie bis zur Oder liegt noch vor uns. Nicht nur die Russen, sondern auch die Polen sind für uns gefährlich.

Wir brauchen Zivilkleidung; die wirkt unauffälliger. Man darf in uns nicht sofort den Soldaten erkennen. Überhaupt gesehen zu werden, ist ein Risiko! Wir dürfen weder Eisenbahnen, noch Straßen benutzen. Es muß weiterhin die Nacht

zum Tage gemacht und querfeldein marschiert werden. Städte und Dörfer sind zu meiden. An Menschen kann man sich nur heranwagen, wenn man sicher ist, daß es Deutsche sind.
Der Proviant ist knapp geworden. Streng rationiert hält er noch für drei Tage vor. Werden wir unterwegs noch Leute finden, die uns was geben können? Notfalls müssen wir mit Wald- und Feldfrüchten über die Runden kommen.
Der einzige Verbündete ist das gute Wetter. Hoffentlich bleibt es vorerst so!
Gegen Mittag, wir haben gut geschlafen, kehrt der Bauer mit einem etwas jüngeren Mann zu uns zurück. Noch nicht richtig wach geworden, reibe ich mir die Augen und staune, als er vor uns ein Bündel Zivilsachen ins Gras wirft. Keiner von uns hatte ihn darum gebeten! Er stellt die bis an den Rand gefüllten Kochgeschirre ab, und sein Begleiter zwei Eimer mit Wasser daneben. Sogar eine Waschschüssel haben sie nicht vergessen.
„Nehmen Sie meinen Gefühlsausbruch von heute Vormittag nicht persönlich. Sie sind ja jetzt noch schlimmer dran als wir!"
Quandt ist von der Zivilkleidung begeistert. Er geht schnell auf seine Worte ein:
„Aber nein! Wir verstehen Ihre Situation und Ihren Schmerz!"
„Ziehen Sie sich diese Sachen an! Ich habe sie von all unseren Leuten zusammengetragen. Wenn man Sie in der Uniform erwischt, dann sind Sie verloren."
Um die Suppe nicht kalt werden zu lassen, wird erst gegessen. Wir ziehen die Uniform aus, rasieren und waschen uns gründlich, teilen die Zivilkleidung nach unserer Körpergröße auf und ziehen sie an.
Ich habe Schwierigkeiten mit meinen zu langen Armen und Beinen. Vom Oberhemd kremple ich deshalb die Ärmel hoch. Der Vorbesitzer muß einen zu starken Hals gehabt haben. Ich lasse den Kragen offen. Die Hose sitzt im Bund gut. Nur die Beinlängen sind zu kurz und zeigen zu viel von den dar-

unter befindlichen Kommißstiefeln! Aber tragen Zivilisten auf dem Lande nicht mitunter auch solches Schuhwerk? Das am Revers zerschlissene Jackett sitzt bequem am Körper, wenn auch hier wiederum die Ärmel zu kurz sind.
„So wie Du aussiehst Albert, stell' ich mir den Schäfer Ast vor!" sagt Quandt lachend, als ich mir letztlich noch einen breitkrempigen Schlapphut über den Kopf stülpe. Er paßt!
„Wenn du jetzt einen Schraubenschlüssel in der Hand halten würdest, dann könnte man in Dir einen Schlosser vermuten!" antworte ich.
Küchler und Drescher mit dem Anziehen fertig geworden, stellen sich in Positur:
„Und wie sehen wir aus?"
„Wie Landstreicher!"
„Dann sind wir ja alle richtig verkleidet!"
Der Bauer steht daneben und amüsiert sich. Wenn er auch bei der ersten Begegnung, bei dem Anblick der Uniformen, einen eher zurückhaltenden, vielleicht auch einen verärgerten Eindruck machte, so hat er sich nunmehr völlig gewandelt.
Aber müssen wiederum diese Leute nicht versuchen, uns schnell loszuwerden? Mit Sicherheit! Der Bauer sprach von eventuellen Repressalien, die sie zu fürchten haben! Sie wollen auf ihre Höfe zurück! Dann müßten sie sich auch den Besatzungsmächten gegenüber loyal verhalten. Es wäre also ihre Pflicht, die Anwesenheit ehemaliger deutscher Soldaten zu melden!
Sie tun es nicht! Im Gegenteil, sie helfen uns!
Alle sind hier durch ihr gemeinsames schweres Schicksal zusammengeschmiedet. Zurückgeworfen, unter Bedingungen wie bei Naturvölkern, leben sie praktisch wie in einer großen Familie. Sind füreinander da, entscheiden miteinander und kämpfen geschlossen für ihre Rechte, ins Dorf zurückkehren zu können. Eine echte Kommune! Nutzen sie ihre Lage als Schachzug und erhoffen mit der politischen Angleichung von den Russen Sympathien?
Wie auch immer, und was ihnen auch vorschwebt! Es ist er-

staunlich, wie in der Not die Menschen zusammenrücken können! Selbst mit denen, die nicht zu ihrer Gemeinschaft gehören; wenn sie sich nur ebenfalls in Schwierigkeiten befinden.

Wir müssen Rücksicht nehmen, das Gewissen der Leute nicht unnötig strapazieren und schnell verschwinden. Ich mahne zur Eile:

„Rollt die Uniformen zu einem Paket zusammen, Kameraden! Einige Kilometer weiter werden wir sie im Gebüsch verschwinden lassen! Hier können die Sachen nicht liegenbleiben!"

„Es ist noch nicht dunkel! Wollen Sie denn jetzt schon gehen?", fragt der Bauer mit ungläubigem Tonfall.

Meint er es ernst? Will er uns bis zum Abend zurückhalten? Ich weiß es nicht. Es ist auch egal!

„Wir halten es für besser, weil mit dem plötzlichen Auftauchen von Russen oder Polen zu rechnen ist! Und da wir möglicherweise doch nur Wald auf unserem Weg vor uns haben, so können wir die paar Stunden bis zum Abend noch nutzen!" antworte ich schnell, ehe ein anderer auf seinen Einwand eingeht und damit den Abmarsch bis zum Abend hinauszögert.

„Warten Sie, bis ich zurückkomme!" Sein aufmunternder Blick verspricht eine Überraschung. Er läuft den Abhang hinunter, kommt nach kurzer Zeit wieder und übergibt Quandt als Wegzehrung einen Laib Brot:

„Das wird Ihnen allen ein wenig weiterhelfen!"

Ich sage nichts. Ich wüßte auch nicht, was ich sagen sollte! Auch könnte ich mich nicht entschließen, es abzulehnen. Wer weiß, wann wir mal wieder Brot bekommen werden.

*

Bald haben wir die provisorische Zwangsansiedlung der Bauern verlassen. Allein und von der schützenden Dichte des Waldes umgeben, marschieren wir mit weitausholenden Schritten.

Da, ein geeignetes Gebüsch! Die zusammengerollten Uniformen verschwinden zwischen dem frischen Grün. Ich finde einen als Wanderstab geeigneten Ast und schnitze ihn mir während des Laufens flüchtig zurecht. Der Stock ist etwas länger als einundeinhalb Meter. Als „Schäfer Ast" steht er mir gut zu Gesicht. Wenn man schon bei meinem Anblick diesen Eindruck hat, dann auch richtig! Ich stakse munter drauf los. Küchler stimmt ein Lied an: Das Wandern ist des Müllers Lust... Fröhlich stimmen alle mit ein. Doch ich mahne zur Vorsicht:
„Brüllt nicht so! Wenn uns einer hört, dann gibt's Ärger!"
Als ob sich jeder ertappt fühlt, fällt die Lautstärke schlagartig zum Summton ab. Wie schnell doch Veränderungen den Stimmungswandel beeinflussen! Beinahe hätte auch ich mich mitreißen lassen.
Seit die Uniformen mit der Zivilkleidung ausgewechselt und vor allem nachdem sie zurückgelassen wurden, fühle ich mich leichter; wie von einer schweren Last befreit! Selbst die ordentliche Abmeldung von unserer Einheit vor einigen Tagen konnte mir nicht das Selbstgefühl vermitteln, das ich jetzt empfinde.
Wie viele andere, jahrelang unter dem Zwang des Rockes stehend, durfte ich mich nur nach Vorschrift verhalten, hatte, einer Maschine gleich, Befehle entgegenzunehmen und auszuführen! All das ist auf einmal wie ausgelöscht und läßt das neue Freiheitsgefühl besonders stark zum Ausdruck kommen. Sogar in dem Ausmaß, daß die Enttäuschung, die wir gerade erfahren mußten, fast verblaßt.
Und doch habe ich mich von allem noch nicht trennen können. Meine Erkennungsmarke! Wer weiß, was noch passiert! Wenn mir Unvorhergesehenes zustößt, trage ich sie als einzige Legitimation um meinen Hals.
Ein kleines Flüßchen wird zum Hindernis. Wir wollen trokkenen Fußes hinüber. Es ist noch nicht dunkel, und wir halten Ausschau nach der bequemsten Übergangsstelle. Wir entdecken eine Brücke. Beim Näherkommen stellen wir fest, daß

es ein morscher und schadhafter Steg für Fußgänger ist. Einzeln balancieren wir hinüber.

*

Es ist Mitternacht.

Jäh endet das Waldgebiet. Schräg vor uns erhebt sich ein langgestreckter Wall, mit hohem Gras und dichtem Gebüsch bewachsen. Eine Eisenbahnböschung. Wir klettern hinauf. Der Schienenstrang führt genau nach Westen.

„Das ist die Strecke nach Stolp!“ sagte Quandt und setzt sich sofort auf dem Geleis, trotz der leicht veränderten Richtung, in Bewegung. Die Kameraden folgen ihm.

Ich hocke mich hin, und lege mein Ohr dicht auf die Schiene, um eventuelle Fahrgeräusche wahrzunehmen. Es ist nichts zu hören. Erkenne aber am blanken Stahl der Oberfläche, daß die Strecke in Betrieb sein muß.

Die unbeirrbar Vorausgehenden hole ich im Laufschritt ein. Küchler ist der erste, den ich erreiche:

„Wir müssen von hier runter, Erwin!“

„Warum denn?“

„Die Strecke ist in Betrieb!“

Mit gleichgültiger Geste winkt er ab und raunt:

„Na und? Sag’s dem Herbert!“

Quandt muß die Unruhe bemerkt haben. Er hemmt seinen Schritt und wendet sich um:

„Was ist denn los?“

Meine Bedenken beeindrucken ihn nicht. Ohne Kommentar geht er weiter. Beharrlich rede ich auf ihn ein:

„Bestimmt wird der Bahnkörper von Russen bewacht und bei unserem Marschtempo laufen wir zwangsläufig in deren Arme!“

„Wir haben hier endlich einmal einen glatten Weg, Albert, und kommen so am schnellsten voran!“

Ich lasse nicht locker und warne:

„Wenn die Russen uns hier erwischen, dann werden sie uns möglicherweise einen Anschlag auf den Bahnkörper unterstellen wollen!“

„Wir müssen eben aufpassen!"
„Die kannst du gar nicht wahrnehmen, weil sie uns zuerst hören werden und dann herankommen lassen!"
Er antwortet nicht, läuft weiter und benimmt sich so, als wolle er nichts mehr davon hören. Auch die Kameraden verhalten sich ähnlich. Sie nehmen das Risiko in Kauf und ziehen den bequemeren Weg vor!
Verärgert, beabsichtige ich meine Freunde zu verlassen. Aber das Gefühl, dann allein zu sein, läßt mich die Idee schnell wieder vergessen.
Was soll ich nur machen?
Ratlos und mißmutig trotte ich als Letzter hinterher.
Dann soll'n sie sich eben schnappen lassen, denke ich trotzig. Aber ohne mich!
Um bei Gefahr auf Anhieb verschwinden zu können, laufe ich absprungbereit an der linken Böschungskante.
Wir erreichen einen Bahnübergang. Das Schrankenwärterhäuschen, als einziges Haus in näherer Umgebung, liegt völlig im Dunkel. Es brennt keine Lampe. Ist der Posten überhaupt besetzt? Hinter den geschlossenen Fenstern der oberen Etage schimmern im fahlen Mondlicht Gardinen. Ein Zeichen, daß hier Leute wohnen! Ich blicke durch das zur ebenen Erde befindliche kahle Fenster in den Betriebsraum und sehe auf dem gleich dahinter stehenden Tisch eine Ablage mit Papieren, Schreibzeug und einem Buch. Alles liegt, in pedantischer Ordnung ausgerichtet, nebeneinander. Die Wände sind schmucklos weiß getüncht, und in der Ecke nahe der Tür ist die Kurbelanlage montiert, mit der die Schranken bedient werden.
„Das macht alles einen sauberen Eindruck!"
„Ich glaube, daß hier noch Deutsche wohnen!", flüstert Quandt. „Ich bin sogar überzeugt!"
Küchler und Drescher kommen herbei. Sie sind um das Haus herumgelaufen und sagen:
„Die Beete in dem angrenzenden Gemüsegarten sind gepflegt wie bei einem Kleingärtner!"

Auch aus ihnen spricht die Auffassung, daß hier Landsleute wohnen müssen.
Nach meiner Meinung ist die untergeordnete Stelle eines Schrankenwärters jetzt noch nicht von den Russen oder Polen besetzt. Unerschrocken gehe ich zum Eingang und klopfe, in schneller Folge, laut gegen die Tür.
Sind meine Klopfzeichen wie ein Befehl aufgenommen worden? Nur Sekunden später wird sie bis zu einem Spalt geöffnet. Eine Frau mittleren Alters steckt vorsichtig den Kopf heraus. Mit der rechten Hand hält sie über der Brust krampfhaft einen um die Schultern geworfenen Mantel zusammen, der die darunter befindliche Nachtkleidung verbergen soll. Ihre Linke umklammert fest den Türrand.
Vier Landstreicher stehen ihr zur nachtschlafenden Zeit gegenüber.
Will sie uns die Tür vor der Nase zuschlagen? Sie sieht uns ängstlich mit großen Augen an und sagt kein Wort. Der Schreck muß ihr die Sprache verschlagen haben!
Mein Klopfen war zu selbstverständlich, zu herausfordernd! Aber wäre ich damit zu zaghaft gewesen, dann müßten die Leute glauben, ein ängstlicher Mensch mit schlechtem Gewissen steht vor der Tür. Sie hätten die Oberhand, könnten sich die Ruhestörung verbitten und uns ohne Auskunft abweisen.
Es war schon richtig. Die Überrumpelung verspricht mehr Erfolg.
Nun wird sie nicht wissen, was sie von uns halten soll, fürchtet sich vor Unannehmlichkeiten, die in dieser Zeit an der Tagesordnung sind!
Höflich, sogar eine Nuance übertrieben, versuche ich meine Dreistigkeit und unseren schlechten Eindruck auszugleichen: „Nehmen Sie uns bitte diese nächtliche Störung nicht übel, meine Dame. Wir sind in bedrängter Lage und möchten von Ihnen nur wissen, ob hier Russen in der Nähe sind und die Geleise bewachen?“
Die Frau wird zur Seite gedrängt. Aus dem Hintergrund tritt

ein untersetzter Mann hervor. Offenbar der Schrankenwärter. Meine Frage hat er gehört. Robust entgegnet er:
„Bei mir im Haus ist ständig eine Wache von zwei Soldaten der Roten Armee einquartiert! Sie sind vor zwanzig Minuten in Richtung Stolp gegangen und kontrollieren die Geleise!"
„Haben Sie vielen Dank für den Hinweis!" sage ich bescheiden, obwohl mich die Selbstverständlichkeit des neuen Sprachgebrauchs bei diesem Manne, „die Rote Armee", eigenartig berührt.
Mit mißtrauischem Interesse fragt er:
„Wer sind Sie denn — und was haben Sie vor?"
Glaubt er, daß wir Attentäter sind? Schnell erwidere ich:
„Wir sind ehemalige Soldaten und wollen in die Heimat!"
„Ach so!", knurrt er, sich abwendend. Er kehrt ins Haus zurück. Seine Frau verschließt von innen die Tür.
Betreten blickt einer zum anderen.
Wir haben nicht damit gerechnet, so kurz angebunden abgefertigt zu werden. Die unwirsche Abfuhr macht mich unsicher:
„Das war ja beleidigend! Habe ich was falsch gemacht?"
„Aber nein! Das ist einer von den Beamtentypen, die immer loyal ihrer Pflicht nachgehen. Jetzt dienen sie eben einem anderen Herrn. Die Hauptsache ist, daß sie ohne Sorgen leben können. Mit Deutschen wollen die am liebsten nichts mehr zu schaffen haben. Noch mehr! Sie wollen im Grunde nie welche gewesen sein!" beruhigt mich Quandt.
Seine Erklärung ist nicht ohne Logik. Verächtlich ergänzt sie Drescher mit der Beurteilung seiner unmännlichen Haltung:
„Aus lauter Angst schickt er zum Öffnen der Tür seine Frau vor. Er selbst tritt erst dann in Erscheinung, wenn er glaubt, daß die Luft rein ist. Dann spielt er noch den dicken Maxen! So ein Waschlappen! So ein Arschloch!"
Küchler wendet sich zum Gehen.
„Kommt, Männer!", und lachend sagt er lauthals: „Der wird sein Fett noch kriegen! Hoffentlich im richtigen Augenblick!"

Hat er das gehört? Ich fürchte Unannehmlichkeiten und folge ihm schnell:
„Laß das! Der hat sicher Telephon und kann uns Schwierigkeiten machen!“
„Mitten in der Nacht? Ach was! Dann sind wir über alle Berge!“
„Sei doch zufrieden! Wir haben die Auskunft, die wir brauchen!“
Quandt übernimmt wieder die Führung. Obwohl er gerade gehört hat, daß vor kurzer Zeit ein russischer Doppelposten in Richtung Stolp unterwegs ist, verbleibt er weiterhin auf dem Bahnkörper.
„Wir hätten uns das Theater mit dem Bahnbeamten sparen können, wenn Du Dich nicht an seine Aussage hältst, Herbert!“ „Ich kalkuliere sie mit ein!“
Ich stelle mir vor, was passieren kann: Wenn der Doppelposten nun zu faul zum Laufen ist und sich ins Gras legt, dann hören sie unsere Schrittgeräusche und brauchen nur noch ihre Gewehre auf uns zu richten! Möglich, daß die auch ohne Anruf schießen. Was haben wir auch mitten in der Nacht auf dem Bahnkörper zu suchen!
Ich werde wieder unruhiger:
„Das stinkt ja nach Gefahr!“
„Beruhige Dich, eine Viertelstunde nutzen wir die Strecke noch aus!“
„Dann sind wir den Russen längst in die Arme gelaufen!“ entgegne ich gereizt.
Er läuft unbeirrt weiter und die Kameraden folgen ihm widerspruchslos.
Es ist nicht zu fassen!
Linker Hand, zwischen den Bäumen, tauchen zwei Lichter auf. Ich denke an ein Kraftfahrzeug. Der Schein wird nur von wenigen Baumstämmen unterbrochen. Der Wald wird hier enden! Weiter hinten auf dem freien Feld, müßte eine Landstraße entlang führen!
Kann uns der Wagen gefährlich werden?

Ich glaube nicht. Die dichte Anordnung der Lampen aus meinem Blickwinkel sagt mir, daß er sich in genügender Entfernung mit gleichmäßiger Fahrt nach Nordost bewegt. Bald muß er über das Gleis wechseln!
Wir können beruhigt sein!
Doch seine Fahrt verlangsamt sich... Der Lampenabstand geht weiter auseinander... Die Scheinwerfer schwenken auf das Gleis ein...
Wir werden geblendet!
Ein Zug!
Wir stürzen die Böschung hinunter.
Ich lande zwischen Brennesseln, schrecke hoch, will eine bessere Deckung finden und blicke mich um.
Zu spät!
Ich nehme meine Nase wieder runter und verhalte mich bewegungslos. Gesicht und Hände brennen wie Feuer.
Das Licht des einen Scheinwerfers huscht taghell über mich hinweg.
Ich stehe auf und blicke einer Lokomotive nach. Im Lichtschatten sehe ich, daß sie eine offene Lore hinter sich herzieht, auf deren Plattform Soldaten mit feuerbereiten Maschinengewehren im Anschlag hocken.
Ein Kommando zur Streckensicherung!
„Das ist noch einmal gutgegangen!“, rufe ich wütend.
Wenn Quandt sein Verhalten nicht ändern will, bin ich nicht mehr bereit, seine Führung anzuerkennen. Das passive Verhalten der anderen veranlaßt mich, seine Rolle eventuell zu übernehmen.
Die Schmerzen an Gesicht und Händen, wie Feuer brennend, werden immer heftiger. Das lauwarme Wasser aus der Feldflasche bringt keine Linderung.
Mein Zorn steigert sich entsprechend. Mit der Entschlossenheit, die keinen Widerspruch erwartet, wende ich mich an alle: „Jetzt habe ich aber die Schnauze voll! Ich gehe hier und unter diesen Umständen keinen Schritt mehr weiter! Der Leichtsinn ist unverantwortlich!“

Quandt kommt dicht an mich heran und sieht mich durchdringend an:
„Was ist denn mit Dir los?“
„Du kennst meine Auffassung!“
„Ich habe für uns alle mit dem Bahnkörper eine Marscherleichterung erreichen wollen!“
„Die Sicherheit ist wichtiger!“
„Durch die Wälder wirst jetzt Du in Zukunft als erster gehen! Mein Gesicht ist schon völlig zerkratzt! Vielleicht kannst Du mit dem trockenen Geäst des Unterholzes besser fertig werden!“
„In Ordnung!“
Die Auseinandersetzung ist beigelegt. Wir verlassen den Bahnkörper und laufen, unserem alten Kurs entsprechend, zunächst über brachliegendes Land. Wir erreichen ein neues Waldstück. Ich übernehme nun die Führung.
Das lästige Unterholz macht mir nichts aus. Trotz der Dunkelheit erkenne ich es deutlich und schlage es ab. Dicht aufgeschlossen folgen die Kameraden. Sie kommen nicht von der Spur ab und vermeiden so Verletzungen. Selbst die dünnsten Äste entgehen mir nicht. Wir kommen flott voran.
Meine Sinne haben sich durch die wenigen Nachtmärsche spürbar verschärft. Vermutlich hat sich diese Entwicklung bei mir schneller als bei Quandt vollzogen. Sein Gesicht ist von den verschorften Kratzern mächtig entstellt. Er muß es mit seiner Führung sehr schwer gehabt haben. Besonders in den ersten Nächten.
Ich verstehe jetzt, warum er dem bequemeren Weg den Vorzug gab, und bedauere, gegen ihn so hart vorgegangen zu sein. Er hätte aber auch auf seine Probleme hinweisen können!
Ich habe keinerlei Schwierigkeiten bei der Wegfindung.
Die Nächte vergehen problemlos. Es ist Pfingstsonntagmorgen. Wir sind von einem besonders schönen Mischwaldgebiet umgeben. Die hohen Stämme des alten Baumbestandes stehen aufgelockert weit auseinander. Der Waldboden, weich wie

ein Teppich, ist flächenweise mit Gras bewachsen oder auch mit Tannennadeln übersät. Zwischendurch wuchert überall das niedrig wachsende Farnkraut. Die aufgehende Sonne wirft vereinzelte Strahlenbündel in das einmalig schöne Bild.
Ein besonderes Stück unberührter Natur!
Ein scheinbar in letzter Zeit kaum befahrener Waldweg wird überquert. Wir laufen auf einen Bretterverschlag zu. Er ist ringsherum von dicht wucherndem Strauchwerk umgeben. Ich bahne mir einen Weg zur Tür hindurch. Sie steht weit offen und hängt nur in einer Angel. Innen finde ich eine umgeworfene alte Bank. Eine Schraubzwinge ist darauf montiert. Daneben steht ein dreibeiniger Schemel. Kleinholz und einige Blechbüchsen lingen im ganzen Raum verstreut umher.
„Das müßte eine Holzfällerhütte sein!“, sage ich zu den inzwischen hereingekommenen Kameraden.
„Hier laßt uns Zelte bauen und eine Pfingststunde einlegen!“, sagt Quandt und setzt sich auf den Hocker. Er nimmt seinen Brotbeutel zur Hand, knöpft ihn auf und holt ein gut verschnürtes Päckchen hervor. Er stellt es liebevoll vor sich hin. Mit gespannter Aufmerkamkeit erwarten wir eine Überraschung.
Er nimmt es wieder auf, löst umständlich die Verschnürung, öffnet die Tüte und hält uns mit stolzer Freude den Inhalt vor die Nase.
Es ist ungerösteter Bohnenkaffee!
„Wo hast Du denn den her?“
„Von unserer alten Einheit!“
„Laßt uns zur Feier des Tages Kaffee kochen!“ ruft Drescher erfreut.
„So habe ich mir das gedacht!“, antwortet Quandt. Er lehnt sich an die Bretterwand zurück und lacht. „Wir müssen die Feste feiern, wie sie fallen!“
Warum auch nicht? Es ist Pfingsten! Es ist schön hier! Die kräftige, von morgendlicher Frische geschwängerte Waldluft mit Kaffeeduft zu würzen, ist doch herrlich! Was gibt es Schöneres?“
Der Kaffee muß zuerst geröstet werden.

Der Platz vor dem Eingang wird vom Gestrüpp befreit und ein kleines Feuer entfacht. Küchler findet ein Blechschild. Es ist leicht bauchig und als Pfanne gut zu verwenden. „Rauchen verboten!" lautet die Beschriftung auf der einen Seite. Er witzelt mit einem Anflug von Skepsis:
„Unser trockenes Holz, das wir verbrennen, raucht ja nicht!"
Aus seinen Worten entnehme ich, daß möglicherweise der Qualm uns verraten könnte, blicke zu den Baumkronen auf und entkräfte seinen unterschwelligen Verdacht:
„Ein bißchen schon. Aber die leichte Brise sorgt für gleichmäßige Verteilung. Über den Wipfeln wird nichts mehr zu sehen sein!"
Die Holzzwinge, von der Bank abmontiert, dient als Haltegriff für das Blech, auf dessen nichtemaillierter Seite die Bohnen geröstet werden. Drescher hält das Ganze über das Feuer. Sein kurzes Hin- und Herschwenken vermeidet einseitiges Anbrennen. Küchler hilft ihm dabei. Er rührt mit einem Stöckchen die Bohnen zusätzlich um.
Erreichen wir eine gleichmäßige Bräune?
Die verkrampfte Haltung der beiden treibt ihnen den Schweiß auf die Stirn. Quandt und ich lösen sie ab.
Aus den Bohnen steigt blauer Rauch auf. Obwohl sie ringsum nicht ganz braun sind, fürchten wir, daß sie verbrennen könnten. Wir brechen den Röstvorgang ab.
Die übrigen Vorbereitungen sind weniger umständlich. Quandt und Drescher zerklopfen mit einem Stein Bohne für Bohne. Im Kochgeschirr kocht inzwischen das Wasser. Wir schütten den zerkleinerten Kaffee hinein und würzen das Überbrühte mit einer Prise Salz.
Nun gut, es ist kein Kaffee im üblichen Sinne! Unwichtig! Aber alles zusammen! Das Aroma, die Luft, es ist Pfingsten! Und um uns herum die feierliche Ruhe, inmitten des zauberhaften Waldes!
Ich werfe meinen Hut ins Gras, setze mich daneben, lehne meinen Rücken an einen Birkenstamm und schlürfe mit Andacht aus meinem Becher das heiße Getränk.

„Wie bist du bloß auf die Idee gekommen, den Kaffee mitzunehmen?"
„Ich will mir damit in Berlin mein erstes Geld machen ..., eine Existenz aufbauen!"
„Mit einem Pfund Kaffee?" frage ich ungläubig.
„Warum nicht? Wir müssen alle wieder bescheiden anfangen!"
„Da bin ich aber sehr im Zweifel, daß es Dir gelingen wird, den heil nach Berlin zu bringen!"
„Ich will es wenigstens versuchen!"
„Nun hast Du einen Teil davon für uns geopfert!"
„Das macht nichts ..., es ist Pfingsten!" Quandt lenkt von sich ab: „Aber was habt Ihr denn für Zukunftspläne?"
„Ich bin Maschinenschlosser!", antwortet Küchler. „Bei mir in Solingen werde ich sicher Arbeit finden. Wenn nicht, dann muß ich mich nach etwas anderem umsehen."
„Und Du, Helmut? Du bist Bauer und wirst aufs Land gehen wollen!"
„Ich habe keinen eigenen Hof und muß mir eine Stellung als Gutsverwalter suchen. Mein Studium habe ich abgeschlossen."
„Dann hat es Albert als Schornsteinfeger am einfachsten. Die haben immer Arbeit!"
„Ich weiß es nicht. Ich habe mir schon Gedanken darüber gemacht und bin mir bisher noch nicht klar. Seit meinem Typhus in Stalingrad ist mein rechtes Bein nicht mehr in Ordnung. Was damit ist, weiß ich nicht. Jedenfalls ist es erheblich dicker als das linke.
„Was sagen denn die Ärzte?"
„Einer verordnete mir Harnstoff, und ich mußte das Bein hochlegen. Es hat nichts genutzt."
„Wenn Du läufst, dann fällt das gar nicht auf!"
„Nur wenn ich es überanstrenge!"
„Dann hast Du auch Deine Probleme."
„Das sind noch die geringsten! Aber vielleicht werde ich ein Fuhrunternehmen anfangen. Arbeit gibt es sicher genug.

Berlin liegt in Trümmern und muß wieder aufgebaut werden. Meine erste Sorge gilt meinen Angehörigen. Wer weiß, ob und wie ich sie vorfinden werde."
„Das steht uns allen noch bevor!" Quandt wird nachdenklich. „Außerdem wage ich mir nicht vorzustellen, was der einzelne Mensch noch über sich ergehen lassen muß und vor allem, was in Zukunft mit Deutschland geschehen soll. Einiges haben wir schon erfahren müssen."
Küchler geht auf den Stimmungsumschwung ein:
„Wir werden hungern und die Schnauze halten dürfen! Wenn einer Arbeit hat, dann kann er glücklich sein!", entgegnet er niedergeschlagen.
Quandt hebt den Kopf. Sein Gesichtsausdruck ist wieder optimistisch:
„So schlimm kann's nicht werden, Erwin! Was die Siegermächte auch für Auflagen machen mögen, einen neuen Anfang muß es wieder geben!" Heftig trinkt er seinen Becher leer und fügt mit gesteigertem Selbstbewußtsein hinzu: „Ich will schon deshalb schnell nach Hause, um der Etappe den Neubeginn nicht allein zu überlassen!"
Drescher frozzelt:
„Die Schrankenwärtertypen werden Dir Schwierigkeiten machen!"
„Dann kriegen sie von mir einen Tritt in den Hintern!" antwortet er überheblich.
„So wirst Du nur noch damit beschäftigt sein!"
„Ich weiß, wir werden mit ihnen leben", resigniert er.
Mich überrascht die voreingenommene, abwertende Auffassung über den Rest der in der Heimat verbliebenen Deutschen und die Selbstverständlichkeit, mit der darüber gesprochen wird. Abgesehen von den Bombenteppichen, haben sie auch die Härte eines Erdkampfes erlebt. Selbst hilflose Greise, Frauen und Kinder müssen ihre Heimat aufgeben, wie wir wissen. Ich finde den Ton nicht gerechtfertigt:
„Klammert Euch nicht an Übertreibungen!"
„Was hast Du denn für eine Erwartung?"

„Bis jetzt noch keine. Ich will erst mal nach Hause. Auf alle Fälle finde ich es übertrieben, den Nachkriegsdeutschen mit der Schrankenwärtertype zu vergleichen."
„Wir haben zwei Weltkriege verloren, in denen die gesunden Männer an der Front ihr Leben gelassen haben. Hinzu kommen die wenigen in der Heimat verbliebenen Männer, die im Volkssturm verbluten mußten. Ich frage Dich was für brauchbare Menschen wohl übrig geblieben sind?"
„Gewiß, da ist was Wahres dran!"
„Generationen werden vergehen, bis so ein ausgeblutetes Volk wieder sein gesundes Gleichgewicht erhält!"
Ich finde die Überlegung erschreckend:
„Wir stehen vor dem Nachlaß des Dritten Reiches!"
„Hitler hat es vorausgesagt! Und weil sich eine derartige Niederlage nicht vorstellen ließ, hatte die uns unerklärlich gebliebene Suggestive der Propaganda es leicht, im Unterbewußtsein jedes einzelnen die Siegeszuversicht zu verankern."
„Stimmt! Auch ich habe bis zuletzt geglaubt, daß noch ein Wunder geschieht; wenn ich auch das Ende kommen sah!"
„Nun ist er tot und den Weg gegangen, den wir alle einmal gehen werden", murmelt er gedankenverloren.
„Du sprichst so, als sei er friedlich im Bett verstorben. Man sagt, er ist an der Front gefallen!"
Quandt lacht laut auf. Auch die anderen grinsen.
Ich ziehe meine Stiefel aus, lege sie kreuzweise übereinander und lege meinen Kopf darauf. Die frische Luft an den nackten Füßen ist wohltuend. Mit dem Hut bedecke ich mein Gesicht, nicht nur, um die Augen abzudunkeln, sondern um es auch vor den lästig summenden und angriffslustigen Fliegen zu schützen. Sie lassen mich doch nicht einschlafen.

*

Ich erwache am späten Mittag. Es ist sehr warm. Die Sonne steht hoch am Himmel und hat sich so gedreht, daß ihre Strahlen mich voll treffen. Schnell wechsle ich einige Meter weiter in den Schatten hinüber.

Mich quälen Hungergefühle. Aus meinem Brotbeutel nehme ich den letzten Rest meiner Proviantreserve und breite ihn vor mir aus. Ein kleiner Kanten harten Brotes und etwas fetter Speck sind alles, was ich noch besitze. Zum Sattwerden reicht es nicht, aber der Magen ist beschäftigt. Das Knistern des Papiers weckt die Kameraden. Auch sie holen ihre Vorräte hervor. Es stellt sich heraus, daß Küchler überhaupt nichts mehr hat. Wir teilen auf und jeder gibt ihm ein wenig ab.

Wir sind am Ende mit der Verpflegung.

„Es muß was zum Beißen besorgt werden! Wie aber wollen wir das anstellen?"

„Bei unseren Nachtmärschen geht es nicht! Man kann die Nachtruhe der Leute nicht stören. Es sei denn, wir würden plündern. Aber das wäre kriminell!"

„Wir hätten dann auch das Risiko, auf Polen oder Russen zu stoßen!"

„Wie wäre es bei Tageslicht? Deutsche helfen uns doch sicher weiter!"

„Ja, anders geht es nicht!"

„Also, dann machen wir uns am besten gleich auf die Socken!"

Ohne deshalb Umwege zu machen, wird der Kurs weiter genau eingehalten. Er führt am Waldrand einer Anhöhe vorbei. In der Niederung liegt ein Dorf. Einige Häuser sind mit rot-weißen Fahnen beflaggt. Sie gehören zu den Bauernhöfen, die offenbar von Polen besetzt worden sind. Nur Katen und unscheinbare Häuschen zeigen nicht die polnischen Nationalfarben. Wir vermuten dort Landsleute. Eine dieser Katen steht abseits vom Dorf, am Ende einer langgezogenen Hecke, die von uns aus hinunterführt.

Wir wollen dem Häuschen einen Besuch abstatten.

Küchler übernimmt die Feldflaschen und schleicht im Schutz des dichten Heckenlaubs hinab. Er verhält sich geschickt.

Wird er gesehen, dann könnte es verhängnisvoll für ihn werden.

Wir beobachten unterdessen gespannt das Dorf. Es zeigt sich

nichts. Straßen und Wege sind menschenleer und auch hinter den Fenstern, da wo wir Polen vermuten, zeigt sich keine Seele. Läßt die Pfingstsonntagsruhe keinen Menschen das Haus verlassen? Oder hat es vielleicht auch andere Gründe?
Die wenigen Meter vom Ende der Hecke bis zur Kate läuft Küchler unauffällig langsam. Er verschwindet hinter dem Haus. Wir warten voller Spannung.
Endlich! Es sind etwa zehn Minuten vergangen. Küchler kommt wieder hinter dem Haus hervor und geht ruhig zur Hecke. Er kehrt auf demselben Weg zurück. Niemand hat ihn bemerkt.
Bei seinem Näherkommen fällt auf, wie niedergeschlagen er aussieht. Ich rufe ihm entgegen:
„Was ist denn los, Erwin, hast Du nichts organisiert?"
Heftig atmend setzt er sich hin, legt die Feldflaschen in den Sand und antwortet mißmutig:
„Ich habe wenigstens Wasser bekommen!"
Ich bedränge ihn:
„Noch nicht mal 'ne Stulle? Was war los? Erzähle!"
„Es war eine Frau, die mich sofort eintreten ließ. Es hat gewirkt — und sie blickte ängstlich nach allen Seiten —, als ich ihr sagte, daß ich ein ehemaliger deutscher Soldat auf der Flucht sei. Sie fing gleich an zu heulen und zeigte auf ihre beiden Kleinkinder, die abgemagert in ihren Bettchen lagen. Ich habe es deshalb nicht fertiggebracht, sie um Essen anzubetteln und so fragte ich nur nach Wasser."
„Du hättest fragen können, wer hier was hat!"
„Es kam keine Unterhaltung zustande. Die hat nicht aufgehört zu heulen. Ich war froh, als ich raus war und jetzt wieder hier bin. Zu fragen, wer hier was hat, hätte ohnedies keinen Sinn. Durch das Dorf wäre ich bestimmt nicht gelaufen!"
Quandt nimmt seine Feldflasche und klinkt sie an die Öse des Brotbeutels.
„Auf, Männer, wir gehen los! Es wird sich eine bessere Gelegenheit finden!"
Unser Weg führt weiter am Waldrand entlang. Plötzlich

enden die schützenden Bäume. Eine Wiese breitet sich vor uns aus. Sie ist wie eine Landzunge in den Wald hineingebettet, auf der an der gegenüberliegenden Baumgrenze, in unmittelbarer Nähe einer Scheune, friedlich Kühe weiden. Zwei Kinder hüten diese Herde, die etwa zwanzig Stück Vieh zählt. Ihre Arbeit nehmen sie nicht sehr ernst. Weitab von den Tieren spielen sie miteinander und unterhalten sich fröhlich in polnischer Sprache.

Wir haben die Absicht, eine Kuh zu melken. Die Kinder, — sie könnten Alarm schlagen —, dürfen uns nicht bemerken. Wir schleichen um die Wiese herum, bis wir die Scheune erreichen. Niemand ist uns begegnet.

Hier können wir nicht auffallen!

Quandt geht in die Scheune und beobachtet durch einen Spalt der Wand die spielenden Kinder. Küchler sichert vom Tor den Feldweg und Waldrand aus nach beiden Seiten hin.

Drescher ergreift unterdessen den Schwanz einer Kuh, verdreht ihn schmerzhaft und treibt sie mit einer Rute auf direktem Weg ins Innere. Man merkt sofort, wie fachgerecht er das Tier im Griff hat.

Küchler schließt den Torflügel.

Hier drängt er die Kuh an die gegenüberliegende Wand vor einem Heuhaufen in Stellung. Sie verhält sich gefügig. Mit dem Handrücken stößt er gegen das Euter und streicht dabei mehrmals über die Zitzen, bevor er mit dem eigentlichen Melkvorgang beginnt. Die Seitenhiebe des Kuhschwanzes stören ihn nicht.

Erwartungsvoll halte ich mein Kochgeschirr in die Zielrichtung.

Endlich, es kommt!

Zuerst kümmerlich. Aber dann wird der Strahl kräftiger. Das Kochgeschirr füllt sich. Es ist voll!

Küchler kommt herbei und tauscht es gegen sein leeres aus. Auch das wird noch voll! Wir haben genug.

Quandt verläßt aufgeregt seinen Beobachtungsposten:

„Es kommen zwei Männer auf die spielenden Kinder zu!“

„Sind sie bewaffnet?"
„Mit Gewehren nicht!"
Wir verlassen hastig die Scheune. In ihrem Schutz springen wir unbemerkt in den Wald hinüber. Küchler und ich tragen die Kochgeschirre, die aus Zeitmangel nicht mehr verschlossen werden konnten. In der Hast schwappt die Milch über. Ich verlangsame meine Schritte und trage sie behutsamer. Viel ist nicht verlorengegangen. Vielleicht das Beste? Die oben schwimmende Sahne etwa? Das wäre aber schade! Doch zwei Kochgeschirre mit Milch, lange nicht mehr genossen, machen den Verlust wieder wett.
Kaum außer Gefahr, teilen wir im Dickicht den Raub auf. Ich trinke mein knapp halbvolles Kochgeschirr mit Heißhunger leer.
Der erste Beutefeldzug ist gelungen, ohne daß er bemerkt wurde. Selbstbewußt blickt jeder jeden strahlend an.
„Wir hätten die Kuh mitnehmen sollen! Die Polen haben sie auch geklaut!"
„Quatsch! Macht Euch fertig! Wir müssen feste Nahrung besorgen!"
Die Rast wird abgebrochen. Der Marsch geht durch ein fast endloses Waldgebiet. Nur hin und wieder ist es von Schneisen, Lichtungen und kleineren Wiesen unterbrochen. Eine Hochspannungsleitung führt geradenwegs zu einem Ort. In der Ferne sehe ich die Häuser. Auch hier wehen auf den Dächern teilweise rot-weiße Fahnen.
Überall nisten sich diese Polen ein!
Um dorthin zu gelangen, müßte freies Gelände überwunden werden. Das Risiko ist zu groß! Mir knurrt der Magen, und ich blicke wehmütig hinüber.
Quandt ermuntert:
„Weiter Männer! Wir finden eine bessere Gelegenheit!"
Drescher entdeckt einige Büschel Sauerampfer. Jeder reißt sich einige Blätter ab. Kauend setzen wir den Marsch fort. Das Tageslicht ist angenehm, erfordert einen geringeren Energieaufwand und läßt die Stunden wie im Flug vergehen. Wald-

wege und Landstraßen werden überquert, aber nirgends stoßen wir auf Ansiedlungen.
Sollte bis zum Abend kein Ort erreicht werden oder keine Möglichkeit der Lebensmittelbeschaffung gegeben sein, so muß in der Nacht, mit knurrendem Magen, der Weg fortgesetzt werden.
Wir müssen aber etwas finden, wenn auch die Aussichten trübe sind!
Im Westen zeigt die Sonne, hellrot leuchtend, das nahe Ende des Tages an. Die Zeit wird knapp. Dicht hintereinander hasten wir über den weichen Waldboden dahin.

*

„Stoi!“
Drohend hallt der Befehl durch die Stille.
Hinter dem Stamm einer Buche tritt ein russischer Soldat hervor. Vornübergebeugt, hält er lauernd den drohenden Lauf seines Karabiners auf uns gerichtet.
Überrascht bleiben wir stehen und reißen die Arme hoch.
Langsam kommt er auf uns zu.
Kommt er so dicht heran, daß man ihm das Gewehr entreißen könnte?
Nein! Er ist vorsichtig und bleibt rechtzeitig stehen.
Ich will ihn testen und gehe mit erhobenen Händen langsam einige Schritte auf ihn zu.
„Stoi!“, ruft er wieder, richtet den Lauf auf mich und weicht zurück.
Es ist nichts zu machen! Wachsam achtet er auf seinen Sicherheitsabstand.
„Passport!“, brüllt er, ohne seine lauernde Haltung aufzugeben.
Hoffentlich zieht er nicht vor lauter Angst am Abzug des Gewehrs, denke ich und sage schnell, und mit dem Ausdruck des Bedauerns:
„Nix Passport!“
Mit befehlender Gebärde zeigt er mit einer Handbewegung die Marschrichtung:

„Dawai!"
Der donnernde Ton erlaubt keine Diskussion. Argwöhnisch umgeht er uns im großen Bogen und baut sich hinter unserem Rücken auf:
„Dawai, dawai!"
Wir laufen mit erhobenen Händen in die befohlene Richtung. Die antreibende Aufforderung klang selbstbewußter. Fühlt er sich sicherer? Glaubt er, die Situation im Griff zu haben? Wenn ja, wäre er dann in seiner Aufmerksamkeit weniger konzentriert? Würde er einen Fehler machen, der mir die Gelegenheit gibt, ihm das Gewehr zu entreißen?
Ich will vorsichtig provozieren, brauche eine bessere Position und gehe langsamer.
Er rückt auf. Prompt stößt er mir den Gewehrlauf in den Rücken:
„Dawai, dawai!", ruft er aufmunternd. Ein Baumstumpf bringt mich zu Fall. Ich raffe mich auf und hole mit ein paar schnellen Schritten die Kameraden wieder ein.
Widerstand zu leisten ist sinnlos. Ich füge mich in mein Schicksal.
Wir kommen auf einen Weg. Er führt aus dem Wald hinaus und windet sich über eine Wiese bergab.
Der Russe erlaubt, die erhobenen Hände zu senken.
Vor uns liegt ein Gutshof mit einem schloßähnlichen Herrenhaus. Die weitläufige Fläche davor, der Hof, auf der Hunderte von Pferden an provisorischen Krippen dichtgedrängt festgemacht sind, ist ringsum von Scheunen und Ställen umgeben. Einige Einfamilienhäuser und Katen stehen unmittelbar beim Gutseingang am Rande der Zufahrtsstraße. Diese verliert sich gleich dahinter und mündet zwischen bewaldeten sanften Hügeln.
Wir halten vor dem Eingang eines Hauses, gleich neben der Gutseinfahrt und werden dem Wachtposten übergeben.
Der Soldat geht ins Haus.
Wir stehen und warten. Die Stimmung ist auf dem Nullpunkt.

Immer wieder frage ich mich: Was wird passieren? Man wird vermuten, geflüchtete Soldaten vor sich zu haben. Werden wir uns herausmogeln können? Wohl kaum, denn wir haben keine Papiere, um das Gegenteil zu beweisen. Ich nehme mir vor, es aber auf alle Fälle zu versuchen!
Meinen Kameraden raune ich zu:
„Wir dürfen jetzt kein schlechtes Gewissen zeigen und müssen uns unbefangen benehmen!"
Sie reagieren nicht. Der Gesichtsausdruck bleibt teilnahmslos, als hätten sie nichts gehört.
Nach kurzer Zeit erscheint der Soldat im Eingang, zeigt auf Drescher und winkt ihn zu sich. Beide gehen ins Innere des Hauses.
Die wollen uns einzeln verhören!
Hoffentlich geht alles gut. Sind die Aussagen unterschiedlich, dann sind wir geliefert!
Was werden die anderen sagen?
Am besten, man sagt so wenig wie möglich. Die jeweilige Situation wird mir schon was einfallen lassen.
Wieder erscheint der Soldat. Er zeigt auf mich. Eilfertig, mit unbefangenem Gesicht, gehe ich zu ihm hinüber. Wir gehen ins Haus.
Ich sehe gerade noch Drescher, wie er von einem anderen Soldaten die Kellertreppe hinabgeführt wird. Er ist schon fast unten angekommen. Zu gern hätte ich aus seinem Gesicht den Verlauf des Verhörs herausgelesen.
Eine Tür wird geöffnet.
Mein Eindruck soll der eines Zivilisten sein! Ich trete in das Zimmer, lächle verbindlich, mache eine leichte Verbeugung und ziehe mit leicht übertriebenem Schwung jovial meinen Schlapphut.
„Guten Abend!", sage ich mit höflicher Zurückhaltung zu einem Leutnant, der lässig quer über einem Bett liegt und im regelmäßigen Rhythmus mit der Reitgerte gegen seine Stiefelschäfte schlägt. Die blauen Augen in dem braungebrannten, kantigen und ebenmäßigen Gesicht blicken listig. Sie sind

aufmerksam auf mich gerichtet. Mit einem Anflug von Belustigung, als amüsiere er sich nicht nur über meinen Auftritt, sondern auch darüber, mich jetzt schon überführt zu haben, fragt er:
„Passport?"
Mit ausgestrecktem Arm hält er erwartungsvoll die Hand auf.
Er muß bei Laune bleiben!
Ich schiebe verlegen die Unterlippe vor, hebe bedauernd die Schultern und ziehe den Kopf ein:
„Nix Passport!"
Er versucht sein Schmunzeln zu verbergen und fragt lauernd:
„Du Soldat?"
„Nein!" antworte ich mit Entschiedenheit und weise zur Bekräftigung mit beiden Händen auf meine Zivilkleidung.
„Ausziehen!" sagt er kühl.
Was soll denn das? Ich bin überrascht, tue so, als hätte ich nicht richtig gehört, und sehe ihn verständnislos an.
„Ausziehen!", wiederholt er den Befehl. „Dawai — dawai!"
Er bezweifelt meine Glaubwürdigkeit! Bockig beginne ich unwillig mit der Jacke.
Mein Gott, die Erkennungsmarke!
Ich habe sie ganz vergessen! Nun wird er merken, daß ich gelogen habe. Mir wird heiß. Fühlt er meine Unsicherheit? Unumwunden ist sein Blick auf mich gerichtet! Die rhythmischen Stockschläge gegen seinen Stiefelschaft gehen mir auf die Nerven!
Ich ziehe das Oberhemd über den Kopf und versuche heimlich die Schnur mit der Marke zu erwischen. Vergeblich! Ich geb's auf.
Ich kann nichts vertuschen und muß das Unterhemd auch ausziehen.
Es gibt keine Ausweichmöglichkeit!
Mein freier Oberkörper präsentiert sich mit der Erkennungsmarke. Ich habe mich wieder gefaßt. Freimütig frage ich lächelnd:

„Die Hose auch?“
„Nein!“, er winkt ab und zeigt auf meine Brust. „Du doch Soldat!“, sagt er kalt. Sein Blick ist streng geworden.
„Gewesen, gewesen!“ antworte ich schnell und freimütig. „Früher mal, doch nun bin ich Zivilist!“ Liebevoll betrachte ich meine Kleidung, als ob es keines besseren Beweises bedarf.
Natürlich ist diese Herausmogelei einfältig und unglaubwürdig. Doch er muß sich sagen, daß ich wohl nicht ganz ernst zu nehmen sei, und einer klaren Lüge nicht zu überführen bin.
„Anziehen!“, befiehlt er ungehalten. Doch versucht er gleichzeitig seine Belustigung zu verbergen. Sein Grinsen entgeht mir nicht.
Ich zeige mich erschreckt und ziehe mich mit übertriebenem Eifer an.
Auf seinen Befehl erscheint ein Soldat. Er soll mich abführen, und zu mir sagt er abschließend, ohne mich anzusehen:
„Du kommst in den Keller!“
Ich finde mich mit dem Urteil ab. Kleinlaut frage ich:
„Bekomme ich was zu essen?“
„Nix essen!“ entgegnet er barsch.
Als ich den Brotbeutel aufnehme und den Raum verlassen will, stutzt der Leutnant:
„Das bleibt hier!“
Auf dem Weg in den Keller will ich dem nächsten Kameraden durch Augenzwinkern zu verstehen geben, daß meine Vernehmung einigermaßen gut verlaufen ist und gehe deshalb langsam die Stiege hinab. Doch ich komme nicht dazu. Man hat noch keinen aufgerufen.
Der Soldat öffnet die Verriegelung und schubst mich ins Dunkel. Ich tapse ins Wasser. Es reicht mir bis zur Wade. Die Kellertür schließt sich. Die Finsternis ist undurchdringlich.
„Helmut, bist Du hier?“
„Na klar, ich warte schon auf Euch!“
„Warum steht der Keller unter Wasser? Ist der Grundwasserspiegel hier so hoch?“

„Keine Ahnung! Ich habe das Problem gelöst und hocke auf einem Gartenstuhl!"
„Ist noch einer hier?"
„Mir ist keiner weiter aufgefallen!"
Ich taste die Wände ab. Das Gewölbe ist fensterlos, und etwa fünf mal fünf Meter groß. Neben verschiedenem Gerät erfühle ich ein Regal und zu meiner Freude doch noch einen Gartenstuhl. Aufgeklappt, dient er mir ebenfalls als Hochsitz.
„Was hat man aus Dir herausgequetscht, Helmut?"
„Ich habe gesagt, wie es sich verhält. Wir würden uns sonst alle in Widersprüche verwickeln. Hoffentlich machen es die anderen ebenso! Wie war's bei Dir?"
„Mich hat meine Erkennungsmarke verraten, habe mich dumm gestellt und so getan, als hätten wir aneinander vorbeigeredet. Es ist noch einmal gut gegangen."
Auf der Treppe werden Schritte wahrnehmbar.
Wir sind still. Wer mag der Nächste sein?
Die Riegel werden zurückgeschoben. Für einen Augenblick öffnet sich die Tür. Mit einem Satz plumpst Küchler herein und ruft erschrocken:
„Hach du liiieber Jott, wie kümmt dat dann?!" und kleinlaut fragt er leise: „Bin ich denn alleine hier?"
„Nein — nein, wir sind ja bei Dir", beruhige ich ihn.
„Die können uns doch nicht im Wasser stehenlassen!" antwortet er ungläubig.
„Die können alles! Komm' her und setz' Dich zu mir auf den Stuhl!"
„Stühle gibt's hier? Das ist ja prima!"
Ich mache für ihn Platz und setze mich auf die Lehne.
„Wie ist Dein Verhör verlaufen, Erwin?"
„Ich habe mich mit Herbert absprechen können. Er meinte, daß Ihr vermutlich die Wahrheit sagt. Deshalb habe ich mich auch daran gehalten."
„Das war richtig!"
Wir warten. Die Zeit vergeht. Draußen müßte es schon dunkel sein.

„Der Herbert bleibt aber lange!"
„Er wird versuchen, uns herauszureden!"
„Das schafft er nicht!"
Endlich! Schritte auf der Kellertreppe! Mit Spannung erwarten wir seinen Bericht.
Ihm geht es nicht anders als uns. Die Überraschung, ins Wasser zu treten, läßt ihn fast lang hinschlagen. Voll trifft mich das aufspritzende Wasser, und beinahe hätte er Drescher mitsamt dem Stuhl umgerissen. Doch er macht auf sich aufmerksam:
„Langsam, langsam, Herbert!"
Die Schrecksekunde läßt ihn die Beherrschung verlieren, er ruft laut:
„Verfluchte Scheiße! Das gibt's doch nicht! Was sind denn das für Methoden?! Das kann doch nicht die Antwort auf mein freimütiges Gespräch sein!"
„Beruhige Dich, Herbert, Nimm's hin!" sagt Drescher und tröstet scherzend: „Es hat auch gute Seiten! Ratten gibt's hier jedenfalls nicht. Die sind alle versoffen!"
„Egal! So behandelt man nicht mal Verbrecher!"
„Beruhige Dich doch! Wenn wir diese Strafe durchmachen müssen, dann wird man uns wenigstens nicht umlegen!"
Seine Aufregung hat sich gelegt.
„Habt Ihr noch einen Stuhl für mich?"
„Komm' und hock' Dich zu mir!" sagt Drescher.
„Was hast Du denn mit dem Leutnant so lange gesprochen? Wie hast Du Dich verhalten?"
„Er machte auf mich einen guten Eindruck. Ich gewann Vertrauen und unterhielt mich ganz offen mit ihm. Er zeigte Verständnis. Deshalb kann ich nicht verstehen, wie man uns hier einsperren kann. Ich bin gespannt auf die nächsten Überraschungen."
„Ewig werden wir hier nicht brummen! Es kann nur besser werden!"
„Aber in dieser Nacht wird sich für uns bestimmt nichts mehr ändern!"

Ich verspüre Müdigkeit.
„Wir müssen schlafen, Freunde! Laßt uns was zusammenbauen, um einigermaßen trocken über die Runden zu kommen!“
Gemeinsam wird alles untersucht. Quandt entdeckt in der Ecke eine längliche Kiste. Er ist damit zufrieden. Küchler macht sich am Regal zu schaffen und nistet sich dort ein. Ich finde ein etwa zwei Meter langes und vierzig Zentimeter breites Brett mit genügender Stärke, verbinde damit die beiden Stühle und lege mich drauf. Drescher hat keine Möglichkeit gefunden. Er kommt zu mir. Wir teilen uns das Lager. Engumschlungen ruht jeder auf einer Kante, um nicht herunterzufallen.
Von Schlafen kann natürlich nicht die Rede sein. Wir liegen aber trocken und dösen dahin. Die Kante drückt mit der Zeit immer schmerzhafter. In immer kürzer werdenden Abständen wechseln wir die Stellung. Die Nacht geht vorüber.
Ein Bersten, das Splittern von Holz und ein Klatsch ins Wasser schreckt uns auf.
„Was ist los?“
„Ich bin aus dem Regal gefallen!“, antwortet Küchler verstört.
„Hast Du Dir was getan?“
„Nein!“
Der Schaden wird repariert. Zwei Bretter sind frei geworden. In Verbindung mit den Stühlen und dem Rest des Regals ergeben sich drei Liegen. Diese Lösung ist sogar noch besser als vorher.
Ich habe jetzt mein Brett für mich allein, kann mich ausstrecken und komme zur Ruhe.

Es werden Türen zugeschlagen. Russische Sprachfetzen sind zu hören. Hin- und herhastende Schritte dröhnen wie Hammerschläge durch die Kellerdecke. Durch einen winzigen Spalt der Tür dringt spärlich das Tageslicht und reicht aus, Umrisse erkennen zu lassen.
Mich überkommt ein menschliches Gefühl, aber um uns kümmert sich keiner.
„Mensch, ich muß pinkeln!“
„Glaubst Du, daß mein Druck auf der Pumpe geringer ist?“
„Darüber hinaus drückt mich noch der Lehm! Die werden uns doch nicht vergessen haben, oder glauben die etwa, wir scheißen hier in die Ecke?“, sagt Küchler. Er steht auf, patscht durch das Wasser zur Tür und poltert mit einem Gegenstand dagegen:
„He, aufmachen! Wir müssen austreten!“, brüllt er. Fast überschlägt sich seine Stimme.
Er wartet und lauscht.
Nichts rührt sich!
In immer kürzer werdenden Abständen wiederholt er die Klopfzeichen und ruft:
„Aufmachen! He, aufmachen!“
Endlich!
Schritte auf der Kellertreppe. Die Riegel werden zurückgeschlagen. In der geöffneten Tür steht ein russischer Soldat mit über die Schulter hängendem Gewehr:
„Schto sluschilos?“ (Was ist los?), fragt er rauh.
Küchler stellt sich gekrümmt vor ihn, hält sich den Leib, stöhnt, als ob er Schmerzen hätte und deutet mit der anderen Hand am Hosenschlitz sein dringendes Bedürfnis an. Hinter ihm führen wir die gleiche Pantomime auf.
Er versteht. Wir werden über den Gutshof zur Latrine geführt.
Wo sind nur die Pferde geblieben? Die leeren Boxen werden

von Zivilarbeitern gesäubert. Vor den Wirtschaftsräumen des Herrenhauses sitzen Frauen und schälen Kartoffeln. Sie blicken auf, reden abwechselnd aufeinander ein und grinsen unbefangen zu uns herüber.

Endlich erreichen wir den Ort der Erlösung und atmen auf.

Zurückgekehrt, legen wir uns auf die Bretter und dösen dahin. Gestern Mittag haben wir den letzten Bissen zu uns genommen, und die Russen rühren sich nicht, uns irgend etwas zu essen zu geben! Auch Durst macht sich bemerkbar. Soll das eine zusätzliche Bestrafung sein? Was haben die überhaupt mit uns vor?

Irgend etwas müßte doch passieren!

Sollte man in der kommenden Nacht ausbrechen? Würden wir die Tür knacken können, so wäre das nächste Problem der Posten, an dem wir vorbei müßten. Ihn ohne Waffen zu überwältigen, kann mißlingen. Außerdem haben die Russen unser Fluchtgepäck beschlagnahmt. Darauf will ich nicht verzichten. Was könnte man bloß anstellen?

Doch der leere Magen raubt mir die Unternehmungslust. Ich verwerfe den Gedanken auf Flucht und verzichte auf die Mühe, die Tür nach Ausbruchsmöglichkeiten zu untersuchen. Zur Flucht gehört auch, das Risiko der Entdeckung so klein wie möglich zu halten. Eine passende Gelegenheit hierfür muß eben abgewartet werden.

Keiner spricht ein Wort. Der Kohldampf macht sich immer stärker bemerkbar. Aber vom Reden ist auch noch keiner satt geworden!

Also lassen wir's!

Der Tag vergeht. Erst gegen Abend holt man uns wieder heraus. Wir werden geschlossen dem Leutnant vorgeführt.

Was jetzt auch kommen mag, ich muß die Rolle des Naiven weiterspielen, wenn die Glaubwürdigkeit meiner glimpflich abgelaufenen ersten Vernehmung im Nachhinein nicht gefährdet werden soll. Nur ein uns entgegengebrachtes Vertrauen kann unsere Lage verbessern.

Wir stellen uns in einer Reihe vor ihm auf.

Er beobachtet uns aufmerksam, geht auf und ab, um uns herum und bleibt plötzlich stehen. Lächelnd fragt er:
„Wollt Ihr arbeiten?“
„Ja, aber gern!“, antworten wir wie aus einem Mund. Bedeutet es doch, daß es endlich was zu essen geben müßte! Würde man uns vielleicht auch noch in einer besseren Unterkunft schlafen lassen, als in diesem verfluchten Keller?
„Was haben wir denn für Aufgaben?“, fragt Quandt lebhaft interessiert.
„Hier ist eine Pferde-Sammelstelle, und zur Arbeit werdet Ihr morgen eingeteilt!“ ist die kurze Antwort.
Er geht zur Tür, ruft einen Soldaten herein, dem er befiehlt, uns in der Küche was zu essen geben zu lassen.
Wenn mein russisches Vokabular auch nur mäßig ist, so habe ich den Befehl zu meiner Freude eindeutig verstanden.
Der Soldat führt uns über den Hof zum Herrenhaus. Die Wirtschaftsräume liegen im Erdgeschoß und sind vom Hof unmittelbar zu erreichen. Bevor er in die Küche geht, weist er uns in den daneben liegenden Aufenthaltsraum ein. Die einzige Einrichtung besteht hier aus drei, etwa fünf Meter langen, roh zusammengezimmerten Tischen mit dazugehörigen Bänken. Wir setzen uns, und blicken mit hungriger Erwartung auf das geschlossene Schiebefenster der Essensausgabe. Statt daß man es öffnet und uns die Speisen herausreicht, erscheint in der Tür daneben die Köchin. Sie ist eine große und kräftige Frau mittleren Alters. Das ovale Gesicht mit den dunklen Augen und dem aufgeworfenen Mund, sowie ihre Bewegungen wirken herausfordernd. Sie bleibt aber reserviert, breitet bedauernd die Arme aus und erklärt resolut:
„Ich habe nichts mehr für Sie da!“
Wir blicken sie enttäuscht und stumm an. Plötzlich sagt Küchler:
„Hach du liieber Jott, wie kümmt dat dann? Wir wären ja froh, wenn Sie nur ein Stückchen altes Brot übrig hätten!“
Hinter ihr erscheint der Russe im Türrahmen, der uns hier-

her geführt hat. Er ergreift ihren Arm und zieht sie in die Küche zurück. Sie ruft über die Schulter:
„Ich werd' mal sehen, was sich machen läßt!" Die Tür fällt hinter ihr ins Schloß.
„Na bitte!", sagt Quandt, als wir wieder allein sind. „Der gute Wille ist ja da! Die wird uns schon was hinzaubern! Schließlich ist sie auch 'ne Deutsche und kann bei einer solchen Stellung schon was machen!"
„Hoffentlich beeilt die sich ein bißchen!", antwortet Küchler ungeduldig. Der Küchenduft läßt mich kaum die Zeit abwarten!"
„Halte aus, mein Junge! Je länger es dauert, desto mehr wird sie für uns tun", beruhige ich ihn. In der Tat. Es duftet würzig, und der immer stärker werdende Appetit läßt einem das Wasser im Munde zusammenlaufen. Die Gerüche spannen mich auf die Folter. Das Warten wird zur Ewigkeit.
Endlich!
Die Köchin stößt die Tür auf und erscheint mit einem großen Tablett. Vier dampfende Fleischportionen befinden sich darauf, auch Brot und eine Schüssel mit Sauerkohl. Sie stellt ihre Last auf der Tischplatte ab, serviert die gefüllten Teller und teilt das Besteck aus. Ihr munteres Plappern klingt wie eine Entschuldigung:
„Ich hatte für morgen das Fleisch vorgekocht und davon die Portionen entnommen; von den heutigen Zuteilungen ist nichts mehr übriggeblieben. Deshalb habe ich auch leider keine Kartoffeln mehr", bedauert sie und ergänzt aufmunternd: „Aber das Brot tut's ja auch! Lassen Sie sich's gut schmecken!"
Sie wendet sich ab. Da äußert Drescher noch einen Wunsch. Er deutet auf das Fleisch:
„Wir sind sehr durstig! Haben Sie vielleicht noch Brühe übrig?"
„Aber gewiß! Ich bringe für jeden einen Becher voll her!", antwortet sie im Hinausgehen.
Wir fallen über das gekochte Schweinefleisch her. Zusammen

mit dem Brot und dem Sauerkohl schmeckt das Fette daran besonders gut. Quandt mahnt:
„Schluckt nicht wie die Wölfe! Laßt Euch Zeit und kaut, Männer! Wir wollen uns nicht den Magen verderben!"
Nach den ersten hastigen Bissen verliert sich der Hungerschmerz, ich werde ruhiger und esse vernünftiger. Eine kleine Pause gibt mir Gelegenheit zum Durchatmen:
„So gut haben wir lange nicht mehr gegessen!"
„Hier bleiben wir mal 'ne Weile, bis wir wieder richtig aufgepäppelt sind!"
Quandt antwortet mit vollem Mund:
„Wir werden sehen, wie sich das hier entwickelt. Redet nicht so viel und eßt!"
Die Köchin kommt herein und stellt vor jeden einen Becher Brühe hin. Sie setzt sich uns gegenüber auf die Bank und verschränkt unter dem üppigen Busen ihre Arme. Sie betrachtet uns derart auffordernd, als erwarte sie von uns ein Gespräch.
Drescher blickt auf und fragt:
„Wo ist denn unser Bewacher geblieben?"
Diese Frage bagatellisiert sie mit einer Handbewegung:
„Der ist auf den Hof hinausgegangen!"
„Na denn! — Dann woll'n wir mal einen trinken!", sagt er aufmunternd. Er nimmt seinen Becher auf, lacht Küchler an und fragt ihn herausfordernd:
„Weißt Du keinen Trinkspruch, Erwin?"
Der wendet sich zur Köchin, zwinkert listig mit den Augen und zitiert fröhlich:
„Wir trinken auf das Wohl unserer Damen, die wir immer gerne unter uns haben, und in deren Mitte wir mit Vergnügen verweilen!"
Sie bricht in schallendes Gelächter aus. Auch wir lachen herzhaft über seine Schlagfertigkeit und die freche Zweideutigkeit des Spruches. Ich beobachte aufmerksam ihr Verhalten und hoffe, daß sie ihm den Ulk nicht übelnimmt. Denn gute Beziehungen zur Küche sind wichtig!

Sie sieht Küchler einige Sekunden versunken an und verläßt dann errötend und hastig den Aufenthaltsraum.

Die Unwissenheit über die Lage in den ersten Tagen der Flucht, dann die Erkenntnisse und Informationen in der darauffolgenden Zeit, haben uns immer vorsichtiger und ängstlicher werden lassen. Niemand hatte je ein Wort darüber verloren. Wozu hätte es auch führen sollen? Keiner wollte es dem anderen noch schwerer machen, als es ohnedies schon war. Ganz abgesehen von körperlichen Belastungen und Entbehrungen, hatte so die auf vierzehn Tage im Untergrund gestaute psychische Anspannung am meisten zu schaffen gemacht. Hinzu kam nun der Hunger. Wir wurden leichtsinnig, marschierten erstmals tagsüber, um mit Hilfe der Außenwelt die dringendsten Bedürfnisse zu stillen. So verstand es sich von selbst, daß wir mit äußerster Konzentration vorgingen und schnell die Grenzen unserer Belastbarkeit erkennen mußten.

Dieser innere Druck findet jetzt seine Befreiung. Die Ventile hierfür, das Arbeitsangebot und die üppige Mahlzeit, lassen das Tief in ein Hoch verwandeln. Hinzu kommt das Bewußtsein, sich nicht mehr verstecken zu müssen und in den nächsten Tagen ohne nennenswertes Risiko leben zu können. Es ist deshalb erklärlich, daß unter diesen Umständen die Zunge locker ihren Weg findet.

Quandt setzt den Becher ab und sagt vergnügt:

„Bei der bist Du gut angekommen, Erwin! Halt' sie Dir warm! Was besseres als 'ne Köchin kann Dir nicht passieren, und proper ist sie auch noch!"

Der sieht ihn schmunzelnd an:

„Das habe ich mir auch gedacht!"

Wir sind mit dem Essen fertig und gesättigt. Drescher rülpst wohlgefällig vor sich hin und spielt den Erschrockenen. Ich halte mir den Leib und atme tief durch:

„Das war einsame Klasse!"

Küchler fürchtet, daß wir aufbrechen. Er ist voller Unternehmungslust und empfiehlt:

„Wir bleiben jetzt erst mal 'ne Weile sitzen!"
Er blickt verstohlen zur Küchentür. „Oder, ob ich da mal hineingehe?"
Quandt bremst ihn:
„Dräng' Dich nicht auf, und bleib' mit Deinem Hintern, wo Du bist! Gelegenheiten zum Flirten bieten sich später auch noch an!"
Der Wachtposten beendet das Gespräch und führt uns in das Russenquartier zurück. Dort werden wir vier verschiedenen Gruppen russischer Soldaten zugeteilt. Diese, in verschiedenen Zimmern untergebracht, sollen uns bewachen und betreuen. Als ich in den Raum mit acht Schlafstellen geführt werde und für die Nacht eine Pritsche mit Strohsack angewiesen bekomme, fühle ich mich vom Regen in die Traufe versetzt und wünsche mich wieder in den Keller zurück.
Wenn ich diese Nacht hier schlafen will, so muß ich unbedingt Mißtrauen und Unbehagen abbauen.
Bis jetzt hatte ich keinen Kontakt mit russischen Soldaten, kenne ihre Mentalität nicht, bin vorwiegend durch die deutsche Propaganda informiert und versuche, sie als Soldaten zu sehen, die wie überall auf dieser Welt bis zu ihrer Entlassung ihre Pflicht gegenüber ihrer Heimat erfüllen müssen.
Aber mein Mißtrauen bleibt.
Wird mir ein politisch verhetzter Stubengenosse Schwierigkeiten bereiten?
Es hat nicht den Anschein! Niemand beobachtet mich so verdächtig, als daß ich es annehmen könnte. Alle verhalten sich zurückhaltend und scheinen meine Anwesenheit völlig zu übersehen.
Viel Platz ist nicht in dem Zimmer. Die dicht zusammengestellten Betten lassen nur wenig Zwischenraum und den Männern keine Bewegungsfreiheit. Sie bereiten sich für die Nacht vor. Auf den Schemeln vor den Betten legen sie die Uniformen ab, stellen das Schuhwerk davor und betten sich auf ihr Lager zur Nachtruhe.
Mit viel Mühe ziehe ich meine von Kellernässe hartgewor-

denen Stiefel aus, lege die Jacke zusammengefaltet als Kopfkissen zurecht und lege mich hin. Irgend jemand wirft mir eine Decke herüber.
Tür und Fenster sind geschlossen. Der kalte Rauch vom Machorka-Tabak, vermischt mit den Körperausdünstungen, liegt schwer im Raum. Nur durch ein kleines Oberfenster dringt Sauerstoff in das Zimmer. Das ist ungenügend, mir kommt die Luft immer stickiger vor. Ich versuche alles, um mich möglichst lange wach zu halten. Zumindest so lange, bis alle eingeschlafen sind. Doch die Müdigkeit ist zu groß und mir fallen die Augen zu.
Am nächsten Morgen werde ich von lautem Stimmengewirr geweckt. Die Männer verschaffen sich lautstark Platz, drängen hin und her, verlassen halb angezogen hastig das Zimmer, um nach kurzer Zeit wieder zurückzukehren. Es ist ein Durcheinander, wie in einem aufgestocherten Ameisenhaufen!
Ich stehe auf, quäle mich in die harten Stiefel und ziehe meine Jacke an. Die Schlafdecke lege ich zusammengefaltet auf das Bett und gehe zum Waschen auf den Hof hinaus.
Am Wasserhahn vor dem Haus ist ein ungestümes Gedränge. Erst ein Vorgesetzter schafft Ordnung in dem Haufen. Hier finde ich meine Kameraden wieder. Sie stehen davor und warten, bis sich der Ansturm gelegt hat. Ich stelle mich zu ihnen. Endlich wird eine Schüssel frei. Küchler schnappt sie sich, stellt sich in die Reihe und kehrt mit der gefüllten Wanne zurück. Ein Russe überläßt uns seinen Seifenrest. Nach dem Waschen lassen wir das Gesicht und die Hände von der Luft trocknen.
Niemand beaufsichtigt uns. Zu sehr sind alle mit sich selbst beschäftigt.
Die Pferde in den Boxen sind unruhig. Einige wiehern temperamentvoll, denn eine Handvoll Männer ist damit beschäftigt, mit langen dicken Schläuchen Wasser in die Krippen zu füllen.
Von einem geöffneten Fenster des Wirtschaftstraktes aus

winkt uns die Köchin zu sich. Wir gehen langsam hinüber und niemand hindert uns. Sie beugt sich heraus und ruft uns entgegen, ob wir kein Frühstück haben wollen.
Schnell, als könnte uns jemand die Gelegenheit nehmen, gehen wir in den Aufenthaltsraum, und setzen uns. Keiner von den anwesenden Russen nimmt Anstoß an unserer Gegenwart. Auch untereinander verhalten sie sich still, frühstücken und verschwinden wieder, als wären sie nicht an eine Zeit gebunden.
Ich bin unsicher. Darf die Köchin uns Essen geben? Kann uns das Ärger einbringen?
Sie stellt eine Kaffeekanne, vier Becher, eine Schüssel mit weißem Käse, Zucker und Brot in das Ausgabefenster. Ein auffordernder Blick veranlaßt Küchler, die Portionen zu holen. Ohne eine Miene zu verziehen, stellt er sie auf dem Tisch ab und setzt sich. Wir essen und trinken, als stünde uns die Mahlzeit zu.
Ab und an, so wie es die Zeit der Köchin erlaubt, schaut sie vom Ausgabefenster her verstohlen auf Küchler. Gelegentlich treffen sich ihre Blicke. Dann lächelt sie verlegen und wendet sich ab.
Mit dem Essen fertig geworden, der Kaffee ist ausgetrunken, kommt ein bewaffneter Soldat herein. In fließendem Deutsch fordert er uns zur Arbeit auf. Es ist keine Zeit für eine Verschnaufpause. Wir folgen ihm sofort.
Hat er uns beobachtet und die Zeit abgewartet? Hat er uns in Ruhe essen lassen wollen?
Auf dem Hof ist ein wildes Durcheinander. Die Gäule sind losgebunden und werden mit lautem Rufen durch das Hoftor getrieben. Wir zwängen uns dazwischen, gehen an den Wachtposten vorbei zur Straße und laufen der an uns vorbeitrabenden Herde hinterher. Sie geht in Galopp über und entfernt sich immer weiter. Eine Wegbiegung, und wir verlieren sie aus den Augen.
Was ist unser Begleiter für ein Mensch? Sein Deutsch, ein oberschlesischer Dialekt war herauszuhören, überraschte mich.

Ich will ein Gespräch beginnen und frage neugierig, was wir denn arbeiten sollen.
„Ihr müßt die Pferde hüten!"
Auf die Frage, wo er sein gutes Deutsch gelernt habe, antwortet er freimütig, daß seine Mutter Deutsche sei.
Nach zehn Minuten sehen wir die Klepper. Sie grasen friedlich auf einer Weide. Zwei berittene Soldaten kommen uns entgegen, wechseln einige Worte mit unserem Mann und reiten lachend weiter. Sie haben uns kommen sehen und wollen zum Gutshof zurück.
Wir gehen zu den Pferden hinüber. Unser Aufpasser zeigt das Viereck an, in dem die Tiere grasen sollen. Wir haben aufzupassen, daß keines über die Grenzen des Terrains hinweg von der Herde abkommt. Er fordert uns auf, uns auf die Ecken zu verteilen und ihm keinen Ärger zu machen, da wir auch in Zukunft miteinander auskommen müßten.
„Sie werden mit uns zufrieden sein", antwortet Küchler eifrig, „wir freuen uns, ein Dach über dem Kopf zu haben und satt zu werden!"
Als wir uns auf die angewiesenen Plätze postieren, ist er beruhigt, wendet sich ab und läßt uns allein.
Ich lege mich ins Gras und sehe ihm nach, bis er hinter einer Hecke verschwindet. Befürchtet er nicht, daß wir die Gelegenheit zur Flucht ausnutzen könnten? Oder beobachtet er uns vielleicht heimlich, um zu prüfen, ob wir vertrauenswürdig sind? Egal! Soll er doch machen, was er will! Wir werden jetzt erst mal unsere Arbeit aufnehmen.
Einige Einzelgänger kommen von der Herde ab. Grasend bewegen sie sich auf die Grenzlinie zwischen mir und Quandt zu. Schon sind sie hinüber.
Wir springen auf, rennen aufeinander zu und heben drohend die Arme:
„Uuaaaahh!"
Der Urschrei aus voller Kehle läßt die Tiere zurückschrecken. Sie bäumen sich auf und flüchten galoppierend in den Schutz der Herde zurück.

Die ungewohnte Tätigkeit amüsiert mich. Auch Quandt zeigt sich heiter. Lachend rufe ich ihm zu:
„Wenn wir uns in Berlin auf dem Kurfürstendamm mal wiedersehen, dann muß die Begrüßung genau so ausfallen, Herbert!"
„Ich glaube, die Leute werden dann vermuten, wir sind verrückt geworden!"
„Das sollte uns egal sein!"
Immer noch erheitert, kehre ich auf meinen Posten zurück.
Vorerst sind dies noch Einzelfälle und belustigen uns immer auf's neue. Doch mit der Zeit haben die Gäule alles abgegrast und ziehen auseinander. Gegen Mittag bleibt uns keine Atempause. Ständig rennt jeder gegen den anderen an und brüllt sein „Uaaah!"
Schon nutzt das nichts mehr! Die Unersättlichen lassen sich nicht mehr erschrecken. Ihr Freßtrieb ist stärker. Wir gehen geradewegs zum Angriff über und drängen sie ab. Es ist die einzige Möglichkeit, sie innerhalb der Grenzen halten zu können.
Vor lauter Eifer bemerkt niemand, daß sich drei Russen hoch zu Roß genähert haben. Erst als der eine hinter mir sagt, „Ihr habt Eure Sache gut gemacht, die Herde wird jetzt zurückgetrieben", erkenne ich in ihm unseren Aufpasser. Die anderen beiden sind dieselben, die uns am Morgen entgegengeritten waren. Sie umkreisen die Herde und drängen die Tiere zur Straße. Aufgescheucht, sich gegenseitig noch im Wege stehend, traben diese an. Wir sichern mit ausgebreiteten Armen die Flanken und rufen laut:
„Hüeee — hüüeee!"
Sie finden ihren Weg, und wir passen auf, daß keines zurückbleibt oder vom Wege abkommt.
Auf dem Hof befestigen wir mit den Soldaten zusammen die heimgekehrten Rosse. Der Aufpasser ruft uns zu sich und sagt, daß wir zu Mittag essen sollen. Nach einer Pause müßten wir uns dann um fünf Uhr wieder einfinden, um beim Tränken zu helfen.
Der Aufenthaltsraum ist leer. Die Russen müssen schon abge-

speist worden sein, denn zwei Küchenhelferinnen wischen die Tische ab, fegen den Raum aus und rücken die Bänke zurecht. Hat uns die Köchin vergessen?
Nein! Sie kommt und fordert uns auf, Platz zu nehmen. Wir bekommen die gleiche Kost wie am Vorabend. Nur die Beilage ist eine andere. Statt Brot kommen Kartoffeln auf den Tisch. Eine Kanne Milch soll den Durst löschen.
Auf dem Rasen vor dem Aufenthaltsraum, der sich vor dem Gemüsegarten bis zum Tor hinunterzieht, legen wir uns mit freiem Oberkörper in die wärmende Sonne. Nur Quandt hat was anderes vor. Er geht zu dem Leutnant hinüber und versucht, sich unsere Brotbeutel herausgeben zu lassen; denn wir brauchen vor allem das Wasch- und Rasierzeug.
Es gelingt ihm. Kurze Zeit später kehrt er zurück und teilt die Bündel unter uns auf. Wir kontrollieren den Inhalt. Es fehlt nichts! Selbst Quandts Bohnenkaffee hat man unberührt gelassen!
Wir waschen und rasieren uns. Quandts neue Nachrichten lassen mich aufhorchen. Wir sollen im Obergeschoß des Herrenhauses ein Zimmer für uns einrichten!
Kann man von dort eine Flucht vorbereiten?
Ich mache den Vorschlag, die Räume sofort zu besichtigen.
Unmittelbar neben der Küche ist ein Nebeneingang. Wir gelangen in das Obergeschoß und sehen uns die Zimmer an.
Die kostbaren Stilmöbel sind zum Teil beschädigt. Der Inhalt aus den herausgezogenen Kästen liegt verstreut herum. Überall das gleiche Bild der Verwüstung. Man kann kaum treten.
Mir ist es unverständlich, daß die Russen hier nicht Quartier bezogen haben und sich statt dessen in dem kleinen Haus drängeln.
Wir wollen nicht auf dem Fußboden schlafen und suchen nach Betten. Es sind keine zu finden. Aber Polstermöbel sind vorhanden. Sie reichen aus.
Bei der Auswahl der Räume suche ich die, die am besten zur Flucht geeignet sind. Bei einem Blick aus einem Fenster an der vom Hof abgewandten Westseite des Gebäudes erkenne ich

eine gute Gelegenheit. Eine Laube ist unmittelbar an das Haus angebaut. Von den darüberliegenden Fenstern kann man bequem über ihr Dach zur ebenen Erde gelangen. Man hat dann nur noch ein paar Schritte bis zum Wald. Die Sträucher davor bieten gute Deckung.

Meine Kameraden sind mit den Räumen einverstanden. Es muß ein eleganter Salon gewesen sein. Die Stilmöbel strahlen ihrer Eigenart entsprechend Festlichkeit aus und zieren in geschickten Kombinationen Wandflächen und Ecken. Breite Flügeltüren führen zum Nebengelaß. Wenn man sie öffnet, wirkt der Raum noch großzügiger.

Mir kommt eine Idee! Wenn wir diese Gelegenheit ausnutzen und uns mit viel Mühe, auf jedes Provisorium verzichtend, endgültig einzurichten scheinen, müßten die Russen sowie die Einheimischen sich sagen, daß wir auf die Dauer hierbleiben wollen.

Mein Vorschlag findet Beachtung.

Sofort machen wir uns an die Arbeit. Es wird alles hinausgeschafft, was im Wege herumsteht oder nicht gebraucht wird. Bilder werden angebracht, Schränke umgerückt und Sofas hereingeschleppt. Der kleinere Raum wird zum Schlafzimmer. Hier hat jeder in Zukunft seine Ecke für sich. Die elegantesten Klubsessel kommen in den Salon, der, wenn auch zum Gemeinschaftsraum umfunktioniert, seinen Charakter kaum verliert.

Die Arbeit ist vollbracht. Wir sehen uns um, ob nichts vergessen oder übersehen worden ist. Alles steht am richtigen Platz! Wir blicken uns zufrieden an.

Drescher lacht:

„Nur unsere Klamotten passen nicht hierher!"

Ich betrachte mich im Spiegel. Er hat recht. Mein Jackett ist jetzt zerlumpter, als es noch vor einigen Tagen war. Aber ist das für uns kein Ausgleich, frisch gewaschen und rasiert zu sein?

„Die Gäule müssen getränkt werden!"

Ist die Zeit verpaßt? Nein! Die Köchin beruhigt uns, es ist

gerade fünf Uhr geworden. Wir gehen sofort zum Hydranten hinüber.

Küchler und ich rollen die Schläuche aus. Quandt und Drescher schließen sie an. Von den Russen ist keiner zu sehen. Wenn uns keiner sieht, dann muß man uns wenigstens hören, denke ich. Sie sollen wissen, daß wir pünktlich sind. Ich brülle aus vollem Hals:

„Wasser marsch!"

Wir ziehen mit den Schläuchen durch die Reihen und füllen die Krippen. Immer wieder ertönen die Kommandos mit der gleichen Lautstärke:

„Wasser halt! — Wasser marsch!" Und jedesmal scheuen die Rosse, zerren an den Stricken, doch dann saufen sie sich satt. Danach werden die Schläuche eingerollt und neben dem Hydranten in einem Verschlag verstaut.

Der Leutnant kommt durch das Tor auf uns zu, zeigt sich zufrieden und lächelt:

„Von der Küche bekommt Ihr was zu essen! Mir wurde gemeldet, Ihr habt gut gearbeitet!"

Ich entgegne eifrig:

„Unsere Zimmer haben wir auch schon eingerichtet!"

Er mustert mich überrascht:

„So?" fragt er gedehnt, „Ihr habt schon Quartier gemacht?"

Ist ihm das nicht recht? Waren wir damit zu schnell. Ich verberge meine Unsicherheit, will ihn überzeugen und plappere munter drauflos:

„Sie müssen sich das mal ansehen! Sie werden staunen! Zwei Zimmer haben wir belegt. Einen Schlaf- und einen Aufenthaltsraum. Die Möbel sind wohnlich gestellt, und es ist sehr gemütlich geworden!"

Er schmunzelt und scheint halb entschlossen, mitzukommen. Mit einer einladenden Geste weise ich ihm den Weg:

„Sie werden bestimmt immer unser Gast sein wollen!", sage ich mit Überzeugung und gehe voraus. Er und meine Kameraden folgen mir.

War das falsch? Wird der Offizier vielleicht auf den Geschmack kommen und die Zimmer jetzt für sich beanspruchen wollen? Aber das müssen wir in Kauf nehmen! Wichtig ist, daß er den Eindruck gewinnen soll, daß wir uns für eine lange Zeit hier eingerichtet haben. Ich bin überzeugt, dann nicht nur eine freizügigere Behandlung zu erreichen, sondern auch eine bessere Gelegenheit zur Flucht.

Der Chef weiß, wie die Einrichtung verwüstet war und ist erstaunt. Langsam geht er von dem einen in den anderen Raum und blickt sich um. Sichtlich beeindruckt sagt er wohlwollend: „Das ist sehr schön! Aber Ihr müßt noch einen Mann aufnehmen!"

Will er uns einen Agenten ins Nest setzen? Ich lasse mir meinen Schreck nicht anmerken und antworte schnell:

„Aber gern! Wir haben genügend Platz und könnten noch mehrere aufnehmen!"

„Nach dem Essen wird er herkommen!"

Der Boß läßt uns allein. Betroffen setzen wir uns in die Klubsessel. Meint er einen Deutschen oder einen Russen? Soll das ein Spitzel sein? Wir beschließen, ihn unbefangen und freundlich zu behandeln. Auf keinen Fall darf er fühlen, daß wir mißtrauisch sind.

Beim Essen unten im Aufenthaltsraum will kein Gespräch aufkommen. Obwohl die Köchin Küchler immer wieder aufmunternd herausfordert, reagiert er nicht.

Einsilbig ziehen wir uns in das neue Quartier zurück und warten.

Wir horchen auf. Draußen ertönen Schritte. Ich springe zur Tür und öffne sie. Auf dem Gang kommt mir unser Wachmann entgegen, an seiner Seite ein kleiner, untersetzter, blonder Zivilist.

„Hallo!", flachse ich laut, daß mich auch meine Kameraden im Zimmer hören können. „Wir bekommen Besuch! — Unser ständiger, liebenswerter Begleiter bringt uns einen Gast!"

Doch dieser blickt mich nur flüchtig an, nimmt zögernd meine angebotene Hand, murmelt unverständlich seinen Namen und geht an mir vorbei in den Salon.

Diese unmotivierte Ablehnung habe ich nicht erwartet. Hegt auch er Mißtrauen gegen uns?
Meine Kameraden sind aufgestanden und sehen ihn erwartungsvoll an. Quandt geht auf ihn zu und begrüßt ihn. Auch bei ihm verhält er sich so maulfaul. Den beiden anderen ergeht es nicht besser.
Diese offensichtliche Ablehnung des Neuen löst bei uns allen Zurückhaltung aus. Wir überlassen ihm den Salon und gehen in den Schlafraum hinüber; denn seine Gesellschaft ist uns schon gar nicht wichtig. Wir schließen die Flügeltüren.
Keiner sagt ein Wort. Er soll keine Gelegenheit haben, unsere Gespräche zu belauschen. Wir bereiten uns für die Nachtruhe vor. Ich höre von nebenan das Geschiebe von Sesseln. Er wird sein Lager herrichten! Dann wird es still.
Was ist das für ein Mensch? Wir wußten nichts von ihm. Wir haben ihn weder bei der Arbeit noch beim Essen gesehen. War er mal Soldat wie wir? Seine Kleidung paßt so gut, daß man es bezweifeln müßte. Warum ist er so ablehnend? Wenn er ein Spitzel sein sollte, muß er sich da nicht anders verhalten und unsere Nähe suchen? Bei einer solchen Haltung werden wir doch unsicher und noch vorsichtiger! Oder ist das vielleicht gerade seine Taktik?! Wie begegnet man einem solchen Menschen?
Ein solches Nebeneinander ist nicht zu ertragen!
Soll man den Kontakt einfach suchen? Man braucht ja die Flucht nicht zu erwähnen.
Das Grübeln läßt mich in dieser Nacht nicht zur Ruhe kommen.
Als es hell wird, warte ich, bis einer meiner Kameraden wach wird.
Drescher blinzelt in das Tageslicht.
„Wie hast Du geschlafen, Helmut?"
„Beschissen!"
„Es ist noch sehr früh! Wollen wir einfach aufstehen und die Pferde tränken? Dann haben wir das hinter uns!"
Auch Quandt und Küchler kommen hoch. Sie reiben sich die

Augen und gähnen. Wir stehen auf.
„Was machen wir mit dem von nebenan?"
„Der soll uns den Buckel runterrutschen!"
Die Pferde haben sicher noch nie so früh Wasser bekommen wie heute! Alles ist ruhig und schläft noch. Der Posten vor dem Einfamilienhaus hinter dem Tor sieht übernächtigt aus. Er schaut uns bei der Arbeit zu. Wir sind für ihn die einzige Abwechslung bei seiner langweiligen Beschäftigung.
Die Kommandos: „Wasser marsch!" und „Wasser halt!" hallen in die Stille des Morgens.
Nach dem Frühstück geht es wieder zur Weide. Die Pferde sollen heute dort im nächsten Rechteck grasen.
Ich habe keine Lust, zu Fuß zu gehen. In einem Stall finde ich Geschirr, nehme eine Trense vom Haken, zäume einen Wallach und schwinge mich hinauf. Er spürt sofort den Reiter und ist willig.
Ich trabe der Herde voraus. Sie folgt mir dicht aufgeschlossen. Nun lasse ich die Zügel lang, drücke das Tier nach vorn und treibe es mit den Schenkeln an. Alle fallen in den langgestreckten Galopp mit ein.
Schon am heutigen zweiten Arbeitstag hat sich das Vertrauen der Russen zu uns gefestigt. Sie kontrollieren nicht mehr. Völlig selbständig und pünktlich werden alle Aufgaben erledigt, die man uns zugewiesen hat.
Die Zeit soll für uns arbeiten; denn nicht nur die Kondition muß besser werden, auch Proviant für den Weitermarsch wird benötigt. Über das Beschaffungsproblem muß uns noch was einfallen! Nützen Küchlers gute Beziehungen zur Köchin?
Den ganzen Tag über ist der Neue nicht zu sehen gewesen. Er erscheint erst lange nach dem Abendbrot. Wir sitzen im Salon am runden Tisch, da kommt er zur Tür herein. Wo war er? Was hat er gearbeitet? Er nimmt einen Stuhl und setzt sich schweigend zu uns.
Wir übersehen ihn einfach und lassen die Unterhaltung nicht abreißen. Quandt hatte sich gerade amüsiert über meine Reiterkenntnisse ausgelassen. Er fragt mich:

„Wo hast denn Du als Großstädter das gelernt?"
„Beim Kommiß! Aber das ist eine drollige Geschichte!"
„Erzähl doch mal!"
„Gleich nach der Rekrutenzeit in Potsdam kam ich im Herbst 1939 nach Polen zur Besatzungstruppe und wurde einer berittenen Maschinengewehrkompanie zugeteilt, die in einem völlig abseits gelegenen kleinen Dorf untergebracht war. Man führte die Neuen den einzelnen Gruppen zu. Es wurde gefragt, wer denn reiten könne. Mein Nebenmann glaubte, daß während des Kampfeinsatzes die Pferde mehr geschont werden würden als die Menschen! Da ist was Wahres dran, dachte ich und gab meine Meldung ab."
„Und Du hast vom Reiten keinen Dunst gehabt?"
„Nein, nicht die Bohne! Aber jetzt wird es lustig! Ich wurde einem Stabsfeldwebel zugeteilt, der früher bei der Kavallerie gedient hatte. Als Zwölfender! Er wolle mich prüfen, grinste der Spieß und ging mit mir auf einen Bauernhof zum Pferdestall. Dort wies er einen Gefreiten an, für mich den „Maxe" an der Trense aus dem Stall zu holen. Mir rutschte das Herz in die Hosentasche!"
Ich mache eine Atempause.
„Weiter, weiter!"
„Ich lief diensteifrig in den Stall, um dem Kameraden beim Aufzäumen zu helfen. Doch auch um zu sehen, wie man das handhabt. ‚Mach Dir keine Sorgen, das zeige ich Dir alles!', flüsterte der mir zu. Mit gemischten Gefühlen führte ich den Zossen hinaus, überwand meine Angst, schwang mich kühn auf den blanken Rücken und ritt los. Ich dachte nur an Haltung, Brust raus, Ellenbogen anlegen und ruhige Schultern. Das war mir bei einem Reiter mal aufgefallen. ‚Sie brauchen nur um den Misthaufen herumzureiten!', rief mir der Stabsfeldwebel nach. An dem ritt ich vorüber. Mir lag die dahinter liegende Scheune mehr; denn an deren Rückseite wollte ich mich unbemerkt mit dem Pferd vertrauter machen. Kaum hatte ich sie erreicht, da ging mein Roß von selbst in den Trab über. Alle verzweifelten Versuche, es weiter im Schritt

gehen zu lassen oder anzuhalten, mißlangen. Am anderen Ende der Scheune, und für den Stabsfeldwebel wieder sichtbar, konzentrierte ich mich nur noch darauf, keine Nervosität zu zeigen und nicht vom Pferd zu fallen. Es trabte mit mir geradewegs zurück. Das Absitzen war problemlos. Der Stalleingang war so niedrig, daß selbst das Pferd den Kopf einziehen mußte, als es, ohne das Tempo herabzumindern, hineinlief. Ich brauchte mich nur noch am Sims über dem Eingang festzuhalten, die Beine zu spreizen und mich dann hinabfallen zu lassen."

Ein allgemeines Gelächter unterbricht mich.

„Erzähle weiter!"

„‚Bravo!', sagte der Stabsfeldwebel und schüttelte den Kopf. ‚Ich habe schon nicht für möglich gehalten, daß Sie den Misthaufen bezwingen. Aber daß Sie die Scheune auch noch geschafft haben, das ist ein Wunder!' Ich verstand ihn nicht und fragte, warum? ‚Der klebt krankhaft an seinem Stallgenossen!', gab er mir zur Antwort und ließ mich mit dem anderen Gefreiten allein, der mir dann viele wichtige Dinge zur Pferdepflege beibrachte. ‚Was heißt kleben?', fragte ich ihn. ‚Man kann den Max nicht von dem anderen trennen. Auch wenn die Pferde bewegt werden, gehen sie zusammen', erklärte er mir."

Ich komme ins Schwärmen:

„Trotz der Macke war es ein herrliches Pferd. Ein Wallach. Kurzhaarig und nervös, wie ein edles Rennpferd! Es hatte Feuer in den Augen und hielt stolz den Kopf. Im leichten Trab hob es bei jedem Schritt elegant die Vorderhände hoch über den Boden. Es war ein Pferd wie im Bilderbuch! Die Offiziere konnten mit dem Tier nicht zurechtkommen und überließen es zur allgemeinen Verwendung."

Der Neue amüsiert sich. Gelingt es mir, ihn aus der Reserve zu locken?

Quandt wird ungeduldig:

„Nun erzähl' doch mal endlich, wie Du reiten gelernt hast! Komm' doch zur Sache!"

„Ich bin doch mitten im Bericht! Das Schlimmste hatte ich damit überstanden! Der Rest war einfach. Weil das Tier am Pferd des Stabsfeldwebels klebte, ritt ich immer mit diesem aus und konnte mich unauffällig an seiner Haltung orientieren. Mein Wallach war an der Seite seines Stallgenossen lammfromm. Ich konnte mich in Ruhe auf das Tier einstellen. Daß ich Trense und Kandare nicht richtig in einer Hand hielt, erklärte ich damit, daß ich früher nie mit der Kandare geritten sei. Bald hatte ich mich mit meinem ‚Max' so gut verstanden, daß ich ihn von dem anderen Pferd lösen konnte. In der ersten Zeit bäumte er sich auf und schlug nach hinten aus, wenn ich mit ihm allein war. Er kam aber zur Besinnung, wenn er Sporen und Kandare gleichzeitig spürte — und gewöhnte sich an den Zwang. Manchmal waren wir stundenlang allein in den tiefen polnischen Wäldern — und wenn ich vom Pferd stieg und zu Fuß lief, führte ich das Tier noch nicht mal am Zügel! Es trottete dicht hinter mir her! Selbst als mich ein menschliches Rühren überkam und ich mich hinhocken mußte, stand es treu daneben."
„Nun hat er Dich geliebt!"
Ich gehe auf den Scherz ein:
„Sicher, soweit ein Wallach dazu fähig ist! Aber laßt Euch noch den Schluß erzählen!
Nach etwa zwei Monaten, der Winter kam ins Land und es hatte frisch geschneit, wurde eines Tages eine Reitstunde angesetzt. Es war längst Zeit, denn mein ‚Max' stand schon eine Woche untätig im Stall. Ich sattelte, zäumte ihn auf und führte ihn hinaus. Plötzlich ließ er sich fallen und wälzte sich im Schnee. Er freut sich, daß er bewegt wird, dachte ich und ließ ihn gewähren. Doch dann trieb ich ihn hoch. Nach ein paar Schritten wälzte er sich abermals. Immer wieder trieb er das gleiche Spiel. Unterdessen kamen die Männer von allen Seiten und führten ihre Pferde am Zügel zum Reitplatz, der sich gegenüber auf der anderen Straßenseite befand. Sie waren schon seit geraumer Zeit aufgesessen. Der Reitlehrer stand vor der Front, und die Offiziere schauten

interessiert von der Schreibstube aus zu. Ich war ratlos und verzweifelt! Endlich hatte ich ihn auf dem Reitplatz in der Reihe, doch wieder lag er am Boden und wälzte sich! Da war meine Geduld am Ende, ich setzte mich einfach auf das liegende Pferd, und das richtete sich mit mir auf, stand!
Alles klatschte Beifall! Das war kein gekonnter Trick, das war Zufall! Aber ich galt von der Stunde an als der beste Reiter der Kompanie."
„Das hast Du ja gut gemeistert! Aber was ist denn aus dem Pferd geworden?"
„Ich weiß es nicht! Der Abschied ist mir schwer gefallen, als ich im Frühjahr 1940 nach Danzig versetzt wurde."
Der „Neue" verfolgte die Geschichte mit wachsender Aufmerksamkeit. Doch noch klingt seine Frage lauernd!
„Wie lange sind Sie Soldat gewesen?"
Mit einer Handbewegung schließe ich meine Kameraden ein:
„Wie wir alle, bis zur letzten Stunde! Und Sie?"
„Ich auch! Ich war Feldwebel bei der Artillerie und zuletzt in Ostpreußen. Den Anzug habe ich mir unterwegs besorgt", erklärt er jetzt offen.
„Wir haben gestern noch nicht mal Ihren Namen verstanden!"
„Mein Name ist Klaus Stephan. Man brachte mich aus einem Wasserkeller in den Salon eines Schlosses! Da kommen einem Zweifel!"
Ich winke lachend ab:
„Bagatelle! Den Keller kennen wir auch!"
Sind seine Bedenken nur fauler Zauber?
Wenn nach den paar gegenseitigen Beteuerungen unser Mißtrauen noch nicht abgebaut sein kann, so liegt das daran, daß wir ihn nur so kurze Zeit kennen. In diesem Fall haben wir Glück, sogar großes; denn dieser Klaus Stephan wird uns einige Tage später das Leben retten.

*

Die nächsten Tage vergehen mit regelmäßiger Arbeit. Wir sind glücklich darüber. Klaus Stephan versorgt Kühe und mistet den Stall aus. Seine Arbeitszeit ist die gleiche wie die unsrige. Wir treffen ihn mittags, gehen nach dem Essen ins Quartier und ruhen uns aus. Die Russen wissen, daß um diese Zeit geschlafen wird. Sie haben keine Einwände! Um 17.00 Uhr müssen wir uns alle wieder um die Tiere kümmern.

Wir wissen jetzt, daß die beste Fluchtmöglichkeit kurz nach dem Mittagessen gegeben ist. Nachts zu fliehen ist riskant, keiner weiß, ob das Anwesen mit Einbruch der Dunkelheit von patrouillierenden Posten bewacht wird. Tagsüber aber ist nicht nur die Übersicht besser, sondern man würde auch unsere Abwesenheit erst vier Stunden später bemerken, wenn die Pferde nicht mehr getränkt werden und vor Durst wiehern.

Keiner wagt mit Stephan über dieses Thema zu reden.

Ist es am sichersten, ihn vor die vollendete Tatsache zu stellen? Sollte er nicht mitgehen wollen, so müßten wir blitzschnell verschwinden! Wir brauchen dann genügend Vorsprung. Einem Suchkommando dürfen wir nicht in die Hände fallen!

Sind meine Sorgen unberechtigt?

Stephan ist ein wortkarger Mann, und keine Gefühlsäußerungen bringen Licht in das Dunkel seines Wesens.

Wir haben Schwierigkeiten, Lebensmittel zurückzulegen. In der Wärme verderben sie leicht, vor Stephan wollen wir sie verstecken. Wir essen die alten Zuteilungen immer wieder auf und ersetzen sie durch neue. Mit der Zeit wächst der Bestand. Küchlers „herzliche“ Beziehungen zur Köchin tragen dazu bei. Seine „Sonderzuteilungen“ sind so üppig, daß auch die gesammelt werden können. Jedesmal mault er mit ihr herum und will Konserven statt frischer Lebensmittel. Sie schmecken ihm besser, begründet er seine Forderung!

Eine Küchenhilfe überläßt mir von ihrem gefallenen Mann einen blauen fischgrätgemusterten Sportanzug. Sogar ein Oberhemd und eine Krawatte finde ich in dem Bündel! Ich ziehe mich sofort um, der Anzug paßt! Ein Blick in den Spie-

gel stimmt mich zufrieden. Ich habe das Gefühl, als Zivilist jetzt glaubwürdiger zu sein. Die alten Lumpen werfe ich zum Fenster hinaus.
Soll ich meine Erkennungsmarke behalten?
Nein! Ich werfe sie hinterher. Nichts soll mich in Zukunft als Soldat entlarven. Doch meine Stiefel muß ich behalten!
Die eineinhalb Wochen Zwangsaufenthalt waren erholsam. Die Unternehmungslust wächst, wir wollen weiter.
Morgen, nach dem Mittagessen, steigt die Flucht! Mit Klaus Stephan hat sich der Kontakt nicht vertiefen können. Wir wissen nicht, kommt er mit, kommt er nicht mit? Auf alle Fälle müssen wir darauf vorbereitet sein, schnellstens das Weite zu suchen. Wir treffen schon jetzt unsere Vorbereitungen und legen uns frühzeitig zur Ruhe.
Nur Küchler fehlt.
Wo ist er abgeblieben? Wohin ist er gegangen? Er kommt und kommt nicht zurück.
Im grauen Licht der Morgendämmerung weckt er mich. Er hält den Finger auf den Mund und flüstert:
„Pst! Gibt's was Neues, Albert? Habt Ihr mich gesucht?"
Ich fahre hoch. Er ist angezogen, aber die anderen schlafen noch. Verärgert raune ich leise:
„Es gibt nichts Neues! Woher kommst Du?"
„Ich habe mich von der Köchin verabschiedet!"
„Bist Du verrückt?"
Er grinst:
„Doch nicht so! Ich habe nichts verraten."
„Hau Dich bloß hin!" knurre ich und lege mich auf die Seite.
Kurze Zeit später stehen wir auf. Der Himmel ist wolkenlos, die Sonne noch nicht aufgegangen. Es wird ein schöner Tag werden!
Wenn es doch schon Mittag wäre!
Wir flachsen wie sonst auch, plaudern unbefangen über die bevorstehende Arbeit und hoffen wie jeden Morgen auf ein gutes Frühstück. Weder Gesten noch Worte verraten unsere

Fluchtabsicht. Stephan hat keine Gelegenheit, Verdacht zu schöpfen.
Wie gewöhnlich werden die Pferde getränkt. Dann nehmen wir das Frühstück ein und treiben anschließend die Herde zur Weide.
„Uuuuaaah — uuuaaaaah!" Lachend rennen wir aufeinander zu.
Die Gäule haben sich an das Geschrei gewöhnt, und sie reagieren kaum noch darauf!
Egal! Unsere Gastrolle geht zu Ende!
Wir treiben sie zum Hof zurück und binden sie fest. Da kommt Stephan aus dem Kuhstall. Auch er scheint mit seiner Arbeit fertig zu sein. Ich rufe ihm zu:
„Hilf uns beim Festmachen! Dann können wir zusammen essen!"
Er nickt und greift mit zu.
Es ist geschafft. Wir gehen gemeinsam zur Küche hinüber.
Die Köchin blickt lächelnd auf Küchler. Unbefangen, mit einer uns einschließenden Armbewegung ruft er ihr zu:
„Wir haben Hunger, Erna! Was gibt's denn heute Schönes?"
„Schweinerippchen!"
Sie tischt das Essen auf und schubst ihn mit einer verspielten Geste zärtlich mit der Hüfte. Lächelnd läßt er sich's gefallen.
Alle sind satt. Ohne Hast verlassen wir den Aufenthaltsraum.
Küchler blickt noch schnell in die Küche und winkt fröhlich.
Gut gelaunt ruft sie:
„Schlaft gut! Und laßt Euch was Schönes träumen!"
Im Salon öffne ich das Fenster und blicke hinaus. Das Gestrüpp unter mir ist wild und dicht verwachsen. Kein Mensch ist zu sehen. Es ist auch unwahrscheinlich, daß sich einer hierher verirrt.
Wir kramen unsere Bündel hervor, hängen sie um und stellen uns, wie zufällig, vor die geschlossenen Türen.
Mit wachsendem Erstaunen verfolgt Stephan unsere Vorbereitungen.

Wir blicken ihn lauernd an. Keiner weiß, was die nächste Sekunde bringt.

Als hätte er unsere Absicht noch nicht richtig begriffen, fragt er zögernd:

„Wollt Ihr abhauen?"

„Ja!"

Er reagiert empört:

„Ohne mich? Wollt Ihr mich nicht mitnehmen?"

„Wenn Du willst, ja! Aber pack rasch Deine Klamotten zusammen! Wir gehen sofort!", antwortet Quandt ohne lange zu überlegen.

In fieberhafter Eile sucht er seine Sachen zusammen.

Mir fällt ein Stein vom Herzen!

Wir helfen beim Packen. Ihm kommen Bedenken:

„Ich habe keinen Proviantvorrat!"

„Wir haben für die nächsten Tage genug, es reicht für Dich mit!"

Es kann also losgehen.

„Los, raus hier, Männer!"

Vom Fenster springen wir auf das Dach des Anbaus und von dort auf den weichen Sandboden hinab. In gebückter Haltung, denn nur von den seitlichen Lücken im hochwuchernden Strauchwerk ist ein Einblick möglich, rennen wir einzeln in Abständen zum Waldrand hinüber... noch ein paar Schritte... es ist geschafft!

Ich werfe einen prüfenden Blick zurück. An den Fensterreihen zeigt sich nichts Verdächtiges!

Der Wald bietet besseren Schutz. Aber dennoch fürchten wir, entdeckt zu werden und laufen und laufen, um Abstand zu gewinnen, immer weiter.

Mein Atem wird kürzer. Auch die anderen hecheln. Wir wechseln vom Dauerlauf zum Marschtempo über. Die weitausholenden Schritte kommen mir wie eine Erholung vor.

Wir gewinnen mehr und mehr an Boden. Nichts als Wald, stundenlang.

„Haben wir nicht schon zwanzig Kilometer geschafft?"

„Jetzt werden die Gäule vor Durst wiehern!"
„Und die Russen ein dummes Gesicht machen!"
Stephan sagt zu Drescher:
„Wenn es nach mir gegangen wäre, dann hätten wir uns den Opel P 4 geschnappt, der auf dem Hof stand!"
„Ja, und der Wachtposten hätte ein Salut hinter uns her geballert!"
Quandt zeigt auf ein dichtes Gebüsch:
„Hier kriechen wir rein und rasten!"
Endlich eine Pause! Das mörderische Tempo hatte uns viel abverlangt. Ohne ein Wort zu verlieren, legen wir uns ermattet in den sicheren Unterschlupf.
Ich schließe die Augen, doch schlafen kann ich nicht. Durch die Entfernung vermindert sich die Gefahr der Festnahme durch Verfolger, doch die Unruhe, wegen des Tageslichts von anderen Russen oder Polen aufgegriffen zu werden, wächst.
Ich schlage vor:
„Laßt uns erst bei Dunkelheit weitergehen!"
Aber Quandt will nach der Pause aufbrechen. Drescher und Stephan reden ihm das aus, und er läßt sich überzeugen.
Küchler liegt auf dem Rücken und schnarcht. Von den eigenen Geräuschen geweckt, fragt er plötzlich:
„Ist was los?"
„Du schnarchst zu laut! Leg' Dich auf die Seite!"
Er befolgt den Rat und schläft wieder ein.
Hört! Schneidende russische Kommandos unterbrechen die Stille, und das darauf einsetzende dumpfe Gerassel von leichtem Gerät läßt auf eine militärische Einheit schließen, die sich zu formieren scheint. Die Töne schallen genau aus unserer Marschrichtung herüber! Stephan schnellt hoch:
„Ich seh' mal nach!"
Wir beobachten vom Gebüschrand, wie er sich vorsichtig entfernt. Die Baumstämme versperren die Sicht. Wir verlieren ihn aus den Augen.
Nach zehn Minuten kehrt er aus einer anderen Richtung zurück und kann uns nicht finden. Er bleibt immer wieder

stehen und blickt sich suchend nach allen Seiten um. Quandt geht ihm entgegen und winkt. Endlich sieht er ihn. Er berichtet:

„Mehrere russische Kompanien haben Rast gemacht und marschieren nun auf der Straße weiter nach Norden.“

Ein Glück, daß wir hier liegen und rasten, nicht weitergelaufen sind! Es ist eben zu gefährlich am Tage. Wir bleiben bei unserer Verabredung, nur noch nachts zu marschieren.

„Warum warst Du solange fort und kommst aus einer anderen Richtung zurück?“

„Mich hat einer gesehen, und deshalb habe ich einen anderen Weg eingeschlagen!“

Umsichtig ist der Schweigsame auch noch! Er scheint für uns ein Gewinn zu sein.

Es sind nur noch wenige Stunden bis zum Abend. Wir wollen sie nutzen. Um für den Nachtmarsch ausgeruht zu sein, schließen wir die Augen.

*

„Es wird dunkel!“

„Laßt uns aufbrechen, los, los, kommt hoch!“

Ich war so schön eingeschlafen und protestiere gähnend:

„Kann man denn nicht mal langsam aufwachen!?“

„Los, los, komm!“

„Und was ist mit dem Abendbrot?“

„Das kannst Du morgen früh essen! Jetzt wird marschiert!“

Quandt hat es wie immer am eiligsten. Er hat einen Schritt am Leibe, als wolle er heute Nacht noch die Oder erreichen! Wer weiß, was uns alles noch in die Quere kommt! Man sollte vorsichtiger sein!

„Lauft lieber langsamer und paßt besser auf, so kommen wir am schnellsten nach Hause!“

Zu kurz ist die Nacht! Viel zu schnell vergeht die Zeit! Kaum dunkel geworden, einige Stunden sind vergangen, da beginnt schon wieder das Morgengrauen. Wir haben nicht viel geschafft.

Die Nächte werden immer kürzer ...!
Und die Tage immer länger ...!
Der Aufenthalt tagsüber im Dickicht ist vor Langeweile kaum noch zu ertragen. Man kann gar nicht so viel schlafen, um die Zeit zu verkürzen! Keine menschliche Seele bekommen wir zu Gesicht, die uns irgendwie beschäftigt oder uns gar in Spannung versetzt. Die nächtliche Ausbeute an Kilometern wird immer spärlicher.
Wir werden unzufrieden. Trotzig.
Was soll's denn auch?! In den ersten Morgenstunden schläft sowieso alles noch! Es ist hell, läßt sich bequemer laufen! Deshalb suchen wir erst eine Weile nach Sonnenaufgang ein Versteck auf.
Nach der sechsten Nacht geht der Lebensmittelvorrat zu Ende.
Bis jetzt mußten wir nicht betteln. Aber es wird uns letztlich nichts anderes übrig bleiben! Wir müßten einen Bauern finden, dem es leicht fällt, uns zu helfen!
Welch eine naive Wunschvorstellung! Wir wissen es zwar, klammern uns aber doch daran!
Keiner ist vom Nachtmarsch müde, alle haben Hunger. Auf einen Unterschlupf wird verzichtet. Wir laufen weiter nach Südwesten und hoffen, eine vertrauenserweckende Ansiedlung zu finden. Nichts, noch nicht mal ein Waldweg, der uns irgendwo hinführen könnte, ist auszumachen. Der Gedanke, nach links oder rechts das Gelände zu erkunden, wird verworfen. Unsere Marschrichtung bietet die gleiche Chance und darüber hinaus noch den Geländegewinn.
Die Sonne steht hoch am Himmel. Schweiß steht auf der Stirn. Die Hungergefühle werden quälender. Durst macht sich bemerkbar. Den letzten Tropfen Wasser haben wir heute Morgen getrunken. Die Aufmerksamkeit läßt nach.
„Stoi!“
Plötzlich steht uns ein russischer Soldat gegenüber. Er hält seinen Karabiner aus der Hüfte im Anschlag.
„Dokument?“

„Nix Dokument!" antwortet Quandt und sieht ihn ratlos an. Auch wir haben einen Schreck bekommen, bleiben stehen und warten einige Sekunden.
Das kommt von unserem Leichtsinn! Hätten wir uns doch nur weiterhin tagsüber versteckt!
„Mitkommen! — Dawai!" sagt er scharf und weist uns den neuen Weg.
Mir fällt im Augenblick nichts Besseres als die Pferde ein, die wir gehütet haben. Ich will ihn irritieren, ablenken; gehe einige Schritte auf ihn zu, zeige nach Osten und sage:
„Wir haben Pferde dort zu einer Sammelstelle bringen müssen und wollen jetzt wieder nach Hause!"
Er starrt mich an. Hat er mich nicht verstanden? Endlich reagieren meine Kameraden. Ohne bessere Ideen zu entwickeln, wiederholen sie meinen Einwand. Gemeinsam reden wir jetzt auf ihn ein, gestikulieren, und deuten dabei abwechselnd einmal nach Osten und einmal nach Westen. Wie zufällig, haben wir einen Halbkreis um ihn gebildet.
Er blickt von einem zum anderen und versucht, uns zu begreifen. Doch es gelingt ihm nicht.
Können wir ihn durcheinanderbringen, ihn unsicher machen? Würde man ihm das Gewehr entreißen können? Oder, läßt er uns vielleicht doch wieder laufen?
Nein!
Unsere Bemühungen sind vergebens.
Er geht einige Schritte zurück, wird energisch, und droht mit seinem Karabiner!
„Ich ... sofort ... schießen!"
Wir geben auf.
Durch das Unterholz führt er uns zu einem Waldweg, der in eine Landstraße mündet. Nach wenigen hundert Metern sind Häuser sichtbar. Auf der Dorfstraße bleiben die Leute stehen und blicken, mit einer Mischung von Neugier, Angst und Mitleid, auf uns. Eine Frau bekreuzigt sich hinter einem geschlossenen Fenster.
Die Menschen scheinen ihre Besatzungssoldaten zu kennen.

Sie müssen viel durchgemacht, erlebt haben, wenn sie so reagieren.
Wir werden nichts Gutes zu erwarten haben!
Der Soldat läuft forsch auf der anderen Straßenseite. Wir erreichen die Ortskommandantur. Selbstbewußt, als hätte er gerade eine Heldentat vollbracht, befiehlt er uns, zu halten. Nach einem kurzen Wortwechsel mit dem Posten geht er ins Haus.
In respecktvoller Entfernung bleiben die Einwohner stehen. Es kommen immer mehr hinzu. Überall die gleichen betroffenen Gesichter. Sicher ahnen sie, daß man hier ehemalige Wehrmachtsangehörige gefangengenommen hat.
Einige Minuten sind verstrichen, da erscheinen hastig einige Soldaten und befehlen uns hinein. In einem großen Raum erwarten uns etwa zehn Offiziere. Einige betrachten uns mißtrauisch und gehässig, die anderen gleichgültig.
In der Mitte des Raumes nehmen wir nebeneinander Aufstellung.
Ein Offizier tritt hervor. Er läuft leicht gebeugt, die Hände auf dem Rücken verschränkt und mit grimmigem Gesicht, schweigend um uns herum. Er befiehlt, die Bündel abzulegen und die Taschen zu leeren. Zwei Soldaten nehmen eine Leibesvisitation vor, sammeln unsere Habe ein und tragen sie aus dem Zimmer. Er schreit:
„Ihr wolltet Euch nicht gefangen nehmen lassen!"
Ein schwerwiegender Vorwurf! Bei der Stimmung kann das ins Auge gehen! Quandt versucht zu entkräften:
„Wir haben uns doch ..."
Der Offizier schneidet ihm erregt das Wort ab. Von der auf russisch geführten Schimpfkanonade ist kein Wort zu verstehen.
Es hat keinen Sinn, zu antworten, auf die Anschuldigungen einzugehen, oder sich zu rechtfertigen! Ich blicke an dem Aufgeregten vorbei und beobachte gleichmütig die anderen Offiziere. Er soll merken, daß diese Art der Einschüchterung auf uns keinen Eindruck macht.

Doch er fühlt sich provoziert!

Dicht vor mir brüllt er los. Ich spüre seinen Atem. Mein Gesicht bleibt unbeweglich. Er wird sich wieder beruhigen müssen, denke ich trotzig.

Er läßt von uns ab und wendet sich an die anderen Offiziere.

Endlich wird die Lautstärke gemäßigter. Sie werden sich jetzt beraten! Ich spitze die Ohren.

Plötzlich fällt das Wort „exekutieren". Mich durchzuckt es. Ich bin entsetzt, stoße heimlich Stephan an und flüstere:

„Die woll'n uns umlegen!"

„Ich hab' gehört!"

Wir verziehen keine Miene und warten. Es hat keinen Sinn, Erregung zu zeigen. Der Offizier erklärt:

„Ihr werdet abgeführt, lauft hintereinander und haltet von einem zum anderen fünf Meter Abstand ein! Keine Unterhaltung! Keine verdächtige Bewegung! Bei Nichtbefolgung haben unsere Männer Anweisung, sofort zu schießen!"

Demselben Soldaten, der uns gefangengenommen hat, wird ein bewaffneter polnischer Zivilist beigeordnet. Sie übergeben Stephan als Letztem und mir als Vorletztem unserer Marschordnung ihre Fahrräder.

Wollen die, nach unserer Erledigung, damit zurückfahren?

Der Pole läuft hinter Stephan. In meiner Höhe, auf der anderen Straßenseite, der Russe. Sie halten die Gewehre im Hüftanschlag. Beide haben den Finger am Abzug.

Der Weg führt zum westlichen Ortsausgang. Wir verhalten uns wie befohlen. Die Leute treten zur Seite, bleiben stehen und blicken uns nach. Ihr Gesichtsausdruck ist der gleiche wie vorhin. Ahnen sie, was uns bevorsteht? —

Am Ortsende kommen wir auf eine Landstraße zweiter Ordnung, sie biegt nach Süden und führt, so weit man sehen kann, in gerader Linie weiter.

Der Wald auf beiden Seiten der Chaussee lockt zur Flucht. Kein Verkehr ..., kein Mensch würde uns stören!

Man müßte noch was tun, bevor die unser Licht ausblasen ...!

Egal, ob fünf Minuten früher oder später gestorben ...! Alles auf eine Karte setzen ...!
Aber wie? Aber wie? Wir können uns nicht abstimmen! Meine Hände ruhen schwer auf dem Fahrradlenker.
Exekutieren ..! Exekutieren ...! In meinem Ohr ist nichts anderes hängengeblieben!
Wo sollen uns die beiden überhaupt hinführen ...? Zu einem Exekutionskommando außerhalb des Ortes ...? Soll das mein letzter Weg sein .. ? Gibt es denn keine Chance ...? Was kann ich nur tun?
Nichts!
Ob man uns vielleicht doch noch am Leben läßt ...? Nein! Wenn die uns nur einen Schreck einjagen wollten, dann hätte man sich anders verhalten!
Wir laufen schon eine halbe Stunde!
Exekutieren ...! Exekutieren ...! Wo wollen uns die beiden überhaupt hinführen ...?
Meine Gedanken drehen sich im Kreise. Sie wiederholen sich. Ich finde keinen Ausweg! Sie nagen mehr und mehr an meinen Nerven, meiner Widerstandskraft. Mir wird heiß! Mir werden die Beine schwer wie Blei!
Ich reiße mich zusammen.
Da ...! Hinter mir das scharfe metallische Geräusch eines mit Wucht zu Boden geworfenen Fahrrades! Erschrocken drehe ich mich um, erfasse mit einem Blick die Lage, werfe meinen Drahtesel zur Seite und stürze über die Straße auf den Russen; denn der hat sich umgedreht und zielt auf Stephan!
Mit der Linken packe ich den Lauf, drücke ihn aus der Ziellinie und schlage mit der Rechten die freiliegende Kammer des Karabiners auf. Ich behalte den Schießprügel fest im Griff!
Die Gefahr ist gebannt. Ein Schuß kann sich nicht mehr lösen!
Ich wage einen Seitenblick auf Stephan. Der hat den Polen in der Hand! Von dort droht keine Gefahr mehr.
Blitzschnell ist die erste Phase der Überrumpelung geglückt.

Mein Gegner ist erschrocken. Er klammert sich an seine Waffe. Ängstlich starrt er mich mit weit aufgerissenen Augen an. Sein Gesicht wird blaß.
Ich will ihm die Waffe aus der Hand drehen und merke, wie der Schock seine Kräfte langsam immer mehr erlahmen läßt. Er gibt nach, will aber nicht aufgeben!
Verzweifelt hält er sie fest.
Meine Kameraden kommen hinzu. Einer von ihnen versetzt ihm einen Schlag über den Kopf.
Ein Tritt von mir in den Magen bricht seinen Widerstand. Er fällt zu Boden.
Ich prüfe die Waffe und lade sie durch. Sie ist schußbereit. Ich richte sie auf den vor mir Liegenden.
Auch Stephans Gegner hat aufgegeben. Der Kumpel bedroht den Polen und treibt ihn zu dem Russen.
Wir halten beide in Schach.
Der Russe steht auf. Er bittet um das Gewehr, will uns dafür die Munition überlassen und die Freiheit geben.
Glaubt er tatsächlich, daß wir naiv auf den Handel eingehen, so daß er die Situation wieder beherrschen kann?
Um ihm die Ernsthaftigkeit zu beweisen, übergebe ich Drescher die Schußwaffe, produziere mich als Wortführer, zeige auf die Entwaffneten und erkläre mit befehlsgewohntem Ton:
„Erschießen!"
Das hat gewirkt! Sie zeigen Angst und bangen um ihr Leben.
Doch Drescher glaubt, daß das meine feste Absicht sei! Statt zu sagen, daß ich noch einmal Gnade vor Recht ergehen lassen solle, gibt er mir stumm den Karabiner zurück, um mir das schmutzige Geschäft allein zu überlassen!
Ich jage sie in die östliche Richtung des Waldes und drohe, zu schießen, wenn sie nicht schnell genug verschwinden. Auch Stephan nimmt eine furchterregende Haltung ein.
Mit einem Satz springen sie über den Chausseegraben. Der Pole schafft es nicht. Er rutscht hinein, rafft sich auf und

rappelt die Schräge hinauf. Beide geben Fersengeld. Wir verlieren sie aus den Augen.
„Runter von der Straße!"
„Nehmt Gewehre und Fahrräder mit!"
Aus beiden Richtungen der Chaussee hat niemand den Vorfall beobachtet. Wir springen zur anderen Seite in den Wald und lauschen.
Das struppige, ineinandergewachsene Gebüsch um uns herum hat uns wie vom Erdboden verschwinden lassen.
Langgezogen, auf- und abschwellend, rauscht leise der Wind in den Baumkronen. Irgendwo zwitschert ein Vogel sein Lied. Es ist angenehm warm. Die Sonne wirft ihre Strahlenbüschel schräg durch die Stämme. Es muß schon spät sein, der Tag bald zur Neige gehen.
Wir verharren nur wenige Minuten.
Nichts, kein verdächtiges Geräusch!
„Die beiden verfolgen uns nicht! Die werden mit Recht glauben, daß wir dann Jagd auf sie machen würden!"
„Sie werden das ihrer Einheit melden, die uns dann sucht! Wir müssen schnell aus dieser Gegend abhauen!"
Stephan hat eine gute Idee:
„Wir können sie täuschen, wenn wir heute Nacht genau nach Süden gehen!"
„Gut! Um von der Straße wegzukommen, gehen wir jetzt nach Südwest und verändern die Richtung erst mit Anbruch der Dunkelheit!"
Stephan und ich sichern die Gewehre, hängen sie um und nehmen die Räder auf. Quandt geht voran. Drescher links und Küchler rechts von uns beiden. Wir ziehen uns alle bis auf Sichtweite auseinander. Kein Fremder darf die Karabiner bemerken! Sollte uns jemand in die Quere kommen, so ist auf diese Art nur einer betroffen, der keine Waffe trägt.
Nach einigen Stunden, niemand ist uns begegnet, rasten wir auf einer Anhöhe. Der Wald endet hier nach Westen und eröffnet einen freien Blick über Wiesen und Felder. Ich erkenne die Umrisse eines Dorfes.

Die physische Anspannung läßt langsam nach. Hunger und Durst werden wieder schmerzhaft fühlbar. Doch keiner kann sich entschließen, dort unten Nahrung zu besorgen. Die Furcht vor erneuter Festnahme oder erkannt zu werden, ist stärker als die Bedürfnisse.
Ein Steinchen im Mund produziert Speichel. Mehr können wir dem Magen nicht anbieten.
Die Dämmerung bricht herein. Von Nordwest zieht eine Wolkenbank auf. Sie erstreckt sich über den größten Teil des Horizonts. Vom Westen strahlt das Abendrot sein letztes Licht.
Stephan liegt rücklings im Gras. Sein Kopf ruht an einem Baumstumpf. Der Karabiner liegt griffbereit in seinem Arm.
Seine Einsatzbereitschaft imponiert mir. Es ist einfach schön, daß es ihn gibt und er bei uns ist. Mit ihm zusammen habe ich noch mehr Vertrauen zu unserem Unternehmen.
Er öffnet die Augen. Unsere Blicke treffen sich. Ich frage ihn:
„Wie bist Du so plötzlich auf die Idee gekommen, dem Polen an den Hals zu gehen?“
„Der hat mit Papier geknistert, er war abgelenkt.“
Erstaunt, daß das der Anlaß war, frage ich weiter:
„Warum hat der mit Papier geknistert?“
„Er hat eine Stulle ausgewickelt. Das war sein Fehler!“
„Wenn ich nicht reagiert hätte, dann wärest Du jetzt ’ne Leiche!“ antworte ich provozierend.
„Allerdings! Aber es war unsere einzige Chance.“
Er bricht das Thema ab, wendet sich an Quandt und sagt:
„Die Fahrräder behindern uns. Sie können hier liegenbleiben. Wenn man uns sucht und die Dinger gefunden werden sollten, dann haben die Russen die Vermutung, wir seien schnurstracks nach Südwest weitergegangen.“
„Aber die Gewehre behalten wir noch!“
„Ja! Zumindest solange, bis wir aus diesem Bereich heraus sind!“
Ein Fußweg führt uns zwischen den Stämmen am Waldrand

entlang. Nach einigen Kilometern muß er verlassen werden, weil er sich weiter nach Südwesten windet.
Wir laufen wie immer hintereinander. Stephan und ich mit den Gewehren am Schluß der Gruppe.
Von fern ist das Grollen eines Gewitters zu hören. Wetterleuchten erhellt hin und wieder die Nacht. Wir überqueren offenes Gelände.
Eine Wolkenbank schiebt sich nach Südost und erschwert die Sicht. Nur im aufzuckenden Licht der Blitze sind der Acker und die Umgebung zu erkennen.
Habe ich eben die Silhouette eines neuen Waldgürtels gesehen?
Ich warte gespannt auf den nächsten Blitz.
Richtig! Es können von hier nur wenige hundert Meter sein. Er zieht sich in breiter Front von Ost nach West hinüber.
„Da vorn' ist Wald!“
Starker Wind kommt auf. Schon fallen die ersten Tropfen. Das Unwetter kommt näher. Ich will nicht naß werden und gehe unwillkürlich schneller.
Wir beginnen zu rennen, aber die Dunkelheit behindert. Wir stolpern... fallen... raffen uns wieder auf... Wir schaffen es nicht.
Die Wolke bricht. Es gießt in Strömen. Im Nu dringt die Nässe bis auf die Haut. Unmittelbar nach jedem Blitz erfolgt der krachende Donner.
Durstig saugt der Acker den Regen und verwandelt ihn in eine breiige Masse. Pfützen entstehen. Zäh klebt der Dreck an den Stiefeln.
Ich bleibe stehen, halte die Hände als Trichter vor den geöffneten Mund und versuche den Durst zu löschen. Die Schütte pladdert in's Gesicht. Nur wenig verirrt sich in den Gaumen. Ein Tropfen auf den heißen Stein.
Um den Segen besser einzufangen, wäre jetzt mein Schlapphut brauchbar, doch vor lauter Aufregung habe ich ihn am Vernehmungsort zurückgelassen.
Im Wald hemmt das Laub der Bäume das Durchdringen des

Gusses. Hier fallen die Tropfen wie ein gemütlicher Landregen auf uns nieder.
Wir gehen dicht aufgeschlossen. Kaum erkenne ich die Umrisse meines Vordermannes. Gespenstisch wirkt das kurze Licht der Blitze. Es ist zu spärlich, um die richtige Richtung auszumachen. Wir müssen sie an der Bemoosung der Bäume erfühlen.
Endlich werden die Abstände zwischen Blitz und Donner größer. Der Wolkenbruch läßt nach, verliert sich im normalen Regen und hört so plötzlich auf, wie er gekommen war.
Aber der Wald hat den Guß noch nicht verdaut. Es tropft noch lange von den Blättern.
Das Gewölk hat sich verzogen. In der sternenklaren Nacht sind die Umrisse der unmittelbaren Umgebung wieder zu erkennen. Bald erinnert nur noch der schwammige Waldboden an das Gewitter.
Es hat sich abgekühlt. Um der Gefahr einer Erkältung vorzubeugen, bleiben wir in Bewegung. Das sonst so unangenehme Gefühl von nasser Kleidung auf der Haut empfinde ich jetzt fast wohltuend. Mir ist warm!
Der Regen hat gutgetan. Die Luft ist besonders frisch geworden. Im Osten graut der Morgen. Aufgescheuchtes Wild ergreift die Flucht.
Quandt verändert die Richtung nach Südwest. Nach wenigen Kilometern verkriechen wir uns in einer Schonung.
Stärker als Hunger und Durst ist die Müdigkeit. Zum Glück ist das Gelände hier trocken. Ich lege mich auf die Seite und schlafe ein. —
„Männer! Wir haben ein einsam im Gelände stehendes Landhaus entdeckt! Es ist bewohnt und von Polen nicht beflaggt! Wollen wir das nicht mal näher unter die Lupe nehmen?“
Die freudige Botschaft macht mich augenblicklich hellwach. Drescher und Küchler haben die nähere Umgebung ausgekundschaftet und sind zurückgekehrt. Stephan fragt lauernd: „Ist da was zu erwarten?“
„Da wohnen bestimmt Deutsche!“

„Dann machen wir doch mal einen Besuch!“
„Die Gewehre bleiben hier! Wir holen sie nachher wieder ab!“
Die beiden gehen voran, wir folgen. Das Haus steht in der Nähe eines Waldrandes auf freiem Feld. Ein schmaler Feldweg führt von dort nach Nordwest. Er ist weit genug einzusehen, um Fremde rechtzeitig erkennen zu können! Ein Dorf kann man in der Verlängerung der Trasse nicht entdecken. Hinter dem schönen, mit roten Ziegeln erbauten Landhaus stehen kleinere Stallungen. Das ganze Anwesen ist von einer Hecke eingefriedet. Aus dem Schornstein steigt Rauch auf. Stephan flachst:
„Die kochen uns jetzt 'ne Mahlzeit!“
Das Aufmunternde steckt an. Wir sind voller Erwartungen. Quandt ergänzt freudestrahlend:
„Und Wasser gibt's auch! Da ist 'ne Pumpe!“
Forsch gehen die Kameraden hinüber. Ich bleibe mit Stephan zunächst zurück. Nicht nur zur Vorsicht, sondern die Leute sollen auch nicht gleich einen Schreck bekommen; wenn sie fünf unrasierte Landstreicher auf einmal sehen.
Eine ältere, gut angezogene Dame öffnet ihnen. Nach kurzem Wortwechsel werden sie ins Haus geführt. Erregt schlägt sich Stephan auf den Schenkel:
„Mensch, das geht gut!“
„Hoffentlich beeilen die sich!“
Das Warten wird zur Ewigkeit. Wie gebannt blicken wir auf die Eingangstür. Endlich wird sie geöffnet. Drescher kommt heraus und hält in der Hand einen Krug.
„Der bringt Wasser!“
„Na, Gott sei Dank!“
Wir gehen ihm entgegen. Das frische Wasser belebt. Es ist eine Lust für den trockenen Hals. Nach dem ersten Schluck, wir wollen den Magen nicht erkälten, trinken wir vorsichtig weiter. Ich frage neugierig:
„Kriegen wir auch was zu essen?“
„Ja, die Frau will was zubereiten!“

„Was sind das für Leute, die hier leben?"
„Ein alter Graf mit seiner Haushälterin!"
„Dann trifft's ja keinen Armen! Können wir mit ins Haus kommen, oder sollen wir hier warten?"
„Ihr könnt mitkommen! Die Leute wissen Bescheid."
Wir gehen mit Drescher auf den Hof und waschen uns. Küchler, mit dem Rasieren fertig geworden, überläßt mir den Apparat:
„Der gehört dem Grafen, mach' ihn wieder richtig sauber!"
In der Küche lerne ich die Haushälterin kennen. Sie ist eine rüstige alte Dame. Wenn auch ein wenig reserviert, so verhält sie sich doch liebenswürdig und hilfsbereit. Auf dem Herd steht eine große Pfanne mit brutzelnden Zwiebeln. Mir läuft das Wasser im Mund zusammen.
Wir werden auf die Terrasse geführt. Der Graf ruht auf einer Liege. Er ist in Decken eingehüllt. Quandt sitzt daneben und unterhält sich mit ihm. Er stellt uns vor.
Freundlich blickt der alte Mann auf:
„Sie haben sich viel vorgenommen, meine Herren! Ich wünsche Ihnen, daß Ihre Flucht gelingt!"
„Wir wissen, daß es schwer ist, haben schon einiges erlebt!"
Sein Blick geht ins Leere:
„Ja, ja! Die Zeit wird von Tag zu Tag verrückter!"
Quandt fragt:
„Warum gehen Sie nicht nach Westen, Graf? Sie haben Ausweise und hätten es leichter, hinüberzukommen!"
„Ich habe niemanden zu fürchten! Ich bin hier geboren, habe hier gelebt und will hier auch sterben!", entgegnet er starrsinnig.
„Der Kommunismus wird Ihnen das Leben schwer machen!"
Er winkt ab:
„Was will man denn noch von mir?! Mein Gut ist enteignet und mich hat man vertrieben! Ich bin froh, hier im Haus meines Försters, der mit seiner Familie nach Bayern gegangen ist, untergekommen zu sein."
„Und wo ist Ihre Familie?"

„Auch in Bayern!"
„Wären Sie da nicht besser aufgehoben?", fragt Quandt vorsichtig.
„Ich verstehe mich mit meiner Haushälterin ausgezeichnet!"
Sie erscheint auf der Terrasse? Fast mutet es an, als habe sie die letzten Worte des Grafen gehört. Sie lächelt bescheiden, stellt vom Tablett fünf Tassen auf den Tisch und fordert uns auf: „Setzen Sie sich, bitte, hierher! Die Brühe wird Ihnen gut tun!"
Da sind Nudeln drin! Zu gern möchte ich die Tasse auf einen Zug leeren, doch ich nehme den Löffel zur Hand. Die Suppe bekommt dem Magen. Ich fühle mich gleich besser. Quandt bedankt sich:
„Das war für uns ein Geschenk des Himmels, Graf!"
„Ich bedauere, nicht viel für Sie tun zu können!" schränkt er ein. „Die Zeiten sind so schlecht und wir haben keine Mittel. Doch ich lasse Sie nicht gehen, bevor Sie satt geworden sind!"
Die Haushälterin räumt den Tisch ab und serviert Bratkartoffeln mit Rührei. Der Magen ist endlich wieder gefüllt! Wir sind zufrieden!
Ein Glas Tee beendet die Mahlzeit und den Aufenthalt. Jeder erhält als Wegzehr ein Stullenpäckchen. Wir verabschieden uns. Quandt sagt artig:
„Sie haben uns sehr geholfen, Graf! Wir wünschen Ihnen alles Gute in dieser schweren Zeit und daß Sie bei bester Gesundheit bleiben!"
Er winkt dankend und mahnt:
„Kommen Sie heil über die Oder! Ich wünsche Ihrer Generation für die Zukunft mehr Besonnenheit!"
„Was hat der Graf mit mehr Besonnenheit für die Zukunft gemeint? Über was habt Ihr Euch unterhalten?" fragt Stephan, nachdem wir in unseren Unterschlupf zurückgekehrt sind. Quandt antwortet:
„Er hat mir von den Tragödien, die sich hier abgespielt haben, erzählt, und anschließend ein wenig politisiert!"

„War es hier auch so schlimm mit den Vergewaltigungen?"
„Ja! Aber hör' auf damit! Ich kann davon nichts mehr hören! Wir haben andere Sorgen! Das Notdürftigste, was uns die Russen abgenommen haben, fehlt. Vor allem ein Gefäß für Wasser!"
„Die Haushälterin hätte uns bestimmt eine Flasche mitgegeben, wenn wir was gesagt hätten!"
„Ich hatte Hemmungen, sie darum zu bitten. Will einer von Euch zurückgehen?"
Keiner zeigt Neigung, die Leute nochmals zu stören. Es war ein Risiko für sie, uns zu bewirten, und der alte Graf hat das mit einer selbstverständlichen Gelassenheit getragen!
„Wir werden woanders Wasser auftreiben!"
Es dunkelt. Wir brechen auf. Gegen Morgen fürchtet keiner mehr, daß die überlisteten Russen noch nach uns suchen. Die Gewehre sind zum überflüssigen Ballast geworden. Sie werden entladen und, von den Patronen getrennt, vergraben.
„Diese Waffen werden niemanden mehr bedrohen!"
Wir mampfen die gräfliche Stulle, ziehen die Stiefel aus und legen uns auf die Seite. Bald bin ich eingeschlafen.
Doch der Tag wird besonders warm. In Abständen wecken mich die Sonnenstrahlen. Verschlafen rücke ich mehrmals in den Schatten nach. Die Fliegen werden lästig. Sie krabbeln im Gesicht und an den Händen. Je mehr ich sie mit heftigen Handbewegungen verscheuche, um so munterer und zudringlicher werden sie. Ständig werde ich durch das herausfordernde Summen an die Plage erinnert. Ich finde keine Ruhe mehr. Der Schlaf war kurz. Mein Körper ist wie gerädert.
Meinen Kameraden ergeht es nicht besser. Ständig schlägt der eine oder andere nach dem Ungeziefer. Ich fluche:
„Das Viehzeug ist nicht zu ertragen! Man kann nicht schlafen!"
Wir stehen auf. Einer sagt:
„Wir werden nach einer besseren Gelegenheit suchen!"
Wir verlassen diese Stelle. Einige Minuten vergehen. Ein verhältnismäßig breites Gewässer hemmt unseren Weg. Ist es

ein See, der umgangen werden kann? Nein! Das Wasser fließt! Wir gehen flußaufwärts. Ein neues Waldgebiet erstreckt sich auf der anderen Seite. Die langen Äste dichtstehender Weiden hängen über die Ufer und versperren die Sicht dahinter.

Wir müssen hinüber!

Obwohl das Flußbett schmaler geworden ist, findet sich keine Brücke. Weit und breit deutet nichts auf menschliche Spuren. Dennoch fürchte ich, daß wieder plötzlich ein Russe vor uns stehen könnte! Ich zeige auf eine seichte Stelle. Sie liegt geschützt. Das Wasser ist sauber, der Grund klar zu erkennen:

„Hier könnten wir ein Bad nehmen und hinüberschwimmen!"

„Der Meinung bin ich auch, eine Brücke wäre zu belebt!", meint Stephan.

„Wie kriegen wir unsere Sachen trocken hinüber?", fragt Quandt?

„In einem Bündel verschnürt, auf dem Kopf! Mit der rechten Hand mußt Du es festhalten und mit der Linken rudern!"

Wir ziehen uns aus. Ich verstaue Socken, Unterwäsche und Hemd in den Stiefeln, wickele sie in die Jacke, stopfe das Ganze in das Innere der Hose und knöpfe sie zu. Mit den fest verknoteten Beinkleidern ist das Paket fertig.

Ich springe ins Wasser. Es ist eine willkommene Erfrischung! Ich schwimme etwas hinaus und beobachte beide Ufer. Es zeigt sich keine Seele! Ich kehre zurück und rufe die anderen:

„Die Luft ist rein! Wir können hinüber! Beeilt Euch! Es ist herrlich, nackt zu baden!"

Stephan reicht mir mein Paket. Sie folgen mir. Wir schwimmen ohne Hast. Die Strömung treibt uns nur wenig ab. Es gelingt, die Sachen trocken an das andere Ufer zu bringen. Dort werfen wir sie ins Gras, nutzen die Gelegenheit zu einem ausgedehnten Bad.

Mit Vergnügen versucht jeder, jeden zu erwischen. Obwohl der Angreifer mit von Hand geschlagenen Fontänen und abwehrenden Kraulbewegungen der Beine daran gehindert wird,

gelingt es ihm hin und wieder dennoch, den Kameraden unterzutauchen.
Beinahe hat mich Drescher in den Griff bekommen. Doch Küchler krault schräg von hinten auf ihn zu, drückt seinen Kopf unter Wasser und ergreift die Flucht. Als er auftaucht, sind seine Augen schreckhaft aufgerissen. Mit hastigen Schwimmbewegungen versucht er, ihn einzuholen. Vergeblich! Ich muß laut lachen. Plötzlich ereilt mich das gleiche Schicksal! Ich spüre den Druck von Füßen auf meinen Schultern und werde noch tiefer gestoßen! Das ist zuviel!... Wieder über Wasser stelle ich fest, daß Quandt mich überlistet hat. Er ist schon zu weit entfernt, um ihn noch zu erreichen. Ich revanchiere mich an Stephan. Er ist mir am nächsten und bemerkt mich nicht!
Als guter Schwimmer bleibt er mir nichts schuldig. Er ergreift meine Beine, lacht und gibt sie erst nach heftiger Gegenwehr wieder frei.
Wir waschen uns. Der feine Flußsand ersetzt die Seife. Nach dem Massieren der Gesichter, der Hände und Füße wird der Sand abgespült. Lockere Bewegungen in der Sonne trocknen den Körper. Kurze Tannenäste, in der Hand zu einem Büschel dicht nebeneinandergelegt, dienen als Kamm. Bald sind alle angezogen.
Rechtschaffen müde liegen wir am Flußufer im kühlen Schatten der Bäume. Die Fliegen sind nicht mehr so aufdringlich.
Das war wohltuend. Doch der verdammte Hunger läßt uns frühzeitig aufbrechen.
Wir müssen irgendwie an Verpflegung herankommen. Aber mit zunehmender Dunkelheit schwindet diese Hoffnung. Wir vertrösten uns auf den nächsten Morgen.
Der Tag ist noch nicht angebrochen, da stoßen wir auf ein Haus. Es ist eine einfache Kate. Sie liegt an einer Straße als letztes Haus des Ortes und ist bewohnt. Von einer polnischen Fahne ist nichts zu sehen. Auch nicht auf den wenigen anderen, einfachen Gebäuden, die schwach umrissen dahinter zu erkennen sind.
Ein Hund schlägt an.

Wir gehen fast bis zur Straße vor, dort verbleiben wir im Dickicht. Hier ist die beste Übersicht! Drescher meint leise:
„Es ist ratsam, zu warten, bis es heller wird!“
Licht erhellt jetzt zwei Fenster. Ein ältlicher Mann kommt aus dem Haus und blickt sich suchend um. Er geht auf den Hund zu, beruhigt ihn und tritt wieder in die Tür.
„Die Gelegenheit hätte ich ausnutzen können!“ ärgert sich Stephan. Quandt beruhigt:
„Sei nicht ungeduldig und warte, bis es heller wird. Bei der Dunkelheit muß der Mann doch Angst bekommen!“
Hinter den Fenstern wird das Licht nicht mehr gelöscht. Es wird langsam heller, der Morgen graut. Eine Frau geht über die Straße. Wir verlieren sie aus den Augen.
Plötzlich Motorengeräusch! Zunächst leise, wie aus weiter Ferne, doch dann kommt es rasch näher. Ein russischer Militärlastwagen prescht an uns vorüber und hinterläßt eine riesige Staubwolke, die fast den ganzen Ort einnebelt.
„Jetzt kommt langsam Leben in die Gegend! Wenn wir noch länger warten, dann verpassen wir die Gelegenheit!“, sagt Stephan. Er steht auf und geht hinüber.
„Bringe einen Eimer Wasser mit!“
„Und ein paar leere Flaschen!“
Die nächsten Minuten harren wir voller Spannung. Da taucht er wieder auf. Seine Hände sind nicht leer! Aber seine Ausbeute ist noch größer, als wir zu hoffen wagten. Brot hat er mitgebracht und Speck! Wir löschen den Durst, teilen die feste Nahrung und essen mit Heißhunger. Viel entfällt nicht auf den einzelnen! Aber es genügt! Der Magen ist beschäftigt, der Schmerz verflogen.
„Hattest Du Schwierigkeiten beim Organisieren?“
„Die Leutchen waren zuerst mißtrauisch. Dann wurden sie zugänglicher!“
„Was hast Du ihnen gesagt?“
„Die Wahrheit, daß wir geflüchtete ehemalige Soldaten wären, ohne Papiere und seit gestern früh weder was getrunken noch gegessen hätten!“

Er stellt die Trinkgefäße in den Eimer und bringt alles zusammen in das Haus zurück.
Der Ort bleibt ruhig. Die Einwohner lassen sich nur selten blicken. Ab und zu huscht einer über die Straße, dreht sich dann und wann um, als ob er Angst hätte. Darauf kann ich mir keinen Reim machen. Die paar Katen sind kaum als Dorf zu bezeichnen und scheinen nur von Deutschen bewohnt zu sein. Es gibt auch keine Anhaltspunkte für Fremdfahrzeuge oder militärisches Gerät, um daraus schließen zu können, daß Russen einquartiert sind. Warum diese sonderbare Furcht? Mir wird etwas unbehaglich. Wo bleibt nur Stephan?
Stephan läßt lange auf sich warten! Endlich kehrt er zurück. An seiner Seite baumelt eine Einkaufstasche. Sie hängt an einem Riemen, den er über die Schulter gezogen hat. Sein Gesicht strahlt. Stolz zeigt er die Neuerwerbung und witzelt: „Seht her, Freunde, Ihr habt in mir einen ordentlichen Besorger."
Wir sind verblüfft. Solche Hilfe haben wir nicht erwartet.
„Wir haben uns freundlich unterhalten. Bei der Gelegenheit erzählte ich ihnen, daß uns die Russen alles abgenommen hätten. Selbst das Wichtigste wie Salz und Streichhölzer. Sie haben mir nicht nur das mitgegeben, sondern auch ..."
Er breitet den Inhalt des Beutels aus:
„... Diese flauschigen Fußlappen waren mal ein Bettlaken! Die alte Frau hat es zerschnitten. Hier ein Kochtopf und ein paar Becher. Die Nachbarin kam herüber und brachte Rasierapparat, Pinsel und Seife. Sie stopfte es zusammen mit zwei Handtüchern und zwei Garnituren frischer Unterwäsche in den Beutel. Hier die langen Unterhosen für besonders kühle Tage", scherzt er. „Sogar 'ne Thermosflasche und zwei Eßbestecke hat man mir mit eingepackt! Sie haben uns gern geholfen. Nur von der Tasche hat man sich schwer getrennt."
Unglaublich! Diese Menschen sind nicht mehr als Landarbeiterfamilien und verschenken in einer Zeit ohne Zukunft Dinge, die sie täglich für den Eigenbedarf benötigen.
„Hauptsächlich habe ich mir ihre Sorgen angehört", erzählt

er weiter. „Die Leute bedrückt die Parole, daß sie heute ihre Häuser verlassen müssen, weil die Polen kommen. Genaues aber wissen sie noch nicht. Sie sind ängstlich und möchten die Heimat nicht verlieren."

„Es ist wie überall. Bald wird sich hier eine Tragödie abspielen!"

„Wir gehen weiter!", sagt Quandt abrupt.

Das Waldgelände wird hügeliger. Wir halten Ausschau nach einer Schlafgelegenheit. Quandt entscheidet sich für eine Anhöhe.

Endlich! Ermattet lege ich mich zwischen das hoch wuchernde Farnkraut. —

Ich werde wach. Mich fröstelt. Kühl weht leiser Wind von Osten her. Wolken haben sich vor die Sonne geschoben und geben nur für Augenblicke ihre wärmenden Strahlen frei. Ich bin noch müde und verspüre keine Lust zum Aufstehen. Doch der stete Wechsel von kalt und warm läßt mich nicht mehr zur Ruhe kommen.

Die Kameraden unterhalten sich. Die Sonne geht unter, der Abend bricht an. Man rüstet zum Aufbruch. Widerwillig reibe ich mir die Augen. Quandt drängt:

„Es ist Zeit ... Nun kommt bloß endlich hoch ... Wir müssen weiter!"

Das Gelände bleibt nach wie vor uneben. Wald, Schneisen, Äcker lösen einander ab. Wir passieren mehrere Wege. Auch eine Landstraße wird überquert.

Mir ist das Marschtempo zu forsch. Drescher bleibt mit mir ein wenig hinter den anderen zurück. Ich rufe nach vorn:

„Lauft nicht wie die Wiesel! Wir sind schon ganz aus der Puste!"

„Wir sind nicht schneller als sonst! Beeilt Euch und rückt auf!", antwortet Küchler. Alle gehen mit unvermindertem Tempo weiter.

Wir machen ein paar hastige Schritte. Die Distanz verringert sich. Doch sie bildet sich von neuem und wird größer. Ich protestiere:

„Rennt doch nicht so!"
Die Kameraden bleiben stehen und warten. Wir rücken auf. Ungeduldig und verständnislos schütteln sie den Kopf:
„Wir gehen, weiß Gott, nicht zu schnell!"
Eine Antwort darauf wäre unnütze Kraftvergeudung! Mir wird die Luft knapp. Ich werde kurzatmiger und schiebe den Umstand nicht nur auf das hinderliche Gestrüpp, sondern auch dem unebenen Gelände zu.
Mit der Zeit wird der Abstand von den anderen noch größer als vorher. Doch die Nacht wird heller und erlaubt mit zunehmendem Licht die größere Entfernung voneinander. Wir haben nicht mehr die Furcht, die Gruppe aus den Augen zu verlieren.
Der Morgen graut. Der Tag bricht an. Ich verspüre eine leichte Übelkeit. Auch eine schwache Magenverstimmung macht sich bemerkbar. Drescher läuft zehn Meter vor mir her. Ich rufe ihm zu:
„Helmut, mir ist so nach Durchfall!"
„Mir geht's auch so schlecht!"
„Wenn die Kameraden nicht bald Pause machen, dann halte ich es nicht mehr aus!"
Ich unterdrücke das Bedürfnis und laufe weiter.
Die ersten Sonnenstrahlen brechen sich in den Baumkronen.
Endlich bleiben die Vorangehenden stehen und halten Ausschau nach einem Unterschlupf. Als wir sie erreichen, fallen wir erschöpft ins Gras. Wir keuchen heftig und beruhigen uns erst nach geraumer Zeit.
Man betrachtet uns stumm. Besorgt fragt Quandt:
„Was ist mit Euch los?"
„Wir fühlen uns nicht wohl!", antworte ich lustlos. „Es ist der Magen. Hoffentlich wird es bis zum Abend wieder besser."

IN SCHWERER KRISE

Wir ahnen nicht, welche Krankheit uns quält.
Weil Fieber sich einstellt, glauben wir zunächst an Grippe.
Die Kameraden bereiten aus Laub ein Lager und bedecken uns mit all' ihren verfügbaren Kleidern. Wir hoffen, durch Schwitzen gesund zu werden, zumindest aber eine Besserung zu erreichen.
Vergebens! Es wird nicht besser. Der Zustand verschlimmert sich.
Wir alle sind ratlos!
Man macht sich Sorgen. Keiner weiß, wie uns geholfen werden kann. In der Thermosflasche ist Tee. Er wird erhitzt. Als wir ihn trinken, verspüren wir für den Augenblick etwas Linderung. Das ist aber auch alles!
Der Tag geht dem Ende entgegen. Ich liege dicht am Waldrand inmitten eines Gebüsches und blicke teilnahmslos in den Himmel. Stille herrscht in mir und um mich herum.
Als die Kameraden wieder an uns herantreten, empfinde ich, daß unser Zustand sie belastet. Sie wollen wissen, ob wir für den Weitermarsch kräftig genug sind. Mir kommt das Versprechen in den Sinn, das wir uns zu Beginn des Unternehmens gegenseitig gegeben haben: Wird einer krank, dann bleibt er zurück! Die Gesunden gehen weiter!
Drescher kommt mir zuvor. Er sagt:
„Macht Euch keine Sorgen, Kameraden! Wir werden schon einen Weg finden, um durchzukommen! Für Euch alles Gute!“ — Händedruck, dann gehen sie.
Die Sonne war untergegangen. Wir schauen ihnen nach, bis sie im Unterholz verschwinden.
Durch meine Hilflosigkeit werde ich wehmütig. Still lege ich mich zurück. Mein einziger Trost ist, nicht ganz allein zu sein.
Am Himmel leuchten die ersten Sterne auf. Irgendwo in der Ferne kläfft ein Hund. Langsam senkt sich die Nacht. Mir wird kühl.

„Frierst Du auch so sehr, Helmut?“
„Statt hier zu bibbern, wäre Bewegung besser!“
„Wir suchen uns jetzt eine Unterkunft! Es könnte regnen... Wir müssen trocken bleiben.“
Ein schmaler Pfad führt an den Rand eines freien Feldes. Dort kreuzen wir einen Weg. Er zieht sich am Waldrand entlang. Wir laufen an seiner Seite im Schutz des Unterholzes. Plötzlich zeichnet sich im Mondlicht der Umriß einer Scheune ab. Sie steht auf der anderen Seite im offenen Wiesengelände. Wir gehen hinein.
Im Inneren lagert links und rechts der Durchfahrt etwa eineinhalb Meter hoch geschichtetes Heu. Es ist knochentrocken. Wahrscheinlich sind es Restbestände vom vergangenen Jahr.
„Wir legen uns dort drüben in die Ecke!“
„Ja, wenn wir uns einkuscheln, vielleicht wird uns dann wärmer!“
Ich fühle mich sehr schwach. Die Suche hat mich angestrengt. Aber die Mühe wurde belohnt; denn mit dem Dach über dem Kopf glauben wir geborgen zu sein.
Tatsächlich, es wird mollig warm. Mir ist gleich im Ganzen wohler und ich schlafe ein.
Der Tag ist schon lange angebrochen, als ich erwache. Durch die Ritzen der ausgetrockneten Scheunenwand bricht die Sonne. In ihren Strahlen schwebt deutlich sichtbar und scheinbar schwerelos Staub, der bei geringster Luftbewegung lustig durcheinanderwirbelt.
Drescher rührt sich. Er wälzt sich zu mir herum und fragt:
„Wie fühlst Du Dich?“
„Ich glaube, es ist nicht besser geworden!“
„Mir geht's auch noch so schlecht!“, antwortet er niedergeschlagen.
Der Magen rumort und drückt. Ich atme tief durch, um die aufkommende Übelkeit zu überwinden.
Wir stehen auf und gehen ins Freie. Kein Lebewesen weit und breit! Ich sehe in der Nähe rote Ziegeldächer. Liegt dort ein Dorf hinter der Senke?

Der wenige Stuhl, den ich hinterlasse, ist immer noch breiig. Vorsorglich haben uns die Kameraden einen Teil der organisierten Ausrüstung überlassen. Der Tee aus der Thermosflasche ist noch lauwarm. Wir trinken die eine Hälfte und heben die andere für den Nachmittag auf.

Trotz der Appetitlosigkeit müssen wir was zwischen die Zähne bekommen, um nicht noch schwächer zu werden und beschließen, bei Eintritt der Dunkelheit in das Dorf zu gehen.

Es ist soweit.

Unser Weg führt über die Wiese. Wir gehen langsam, Schritt für Schritt, um Kraft zu sparen. Mein Herz schlägt heftig. Ich werde kurzatmig.

Wir ruhen uns aus.

Auf! Weiter...! Ich sehe die ersten Häuser... Ein leicht abfallender Hang... Da! Ein erleuchtetes Fenster... Das Haus ist nicht beflaggt! Eine Straße... Ein Garten...

Wir stehen davor. Der Atem keucht. Wir sind erschöpft.

Das Dorf ist wie ausgestorben.

Drescher setzt sich auf die Erde. Ich stehe gebeugt daneben und lehne mich an die Wand, solange bis auch ich mich hinsetzen muß.

Nach einigen Minuten habe ich mich erholt und stehe wieder auf. Zaghaft klopfe ich gegen das Fenster.

Es wird geöffnet. Hemdsärmelig beugt sich ein Mann heraus. Erschrocken blickt er mich an.

Ich fürchte, abgewiesen zu werden und halte ihm meinen Kochtopf entgegen. Ich frage leise:

„Würden Sie uns eine einfache Mehlsuppe geben? Ohne Salz, ohne Zucker und ohne Fett? Nur mit Wasser gekocht?"

Drescher ist aufgestanden. Er steht neben mir und bekräftigt meine Bitte:

„Wir sind geflüchtete Soldaten und magenkrank geworden. Wir müssen etwas essen, um nicht noch schwächer zu werden!"

„Bleiben Sie!" antwortet er kurz. Er übernimmt den Topf und schließt das Fenster.

Erleichtert setzen wir uns auf die Erde und warten.
Die Suppe schmeckt mir gut. Sie hat einen leichten Vanillegeschmack. Langsam leeren wir die Teller.
Interessiert schaut der Mann vom Fenster aus zu, und erzählt freimütig:
„Sie haben Glück, daß Sie gerade bei mir angeklopft haben. Die anderen Anwohner hätten Ihnen kaum was geben können. Ich bin nämlich der Müller hier und darf auf Anweisung des polnischen Bürgermeisters weiter arbeiten. Die haben keine Fachleute.
„Hat's geschmeckt? Wollen Sie noch eine Portion haben?", fragt er, als wir ihm die Teller hinaufreichen. — Drescher beeilt sich mit der Antwort:
„Ja — sehr, es ist uns gut bekommen! Für heute haben wir aber genug. Wir danken Ihnen!"
Ich frage vorsichtig:
„Dürfen wir vielleicht morgen abend wiederkommen?"
„Ich habe nichts dagegen!"
Der Müller reicht den Kochtopf mit Brei und unsere mit frischem Kamillentee gefüllte Thermosflasche herunter. Und dann schließt er das Fenster.
Zufrieden kehren wir in die Scheune zurück.
Wir haben Hilfe gefunden! — Aus der Mühle besorgen wir uns allabendlich unsere Mehlsuppe, und nehmen sie am Fenster vor dem Haus in Empfang.
Täglich reden wir uns von neuem ein, daß der Höhepunkt der Krankheit erreicht sein müßte. Schon das leichteste, spürbare Absinken der Körpertemperatur erfüllt uns mit Hoffnungen. Doch die nächste Fieberwelle macht alles wieder zunichte. Unser körperlicher Zustand wird schlechter. Zeitweise tritt Schüttelfrost auf.
Wir glauben nach wie vor, daß es sich um eine schwere Grippe handeln muß, mit einer Magenverstimmung als Begleiterscheinung.
Bei dem Müller versuchen wir den Eindruck zu hinterlassen, daß unser Zustand nicht so tragisch sei.

Jeder Besuch bedeutet einen immer größeren Energieaufwand. Wir können uns kaum noch auf den Beinen halten. Immer öfter bleiben wir erschöpft liegen, um auszuruhen.
Am vierten Abend widersetzt sich Drescher und erklärt, daß er zu schwach sei und den Rückweg nicht mehr schaffen würde.
Ich rede ihm gut zu und sage, daß der abendliche Weg ins Dorf die Kondition festigt, daß sich dadurch zumindest der Kräfteabbau vermindert. Auch versuche ich ihm klarzumachen, daß wir alle Widerstandskraft aufwenden müssen, um die Krise besser überwinden zu können.
Aber er mag davon nichts hören:
„Sei still ... Laß mich in Ruhe ... Ich kann nicht mehr ...!"
In den darauffolgenden Nächten schleppe ich mich allein zum Müller und bringe für Drescher Tee und Suppe mit.
Aber auch meine Kraft nimmt fühlbar ab.
Immer länger muß Drescher auf meine Rückkehr aus dem etwa zweihundert Meter entfernten Dorf warten.
Tief in der Nacht treffe ich bei ihm in der Scheune ein.
Meine Schwäche hat merklich zugenommen. Habe ich mich selbst überschätzt? Mir kommen bereits Zweifel an meinem Durchhaltevermögen. Ich glaube nicht, daß mir der Weg zur Mühle noch einmal gelingen wird.
Unser Schicksal liegt nun in Gottes Hand!
„So geht es nicht weiter, wir brauchen einen Arzt, Helmut!"
„Ja, aber wie willst Du einen auftreiben? Eher kommen die Russen oder Polen und machen mit uns kurzen Prozeß", sagt er tonlos.
„Wir müßten einen suchen, uns durchfragen."
„Das schaffen wir nicht!"
Ich gebe mich mit der Antwort nicht zufrieden:
„Es muß doch was geschehen!"
Mir kommt eine Idee:
„Am besten wäre, wenn wir uns den Russen stellen und um Schutz bitten. Dann wird man uns helfen!"
„Ohne mich, Albert!" wehrt er ab. „Ich stelle mich nicht dem Russen!"

„Hast Du einen besseren Vorschlag?"
Er wendet sein Gesicht ab und erwidert gequält:
„Ich gehe nicht zum Russen!"
Mir aber fällt keine bessere Möglichkeit ein. Es ist der einzige Ausweg, von dem man sich etwas versprechen könnte!
Will er etwa aufgeben? Der Gedanke schnürt mir fast die Kehle zu. Erregt dränge ich:
„Wir müssen einen Weg finden, Helmut!"
„Nun laß mir doch meine Ruhe! Ich brauche Ruhe!"
Seine Teilnahmslosigkeit bestürzt mich. Mir wird bewußt, daß es mit uns zu Ende geht, wenn nicht augenblicklich was geschieht! Aufbrausend halte ich ihm unsere Hoffnungslosigkeit vor Augen:
„Wir sind verloren, wenn wir jetzt nichts unternehmen!"
Sein Atem geht schwer. Er antwortet nicht. Ich weiß mir keinen Rat, will ihn zwingen und drohe:
„Wenn Du nicht sofort mitkommst, dann laß ich Dich allein hier liegen!"
„Geh' doch endlich und laß mich in Ruhe!", preßte er gequält hervor.
Ich ergreife seine fieberheiße Hand, richte mich auf und will ihn hochziehen. Doch mir werden die Knie weich. Ich falle über seinen Körper. Er hält die Hände abwehrend über sein Gesicht und stöhnt:
„Laß mich, laß mich doch!"
Ich bin entsetzt, packe seine Schultern, rüttle ihn und keuche:
„Du bis hier verloren ...! Komm' hoch ...!"
„Ich will nicht... Geh' doch endlich... Mein Gott... Ich will meine Ruhe!" haucht er verzweifelt.
Es hat keinen Sinn! Mein Körper fällt kraftlos in das Heu zurück. Ihm ist nicht zu helfen. Ich kann ihn doch nicht tragen! Er will ja auch nicht... Er will ja nicht ...!
Mir wird die Luft knapp ... Ich ringe nach Luft ... Luft ...! Luft ...! Ich bekomme keine Luft ...!
Der Krampf löst sich, ich atme wieder durch.
In mir reift der Entschluß, allein einen Arzt aufzusuchen oder

mich notfalls dem Russen zu stellen. Aber Drescher muß vorher irgend einem Deutschen überantwortet werden! Nur wie ich das anstellen soll, ist mir noch unklar. Eine Lösung muß sich jetzt finden!
Ich will mich aufrichten. Die Füße finden in dem nachgebenden und unebenen Heu nicht den richtigen Widerstand. Ich kann nicht stehen und knicke ein. Ich krieche vom Heuhaufen hinunter und bleibe auf dem Boden liegen.
Ohne Nahrung muß Drescher verhungern. Wer könnte ihm nur helfen? Der Müller vielleicht? Seine Hilfe geht über sein Fenster nicht hinaus! Es wäre ihm mit der Zeit lästig, Drescher hier zu betreuen. Er könnte ihn dann den polnischen Behörden übergeben. Eine mütterliche Frau müßte ich für ihn finden!
Verärgert über seinen Starrsinn, raffe ich mich auf:
„Ich gehe jetzt, Helmut! ... werde sehen, was ich für Dich tun kann!"
Überlegt er sich's noch? Er muß doch fühlen, daß ich Ernst mache!
Er antwortet nicht.
Auf dem festen Untergrund bekommen meine Beine Stehvermögen. Ich gehe langsam und vorsichtig, vermeide jede hastige Bewegung.
Werde ich Menschen antreffen, die mir weiterhelfen? Wo gehe ich am besten entlang? Über die Wiese ins Dorf, an der Mühle vorbei, hat keinen Sinn; denn es gibt dort wohl Deutsche, aber auch Polen. Einen Arzt haben sie ohnehin nicht.
Ich bleibe auf dem Weg und gehe nach Westen. Mir ist heiß. Die Sonne brennt erbarmungslos vom Himmel!
Unmittelbar hinter der Scheune grasen Kühe. Da! Sie werden von einem Hirten beaufsichtigt. Einem alten Mann. Er steht mitten in der Herde. Sein Kinn ruht auf seinen Händen, die einen Stecken umklammert halten.
Ist es ein Deutscher ...?
Hoffentlich ...! Er blickt zu mir herüber und stutzt. Mit wachsendem Interesse kommt er mir entgegen. Seine Schritte werden schneller:

„Was ist mit Ihnen? Wo wollen Sie hin?"
Er ist Deutscher! Beruhigt setze ich mich ins Gras. Sein Rat wird mir weiterhelfen! Wir sind allein, er hat nichts zu befürchten und ist unbefangen. Man sieht ihm an, daß er im Leben nicht immer Kühe gehütet haben mag. Sein Verhalten ist menschlich. Er will für Drescher sorgen. Tee und Mehlsuppe zu beschaffen sei kein Problem, meint er. Notfalls wolle er sich mit dem Müller zusammentun. Ich habe ein gutes Gefühl bei seiner Zusage:
„Besuchen Sie bitte gleich meinen Kameraden! Damit er weiß, daß sich jemand um ihn kümmert!"
Er nickt zustimmend:
„Das mache ich!"
Er hilft mir beim Aufstehen. Ich frage:
„Wo führt der Weg hier hin?"
„Nach einem Kilometer erreichen Sie ein Vorwerk. Dort leben nur Deutsche. Man wird Ihnen helfen!"
Das hört sich gut an. Die Zuversicht gibt mir neuen Auftrieb. Er nimmt meinen Arm und führt mich ein paar Schritte:
„Nehmen Sie den Stock. Sie können sich damit abstützen!"
Ich halte mich mit beiden Händen daran fest.
Ist der „gute Hirte" schon bei Drescher? Ich bleibe stehen und drehe mich um. Nein! Er blickt mir noch nach.
Doch nach einer Weile ist er verschwunden. „Er wird in der Scheune sein", denke ich und setze meinen Weg fort.
Bis auf die wenigen Besuche des Hirten muß Drescher nun allein im Heu liegen! Wird der Mann auch sein Versprechen halten, ihn zu besuchen . . ., ihm Essen bringen? Wenn der ihn einfach liegen ließe, dann wäre das sein Tod!
Ein handbreites Rinnsal windet sich von der Anhöhe, macht einen Bogen und fließt am Wiesenrain entlang. Ich setze mich an den Rand und feuchte Stirn und Schläfen an. Die Erfrischung währt nur kurz. Mein Kopf bleibt heiß! Ich halte beide Handgelenke ins Wasser. Nun ist die Kühlung wirkungsvoller.
Beim Gedanken an Drescher quält mich mein Gewissen.

Ob ich zurückgehe?
Aber dann müßte der Hirte für zwei sorgen. Wie schnell würde er dann die Nase voll haben?
Nein! Das hat keinen Sinn!
Die Krise kann nicht mehr lange dauern. Mit jedem Tag muß die Wende kommen, der Höhepunkt überschritten sein.
Vor mir breitet sich ein leicht abfallendes, freies Gelände aus. Es ist weit zu überblicken. Der schnurgerade Weg mündet in eine Häusergruppe, die unmittelbar vor einer bewaldeten Anhöhe liegt. Es ist der einzige Hain inmitten der Felder. Ich kann am oberen Rand des Hügels nicht erkennen, ob sich der Baumbestand dahinter weiter fortsetzt.
Nirgends zeigen sich Menschen oder weidendes Vieh. Die Landschaft scheint wie ausgestorben.
Langsam komme ich der Häusergruppe näher. Bei jeder Ruhepause erfrische ich mich am Bächlein. Es fließt hier, als sei es nur für mich bestimmt.
Das Schicksal meint es gut mit mir.
Mein Schatten wird länger. Es muß spät sein. Vorsichtig überquere ich die Straße. Fast komme ich auf dem Kopfsteinpflaster zu Fall. Mein Stock hält mich im Gleichgewicht. Vor dem ersten Haus lasse ich mich erschöpft auf Treppenstufen nieder.
Jetzt kommen Anwohner auf mich zu. Erst zwei, dann sind es vier. Sie wollen wissen, was mit mir ist, wo ich hin will und wer ich bin. Meine Antwort klingt müde. Ich bin zu schwach, zu ausgepumpt. Weitere Neugierige kommen hinzu!
Sie bilden um mich herum einen großen Halbkreis. Alle Augenblicke wird die gleiche Frage gestellt:
„Was ist mit dem?"
„Wo will der hin?"
„Was ist das überhaupt für einer?"
Ich antworte nicht mehr.
Ich blicke auf und sehe die Leute an. In ihren Gesichtern spiegelt sich gleichermaßen Mißtrauen wie Mitleid. Keiner wagt sich an mich heran, als hätte man einen Aussätzigen vor sich.

Wollen mir die Menschen helfen? Sie könnten es doch! Oder haben sie Angst voreinander? Ich frage zaghaft:
„Haben Sie eine Suppe für mich?“
„Sie wird Ihnen gleich gebracht!“ antwortet jemand aus der Menge.
Der Rat des Hirten war gut. Ich bin beruhigt, und mache es mir auf den Stufen bequem. Eine Frau reicht mir eine Schüssel mit Nudeln.
Weit im Feld, irgendwo hinter den Häusern, kläffen Hunde. Betrunkene johlen dazwischen.
Plötzlich peitschen Schüsse durch die ländliche Idylle. Der Schall kommt aus der gleichen Richtung.
Karabinerschüsse!
„Wer schießt da?“, frage ich erschrocken und stelle den Napf zur Seite.
In dem Menschenauflauf kommt Bewegung. Die Leute reagieren überrascht:
„Das werden die Polen sein!... Das sind die Polen...!“
Einige wenden sich ab, sie wollen in ihre Häuser. Andere bleiben stehen. Sie sind unschlüssig und schauen sich hilflos gegenseitig an. Offenbar scheuen sie das Risiko, mir zu helfen.
Ich muß selber handeln. Mir bleibt keine andere Wahl:
„Denen will ich schon gar nicht in die Hände fallen!“
Dort drüben ist eine Schonung. Ich muß hinüber. Ich habe keine Zeit zu verlieren. Jede Sekunde ist kostbar.
Ohne mich zu vergewissern, von wo die Gefahr kommt, wanke ich spontan über die Straße in das leicht ansteigende Gelände. Ich will meinen Schritt beschleunigen. Vergebens! Meine Beine gehorchen nicht. Krampfhaft umklammere ich den Stock... Er hält mich aufrecht.
Noch ein paar Meter... Noch ein paar Schritte... Ich falle... Kriechend erreiche ich den Rand der Schonung..., es ist geschafft!
Zwischen den jungen Tannen bleibe ich in der Furche liegen. Kraftlos... Meine Reserven sind erschöpft... Mein Herz

überlastet... Es schlägt wie wild und beruhigt sich nur langsam.
Die Hunde haben mit dem Bellen aufgehört. Wurde ich von den Polen gesehen? Ich muß damit rechnen! Sie werden sich dann bei den Leuten erkundigen, wer sich in der Schonung verkrochen hat.
Ich arbeite mich tiefer in das Unterholz hinein. Fast bis zur Erde hängt das trockene Geäst herab und zerkratzt Gesicht und Hände. Mich stört das nicht. Ich will nur weiter..., weiter!
Tatsächlich, sie kommen! Slawische Stimmen sind zu hören. Sie werden lauter.
Ich bleibe ruhig.
Dicht über dem Boden habe ich einen schmalen freien Ausblick. Ich sehe die Stiefel der Männer. Auch die Hunde. Sie laufen aufgeregt hin und her, kommen aber nicht durch das Unterholz. Es gelingt ihnen nicht, die Tiere auf mich zu hetzen.
Von einer anderen Methode versprechen sich die Häscher mehr Erfolg. Sie schießen! Von zwei Seiten werde ich beharkt. Sie feuern ziellos, was die Läufe hergeben! Sicher glauben sie, daß ich nach einer der anderen beiden Seiten ausweichen werde und ihnen dann als leichte Beute in die Arme laufe!
Nein! Ich bleibe auf meinem Platz. Die Knallerei macht mich nicht nervös. Ich fühle mich hier sicherer.
Solange Schüsse fallen, kommt niemand herein. Die Geschosse treffen ohnehin nicht. Sie dringen nicht mal bis zu mir vor. Die dicht angepflanzten Bäumchen sind ein Glück für mich. Ich höre kein Zischen der Geschosse, keinen Einschlag.
Es wird dunkel, das Feuer eingestellt. Geben die Polen auf? Oder wenden sie eine andere Taktik an? Ich weiß nicht, was ihnen noch einfallen könnte. Es sei denn, sie untersuchen die einzelnen Furchen.
Aber das ist zweifelhaft. Das hätten sie früher machen müssen! Die Dämmerung läßt sie vorsichtiger werden. Sie können nicht wissen, ob ich gefährlich bin und Waffen habe.

Oder glauben sie, daß ich schon entkommen sei? Sich keine weitere Suche mehr lohnt?
Ich schließe die Augen, ohne schlafen zu wollen. Meinen Ohren entgeht kein Geräusch. Ich vermute, daß sich die Männer still um das kleine Gehölz postieren werden. Glauben sie etwa, daß ich darauf hereinfalle?
Ich habe ja Zeit!
Doch ich höre nichts mehr, was mich stutzig machen könnte.
Wenn auch mit dem Abbau meiner Kräfte das Mißtrauen zur Umwelt ohnehin zunimmt, so macht mich darüber hinaus der Zwischenfall noch besonnener, noch vorsichtiger! Ich habe gelernt!
Mitternacht müßte schon vorbei sein. Langsam und in Abständen krieche ich die leichte Schräge bis zum anderen Ende meiner Furche hinauf. Dort bleibe ich liegen. Ich beobachte die Umgebung.
Vor mir erheben sich ausgewachsene Bäume. Auch hier ist nichts Verdächtiges wahrzunehmen, niemand zu sehen.
Die Luft scheint rein zu sein.
Ich lasse das Vorwerk hinter mir. Die Nacht geht vorüber. Hinter dem Hügel weist mich ein Waldpfad auf freies Gelände hinaus. Es wird heller. Das Morgengrauen gibt mir freie Sicht.
Einige hundert Meter vor mir liegt ein Dorf. Auf den Dächern wehen keine Fahnen. Das ermutigt. Werde ich dort mehr Glück haben?
Ich bleibe stehen.
Da vorn am Dorfausgang eine Frau. Jetzt sieht sie mich kommen.
Hoffentlich läuft sie nicht davon! Wollte Gott, sie bliebe stehen!
Ich winke.
Sie wird aufmerksam. Geduldig verfolgt sie mein Näherkommen. Ich lese aus ihrer Haltung Zweifel. Endlich bin ich bei ihr. Sie ist enttäuscht:
„Ich habe geglaubt, Sie wären mein Mann! Ich warte täglich

auf seine Heimkehr aus dem Krieg."
„Das tut mir leid! Ich wär' es gern gewesen."
Sie betrachtet mich näher und stutzt:
„Was ist mit Ihnen?"
„Ich bin krank und habe Fieber! Es wird eine Grippe sein! Ich möchte zu einem Arzt! Können Sie mir helfen?"
Resolut nimmt sie mich am Arm:
„Kommen Sie erst mal ins Haus. Es ist ja entsetzlich, Sie anzusehen!"
„Beobachtet uns jemand?", frage ich mißtrauisch.
„Sind Russen oder Polen im Ort?"
Sie beruhigt mich:
„Ach, was! Jetzt schläft alles noch und Russen gibt's hier nicht!"
Sie macht mit mir kurzen Prozeß. Erst einmal in die Badewanne! Nach dem Rasieren ins Bett, dann Fliedertee, nun soll ich schwitzen!
Sie ist ein Engel.
Ich liege in den weichen Kissen. Seit Monaten das erste Mal. Ein himmlisches Gefühl. Die Geborgenheit macht mich glücklich.
Ein starkes Empfinden von Glaube und Hoffnung auf schnelle Genesung überkommt mich. Es muß jetzt aufwärts gehen. Die Gelegenheit und Voraussetzungen können nicht besser sein!
Ob der Hirte für Drescher auch so eine Chance gefunden hat? Wenn ich morgen wieder hergestellt bin, werde ich zurückkehren und nach ihm sehen. Aber werde ich die Scheune wiederfinden?
Unterdessen wäscht die Frau meine Wäsche. Sie reinigt den Anzug. Selbst die Stiefel putzt sie blank. Meinen Einwand überhört sie:
„Sie sollen wieder ein Mensch werden!"
Mir ist so heiß, wie noch nie im Leben. Ich bin dicht zugedeckt. Aus den Kissen lugt nur mein Kopf. Der Schweiß perlt über das Gesicht. Ich bin klitschnaß.

Nach der Kur noch ein heißes Bad ... Abfrottieren ... Wieder ins Bett ... Inzwischen war die Bettwäsche gewechselt. Sie fragt: „Schon besser geworden?"
Mir ist die vergebliche Mühe, die sie sich macht, peinlich. Ich muß verneinen. Das Fieber läßt nicht nach.
Sie bleibt optimistisch und tröstet:
„Schlafen Sie jetzt erst mal, dann werden wir weitersehen!"
Sie geht aus dem Zimmer und läßt mich allein.
Nach einer zweiten Schwitzkur geben wir die Hoffnung auf. Ein Arzt muß weiterhelfen. In Groß-Tychow sei einer ansässig, meint sie. Zu Fuß würde ich das nicht schaffen. Ein Fahrzeug müßte zur Verfügung gestellt werden. Aber das setzt voraus, daß meine Anwesenheit dem polnischen Bürgermeister gemeldet werden muß.
Es gibt keinen Ausweg. Ich komme um den Polen nicht herum.
Ich habe eine Idee:
„Sagen Sie ihm bitte, daß sich bei Ihnen ein ehemaliger deutscher Soldat aufhält, der krank ist und zu einem Arzt muß. Der Mann wolle sich aber vorher in den Schutz der Roten Armee begeben! Er soll deshalb heute noch ein Fuhrwerk anspannen lassen. Besser können wir den Polen nicht in die Pflicht nehmen!"
Mit dieser Entscheidung ist auch meine Gönnerin abgesichert. Denn ich vermute, daß eine Verfügung besteht, die vorschreibt, ehemalige Soldaten zu melden. Der Gedanke, sie Sanktionen auszusetzen, würde mein Gewissen belasten. Ihre Uneigennützigkeit und Hingabe ist bewundernswert. Sie hat mich vor dem letzten Abstieg bewahrt und zur Besinnung gebracht. Ich bin wieder ein Mensch geworden. Trotz Krankheit wächst mein Selbstvertrauen. Meine Fehler dürfen sich nicht wiederholen. Durch Angst erzeugte Panik macht dumm und kann tödlich enden. Meine Schwäche ist nur durch List zu ersetzen.
Sie kommt mit der Nachricht zurück, daß der Bürgermeister im Nachbarort zum Geburtstag eines Freundes sei. Sein Stellvertreter, ein deutscher Kommunist, scheue sich aber, ohne

dessen Einwilligung die Fahrt durchzuführen. Die Entscheidung darüber ginge über seine Kompetenz hinaus.
Ich vermute, daß der Ortsvorsteher einer von den Polen war, die gestern Jagd auf mich gemacht haben. Sehr wahrscheinlich steht er bei seiner Rückkehr noch unter Alkoholeinfluß. Wenn er weiß, daß ich hier bin, kann er außer Kontrolle geraten. Ich darf ihm nicht begegnen und bitte meine Beschützerin, den Stellvertreter noch einmal aufzusuchen:
„Machen Sie es dringend und weisen Sie darauf hin, daß beim Militär andere Gesetze gelten. Kraft seines Amtes muß er mich der Siegermacht übergeben. Erst recht dann, wenn er darum gebeten wird. Andernfalls muß er mit Unannehmlichkeiten rechnen!"
Das Ergebnis ist ein Teilerfolg. Er besteht nach wie vor auf die Rückkehr des Polen und will allein nicht entscheiden. Sollte er aber morgen früh nicht im Amtszimmer sein, dann werde er anspannen und mich nach Groß-Tychow bringen.
„Man kann nur hoffen, daß der Bürgermeister sein Zechgelage nicht beendet oder morgen früh, blau wie ein Veilchen, nicht ansprechbar ist!"
Kommt der Pole oder kommt der Deutsche? Diese Frage quält mich sehr in dieser Nacht. Ich finde keine Ruhe. Gegen Morgen, es wird schon hell, schlafe ich endlich ein.
Meine „gute Seele" tritt ins Zimmer und strahlt:
„Der Pole feiert immer noch! Dem Stellvertreter hab' ich Dampf gemacht. Er will jetzt anspannen!"
Doch er läßt sich Zeit. Ich stehe auf, ziehe mich an und sitze wie auf Kohlen. Auch das längste Saufgelage hat mal ein Ende. Mit jeder Minute, die vergeht, steigt das Risiko, daß der Pole statt seiner aufkreuzt!
Gegen Mittag fährt eine einspännige Kutsche vor. Gottlob, es ist nicht der Bürgermeister! Ungeduldig drängt sein Adlatus zum Aufbruch. Ich nehme auf dem Kutschbock neben ihm Platz.
Meine mütterliche Freundin stellt mir eine Tasche vor die Füße:

„Wenn Sie ins Krankenhaus kommen, werden Sie das brauchen können!"
Sie tritt vom Wagen zurück und grüßt mit der Hand:
„Werden Sie bald gesund! Ich drücke Ihnen die Daumen!"
Das Pferd trabt durchs Dorf auf die Landstraße hinaus. Das Fahrzeug ist gut gefedert. Ich halte mich mit beiden Händen fest. Stumm sitzen wir nebeneinander.
Die Haltung des Mannes ist nicht nur dünkelhaft, er zeigt sich auch abweisend. Die Fuhre paßt ihm nicht. Es springt weder Geld noch ein anderer Vorteil heraus. Die unnütze Zeitvergeudung macht ihn mißlaunig.
Doch meine Erwartungen gehen über Groß-Tychow nicht hinaus und sein Benehmen ist mir gleichgültig.
Nur die Frage, bei wem er mich zuerst abzuliefern beabsichtigt, beschäftigt mich. Naheliegend wäre natürlich bei dem Arzt. Ich vermeide aber die Unterhaltung darüber. Was weiß ich, wes' Geistes Kind er ist? Bei dem Typ ist Vorsicht geboten!
Gleich nach den ersten Häusern fährt er auf einen kleinen Vorplatz, wendet die Kutsche um eine Eiche und hält. Ich steige ab. Vom Bock aus weist er mit der Peitsche den Weg zum Hauseingang:
„Dort wohnt der Arzt! Er war Oberstabsarzt bei der Wehrmacht!"
Das Pferd trabt an, die Kutsche rollt davon. Die einfache Art, mich loszuwerden, kommt mir nicht ungelegen. Ich blicke ihm nach. Er fährt in Richtung seines Dorfes.
Ein Schild „Dr. med. K. Klinger, praktischer Arzt" mit Sprechstundenangabe ist am Haus befestigt. Die Eingangstüren sind nicht verschlossen. Ich gehe ins Wartezimmer und setze mich.
Ich bin der einzige Patient.
Ein Oberstabsarzt der Wehrmacht darf hier praktizieren? Hat er gute Beziehungen oder ist er der einzige Mediziner hier?
Ob er mich heimlich gesund pflegen würde? Bis auf den

Kutscher, der ohne eine Meldung zu machen zurückfuhr, hat mich niemand weiter gesehen.

Nur haben wir leider keine Gemeinsamkeiten. Man müßte versuchen, ihn an der Soldatenehre zu packen, noch besser an der Offiziersehre ...! Ich müßte ihm gleichgestellt sein. Vielleicht haben Offiziere untereinander mehr Gemeinsames ...

Meine Gedanken werden unterbrochen.

Die Tür zum Sprechzimmer öffnet sich. Mit einem blütenweißen Kittel tritt der Arzt ins Wartezimmer. Er neigt den Kopf und betrachtet mich über den oberen Rand seines Kneifers mit Interesse. Seine sanfte Stimme klingt wie die eines Pfarrers:

„Und was ist mit Ihnen?"

Ich stehe auf. Mit der saloppen, leicht gestrafften Haltung eines aufmerksamen jungen Offiziers, der einem angesehenen Zivilisten gegenübersteht, stelle ich mich vor:

„Leutnant Breyer, Flaksturm-Regiment vier! Ich komme von Hela, Herr Doktor; bin auf dem Heimweg nach Berlin und jetzt krank geworden. Ich habe Fieber. Würden Sie mich bitte untersuchen und wenn möglich auch behandeln?"

Sein betont freundlicher Händedruck gibt mir Vertrauen. Er zeigt sich besorgt und führt mich ins Sprechzimmer:

„Nehmen Sie, bitte, hier auf dem Sofa Platz!"

Er erfühlt die Körpertemperatur und mißt den Puls. Seine Augen sind konzentriert auf die Uhr gerichtet.

Die Sorge läßt mich nicht los. Ich hoffe auf seine Loyalität und möchte seiner Entscheidung einen für mich günstigen Anstoß geben. Vorsichtig formuliere ich:

„Wäre es möglich, mich heimlich gesund zu pflegen, Herr Doktor? Ich möchte nach Möglichkeit eine Gefangenschaft bei den Russen vermeiden!"

Der Gute beruhigt mich:

„Machen Sie sich keine Sorgen!"

Nachdenklich geht er zum Schreibtisch. Doch auf halbem Weg, als wäre ihm plötzlich eine dringende Sache, die es noch zu erledigen gibt, eingefallen, wendet sich sein Schritt zur Tür:

„Ach, gedulden Sie sich einen Augenblick, bitte! Ich bin gleich wieder bei Ihnen!"
Ich warte.
Er wird bestimmt meinen Wunsch berücksichtigen. Fest davon überzeugt, betrachte ich in Ruhe sein Arbeitszimmer.
Neben meinem Sofa steht zur Rechten ein schwerer Bücherschrank. In der anderen Ecke gegenüber, quer im Raum gestellt, hat er seinen Schreibtisch. Die Sessel davor und dahinter sind mit Leder bezogen. An den Wänden hängen Landschaftsbilder in Öl. Echte Brücken liegen auf dem Parkett.
Der Raum ist wie ein gutbürgerliches Herrenzimmer eingerichtet. An einer Ausstattung, die eine normale Praxis auszeichnet, mangelt es allerdings.
Da springt plötzlich die Tür auf!
Fünf grünbemützte russische Offiziere stürzen mit vorgehaltenen Maschinenpistolen ins Zimmer.
Ist das die G.P.U.?
Ich bleibe gelassen.
Die Schrecksekunde ist mir nicht anzumerken. Ich habe mich voll in der Gewalt. Diese Übertreibung hat in mir die gegenteilige Wirkung ausgelöst.
Ich ignoriere den spektakulären Auftritt.
Egal, was jetzt passiert. Alles oder nichts! Mir bleibt keine Wahl.
Meine Komödie muß ich weiterspielen, sonst ist meine Glaubwürdigkeit in Frage gestellt.
Ich stehe aufrecht vor ihnen. Die Herren sind durchweg einen Kopf kleiner. Meine höfliche Verbeugung ist angemessen straff und reserviert. Sie läßt aber den nötigen Respekt nicht vermissen. Meine Ehrenbezeigung soll das Soldatische hervorheben. Ich führe die Handfläche meiner Rechten grüßend zur Stirn:
„Leutnant Breyer, Flaksturmregiment vier! Nach der Kapitulation habe ich mich von Hela auf den Heimweg nach Berlin gemacht und bin jetzt krank geworden. Ich stelle mich unter Ihren Schutz, meine Herren!"

Die drohende Miene der Russen wird schlagartig versöhnlich. Sie lassen ihre Waffen an der Schulter baumeln und reißen die Hacken zusammen. Ihre knappe Ehrerbietung ist ein Achtungserweis für den deutschen Offizier. Einer der Herren erklärt:
„Sie können in das hiesige Krankenhaus leider nicht aufgenommen werden. Es ist für Deutsche verboten und bleibt nur den Polen vorbehalten. Aber Doktor Klinger erhält von uns die Weisung, hier im Haus ein Zimmer für Sie einzurichten. Wir wünschen Ihnen gute Besserung!"
„Ich danke Ihnen, meine Herren!"
Die Getäuschten verlassen die Praxis. Sie werden von Doktor Klinger zur Haustür begleitet. Er hatte mit gespannter Aufmerksamkeit den Ablauf des Überrumpelungsversuchs verfolgt. Seine inzwischen hinzugekommene Frau trifft jetzt die Vorbereitungen für das Krankenzimmer.
Erschöpft falle ich auf das Sofa zurück. Der Energieaufwand hat sich gelohnt. Ich bin zufrieden, aber auch am Ende meiner Kraft.
Was ist, wenn der Schwindel platzt? Seltsamerweise sind meine Papiere nicht verlangt worden. Man hat mich noch nicht mal nach meinem Kommandeur befragt. Wo könnten die Russen Auskünfte einholen?
Das Risiko muß ich in Kauf nehmen. Wird man dann für mich Verständnis haben?
Doktor Klinger kehrt zurück. Er zeigt sich rege um mich bemüht. Ich soll schnell ins Bett. Die Vorbereitungen dauern ihm zu lange, er hilft seiner Frau. Endlich ist es soweit. Beide führen mich die schmale Stiege zum Obergeschoß hinauf. Meine Beine versagen mir fast den Dienst. Ich will nichts mehr hören und sehen. Ich möchte nur liegen und Ruhe haben.

*

Wenn auch anfangs von dem Arzt enttäuscht, so habe ich schnell eingesehen, daß die Meldung an die Besatzungsmacht das beste war, was mir passieren konnte. Nicht nur der Erfolg hat ihm Recht gegeben. Mein Ansinnen, mich heimlich gesund

zu pflegen, war eine Zumutung. Ich habe leichtfertig gehandelt. Er muß sich im Gewissenskonflikt befunden haben. Bei einer Entdeckung hätte man ihm das Vertrauen entzogen.
Ich bin dankbar, daß er sich für den geraden Weg entschieden hat. Jetzt liege ich mit Genehmigung der Russen in seiner Obhut! Ich bin hinreichend geschützt. Ich kann wieder hoffen.
Nur die Beklemmung, daß der Offiziersschwindel aufgedeckt werden könnte, bedrückt mich noch. Ich will es aber vorerst dabei belassen und werde für den Fall, daß mein Spiel durchschaut wird, sofort mit der Wahrheit herausrücken und um Verständnis bitten. Dies in einer entwaffnenden Art und Weise vorgetragen, erscheint mir dann als einziger Ausweg möglich.
Das frisch bezogene Bett ist eine Wonne! Mit dem Kopfende zur Wand gestellt, ragt es fast bis in die Zimmermitte hinein. Als bequeme Ablage dienen mir zwei Nachttische. Alles hat hier seine Ordnung. In dem Schrank zur Rechten, links neben der Tür, hängt mein Anzug auf dem Bügel. Zu meiner Linken, auf der Waschtoilette, liegt mein Rasierzeug. Meine gute Fee hat es mir unter anderem als Abschiedsgeschenk mit in der Tasche verstaut. Die Sitzecke zwischen den Fenstern komplettiert die Einrichtung und macht den Raum wohnlich. In der ersten Klasse eines Krankenhauses wäre man nicht besser aufgehoben.
Die Pflege hat die Arztfrau übernommen. Sie erscheint mehrmals am Tag, ist rührend um mich bemüht und läßt es an nichts fehlen. Auf einer Fieberkurve werden regelmäßig die Temperaturen eingetragen. Morgens und abends macht Dr. Klinger seine Visite. Er untersucht mich genauestens. Doch die Ursache der Krankheit ist ihm zunächst noch rätselhaft.
Wie mag es Helmut Drescher gehen? Ich könnte die Lage der Scheune nicht beschreiben. Selbst mein letzter Aufenthaltsort ist mir unbekannt.
Ich kann ihm nicht mehr helfen!
Am Morgen des dritten Tages, Frau Klinger hat mich gerade

mit breiiger Schonkost versorgt, erscheint wieder ihr Mann. Er prüft die Fieberkurve, befühlt den Bauch und stutzt: „Herr Breyer, Sie haben Typhus!"
Ich bin erschrocken:
„Wie kommen Sie darauf, Herr Doktor?"
„Es zeigen sich auf Ihrem Leib Roseolen!"
„Was ist das?"
„Rosarote Flecken! Die typischen Anzeichen dafür."
Ich resigniere:
„Auch das noch! Ich bin daran schon mal in Stalingrad erkrankt. Bis zu meiner Wiederherstellung habe ich ein halbes Jahr gebraucht. Das werde ich wohl hier in dem besetzten Gebiet und in dieser schweren Zeit nicht überleben!"
Der Arzt ist jedoch optimistisch, macht mir Hoffnungen:
„Im Gegenteil! So schlimm wird es nicht werden. Wenn Sie schon mal diese Krankheit hatten, dann haben sich bei Ihnen Abwehrstoffe gebildet. Sie haben durchaus gute Chancen."
„Was soll geschehen? Wie stellen Sie sich die Behandlung vor?"
„Hier können Sie nicht bleiben. Sie müssen ins Krankenhaus nach Belgard. Dort gibt es noch eine Abteilung für deutsche Wehrmachtsangehörige. Ich werde mir von den Russen die Erlaubnis einholen, Sie dort hinzubringen!"
Wieder umziehen! Wann komme ich endlich zur Ruhe? Typhus! —
Das Ausheilen der Krankheit braucht seine Zeit. Wir haben Mitte Juni. Der Sommer kann darüber hinweggehen. Muß ich die Flucht aufgeben?
Es ist sinnlos, sich darüber jetzt den Kopf zu zerbrechen. Ich muß erst mit dem akuten Zustand fertig werden.
Wenn sich mein Leiden im Ort herumspricht und die Polen davon erfahren, dann könnten sie wegen der Infektionsgefahr rebellisch werden. Den Wunsch, am liebsten hier liegen zu bleiben, kann ich vergessen.
Werde ich auf einer Isolierstation im Krankenhaus besser aufgehoben sein, mich in Ruhe auskurieren können? Es ist

anzunehmen. Denn in Belgard sind deutsche Ärzte und deutsches Personal beschäftigt.
Die Mittagszeit ist vorüber. Ich liege angezogen auf dem Bett und warte.
Das Fahrzeug ist vorgefahren. Ich rutsche in die Stiefel. Mir zittern die Knie. Meine Schwäche hat zugenommen. Mit vereinten Kräften gelange ich auf den Bock der einspännigen Kutsche. Obwohl die Sonne scheint und mir nicht kalt ist, hüllt mich die Arztfrau in eine wollene Decke.
Ihr Mann nimmt die Zügel in die Hand. Der Gaul trabt behäbig an.
Nach einigen Kilometern auf der Landstraße wechselt Dr. Klinger auf einen Feldweg über.
„Hier kürzen wir den Weg ab. Auch geht das Pferd auf dem weichen Boden besser. Werden Sie durchhalten, Herr Breyer?“
„Ich glaub' schon, Herr Doktor!“
Es fährt sich ruhiger. Die Stöße sind sanfter. Doch mit der Zeit wird der Klepper müde. Er wird langsamer. Das ständige Antippen mit der Peitsche rührt ihn nicht mehr. Hartnäckig trottet er im Schritt dahin. Sein Schweiß lockt die Stechmücken an, die er ständig mit rhythmischen Schwanzschlägen zu verscheuchen sucht. Ich verfolge das Spiel mit halbgeschlossenen Augen.
Dr. Klinger zeigt nach vorn:
„Wir haben es bald geschafft! Da vorn sind die ersten Häuser von Belgard!“
Vor dem Hauptportal hält die Kutsche. Dr. Klinger bittet mich, sitzen zu bleiben. Er geht ins Gebäude.
Nun verläuft alles sehr schnell. Nach wenigen Minuten kommen zwei Krankenpfleger. Sie legen mich auf die Bahre und bringen mich ins Obergeschoß. Sie helfen beim Ausziehen, auch beim Baden. Nach dem Abtrocknen streife ich mir das krankenhauseigene Nachthemd über. Meine Zivilsachen und Stiefel nehmen die Männer mit. Man wird sie reinigen, meinen sie.

Ich liege allein in dem gekachelten Raum.
Jemand klopft an die Tür. Dr. Klinger kommt herein, um sich zu verabschieden. Ich danke ihm nochmals für seine Fürsorge.

*

Am Vormittag nächsten Tages muß ich wieder umziehen.
Wie ärgerlich! Kaum akklimatisiert, in mir ist Ruhe eingekehrt, kommen schon wieder Veränderungen. Mich regt die beabsichtigte Verlegung auf. Ich versuche, die Krankenschwester umzustimmen:
„Ich liege doch hier gut!"
„Wir sind überbelegt. Im übrigen kommen Sie als Wehrmachtangehöriger zu den anderen Soldaten in die Baracke."
„In die Baracke?" frage ich mißtrauisch.
„Beruhigen Sie sich, Herr Breyer! Sie werden da gut betreut werden."
Zwei Helfer rollen mich mit einer Krankenliege hinüber.
Die ehemalige Arbeitsdienstbaracke steht am äußersten Ende, im südlichen Teil des Geländes. Kümmerlich, als sei sie nur vorübergehend geduldet, ist sie einmal weitab vom Hauptgebäude errichtet worden.
Aber die Inneneinrichtung ist überraschend sauber. Das Regiment wird hier von einer Nonne und einer Rot-Kreuz-Schwester geführt. Sie kümmern sich um mich. Ich lege mich in das vorbereitete Bett.
Das Zimmer teile ich mit noch einem Landser. Sein Bett steht unmittelbar neben der Tür. Der neue Nachbar fragt teilnahmsvoll:
„Sind Sie sehr krank?"
Er siezt mich!? Hat man ihn über mich informiert? Ich will kein Gespräch und bleibe einsilbig:
„Ja!"
Dr. Klinger wird meine Personalien angegeben haben. Nun werde ich den Leutnant weiterspielen müssen. Wenn's nützlich ist, dann soll's mir recht sein! — Wird deshalb vielleicht die Behandlung besser ausfallen?

Die Rot-Kreuz-Schwester kündigt die Visite an.
Zwei junge Ärzte nehmen bei mir eine eingehende Untersuchung vor. Sie nimmt geraume Zeit in Anspruch. Ich habe mich den Herren nicht vorgestellt, will aber wissen, ob sie über meinen Status informiert sind. Vorsichtig formuliere ich:
„Ich habe im Hauptgebäude gut gelegen. Warum haben Sie mich von dort aus dem Einzelzimmer nach hier verlegen lassen?"
Die Antwort klingt wie eine Entschuldigung und Belehrung zugleich.
„Das tut uns leid, Herr Breyer! Unter normalen Umständen hätten wir Sie im Einzelzimmer untergebracht. Aber wir haben den Krieg verloren, haben unsere Anweisungen!"
Ich lenke ein:
„Natürlich, meine Herren! Ich verstehe!"
Die Ärzte wenden sich an meinen Zimmergenossen:
„Scheidmann! Sie befinden sich auf dem Weg der Besserung. Herr Breyer hat hohes Fieber. Achten Sie bitte auf ihn, und gehen Sie ihm ein wenig zur Hand!"
„Aber selbstverständlich!", antwortet er bereitwillig.
Die Schwestern notieren ihre Instruktionen. Die Visite ist beendet. Gemeinsam verlassen sie den Raum.
Ich lege mich auf die Seite und schließe die Augen. Ich will nichts mehr hören und sehen.
In mir ist eine grenzenlose Leere.

*

Bekümmert verfolge ich das Nachlassen meiner Kräfte. Noch schaffe ich den Weg zur Toilette. Doch bald gelingt auch das nicht mehr.
Der Zustand verschlechtert sich von Tag zu Tag. Das wechselnde Fieber dörrt den Körper aus. Ich verliere zusehends an Gewicht, bin fast bis zum Skelett abgemagert.
Mein Kamerad bemüht sich rührend um mich. Er hilft beim Waschen und Rasieren. Der Hilfsbereite geht der Schwester zur Hand, macht die Betten, räumt das Zimmer auf und sorgt auch sonst für Sauberkeit.

Er hatte die Ruhr und die Krise überstanden. Hager, noch von der Krankheit gezeichnet, braucht er Aufbaunahrung. Doch die kleinen Schonkostportionen regen eher seinen Appetit an, als daß sie ihn sättigen. Ständig quält ihn der Hunger. Gelegentlich überlasse ich ihm einen Teil meiner ungewürzten, allzu flüssigen Suppe.

Ich mag sie ohnehin nicht. Ununterbrochen, täglich und zu allen Mahlzeiten, wird mir in gleichbleibender Qualität der dünne Brei vorgesetzt. Schon der Gedanke schnürt mir die Kehle zu.

Eines Mittags kommt er aufgeregt mit dem Essen zur Tür herein:

„Alle transportfähigen kranken Soldaten werden morgen früh verladen. Sie kommen nach Rußland in die Gefangenschaft!"

„Wieviel sind es?"

„Fast alle! — Etwa dreißig Mann!"

Ich bin in Sorge.

„Und was geschieht mit uns?"

„Wir beide und noch zwei Mann sind nicht transportfähig, und bleiben deshalb hier!" antwortet er beruhigend.

Bis auf unseren kleinen Rest ist am nächsten Vormittag die Baracke leer.

Die aufgekommene Frage, wann wir an der Reihe sein werden, ist schon mit der Verladung der Männer beantwortet. Wenn die Stunde naht, dann bleibt für eine Lösung immer noch Zeit genug. Vorerst zerbreche ich mir darüber nicht den Kopf.

Zunächst sehe ich nur Vorteile. Die Schwestern werden sich mehr um uns kümmern!

Scheidmann ist der gleichen Meinung: „Vielleicht gibt's mehr zu essen!"

Die guten Geister veranstalten ein Großreinemachen. Sie schleppen Wasser heran und schrubben den Fußboden. Man hört sie durch die dünne Bretterwand rumoren. Auch das Rücken der Betten, Tische und Bänke. Die Arbeit nimmt sie ganz in Anspruch. Ich bekomme die Frauen nicht zu Gesicht. Statt dessen erhalten wir anderen Besuch. Die beiden zurückgebliebenen Kameraden treten zur Tür herein. Jetzt vereinsamt und vom Reinemacherummel verdrängt, suchen sie Kontakt. Doch Scheidmann nimmt Rücksicht auf mich. Er lenkt sie ab, geht mit ihnen aus dem Zimmer.

Mit Ausnahme unwesentlicher Störungen ist seit dem Abmarsch der Männer Stille eingekehrt. Wenn es auch mal laut war, so hat mich im Grunde die Anwesenheit der Lazarettinsassen unterbewußt beruhigt. Doch jetzt könnte man sich fast alleingelassen fühlen!

Als es dunkelt, und die Schwestern sich ins Hauptgebäude zurückgezogen haben, bedrückt mich diese Grabesruhe noch mehr. Die separate Lage der Baracke lockt geradezu Unbefugte an. Ist das Gelände wenigstens eingezäunt?

Ich schlafe darüber ein.

Ein krachendes Geräusch schreckt mich hoch! Ich höre Schritte... Polternd fällt ein Tisch um... Stimmen werden laut... Holz splittert...

Es müssen mehrere Personen sein, die eingedrungen sind.

Sie nähern sich unserem Zimmer!

Die Tür wird aufgestoßen, das Licht geht an...

Zwei Zivilisten blicken aus haßerfüllten Augen.

Nach dem Tonfall der slawischen Ausdrucksweise sind es Schimpfworte, die sie von sich geben. Ich sehe einen Dolch aufblitzen! Scheidmann wird die Zudecke heruntergerissen!

Er blickt ängstlich auf die Waffe.

Der Schreck schlägt mir auf den Darm. Ich fühle mich wehrlos in die Enge getrieben. Meine Hilflosigkeit bringt mich zur Verzweiflung.

Schon hat der eine Scheidmanns Haarschopf ergriffen.

Schwer atmend und zielsicher rutsche ich über die Kante meines Bettes auf den davorstehenden Schieber. Das Nachthemd rutscht mir bis zur Brust hoch. Mein abgemagerter Körper muß sie erschrecken.

Mit lautem Begleitgeräusch lasse ich meinem Bedürfnis freien

Lauf. Ich strecke ihnen abwehrend meine Hand entgegen und warne verzweifelt:
„Oh, Kamerad! Nix gut! Hier Typhus ... Cholera ...!"
Entsetzt geben die Eindringlinge Scheidmann frei.
Ihre Augen sind weit aufgerissen auf mich gerichtet. Der Schock scheint sie zu lähmen! Denn immer noch mit erhobenem Dolch gehen sie langsam rückwärts zur Tür hinaus. Kaum aus den Augen, verlassen sie fluchtartig die Baracke. — Ich rufe:
„Licht aus!"
Scheidmann steht auf und knipst es aus.
Plötzlich krachen Fensterscheiben. Ein Stein rollt mir vor die Füße. Klirrend verstreuen sich die Scherben über den größten Teil des Fußbodens.
„Die machen sich Luft, weil sie nicht zum Zuge gekommen sind!"
Ich rechne mit noch mehr Unheil, verharre in der hockenden Stellung, um die abschreckende Wirkung beizubehalten. Auf diese Art fühle ich mich abwehrbereiter.
„Scheidmann! Wir müssen was unternehmen! Ziehen Sie sich was an die Füße, und schauen Sie erst mal nach den Kameraden! Aber lassen Sie das Licht aus!"
Er kehrt mit ihnen zurück:
„Die haben Glück gehabt, weil Schränke vor ihren Betten standen! Sie sind übersehen worden!"
Ich muß wissen, was die Banditen jetzt noch vorhaben:
„Geht an die Fenster! Beobachtet sie so vorsichtig, daß von Euch niemand entdeckt werden kann!"
Würden die so weit gehen und die Baracke anzünden? Das ausgetrocknete Holz brennt wie Zunder! Ein paar Liter Benzin genügen und augenblicklich stünde alles in Flammen. Jeder Fluchtweg wäre abgeschnitten.
Die Kameraden melden:
„Wir haben keinen mehr gesehen!"
Ich hangele mich ins Bett zurück. Vorerst wird nichts passieren.

Könnte es sein, daß wir zur Ruhe kommen sollen?
Ich rate zur Vorsicht:
„Wir dürfen nicht damit rechnen, daß die Ganoven aufgeben werden. Unter anderem könnten die uns ausräuchern wollen und Feuer legen. Ihr löst Euch am besten mit der Wache ab!"
Jeder der drei Kameraden übernimmt zwei Stunden. Mit gespannter Aufmerksamkeit horchen sie in die Nacht. Nichts rührt sich, nichts fällt ihnen auf. Wir werden nicht mehr behelligt.
Wie üblich, beginnen am frühen Morgen die Schwestern mit ihrem Dienst. Sie zeigen zwar Überraschung, doch es ist ja gutgegangen! Sofort beseitigen sie den Schutt und gehen dann zur alltäglichen Beschäftigung über. Erst am Nachmittag wird das Fenster mit Brettern vernagelt.
Die Überlegung der Verantwortlichen, weitere Übergriffe zu verhindern, läßt zunächst nur eine Lösung zu: Schilder werden angebracht. Gut lesbar, in deutscher und polnischer Schrift, weisen sie auf die akute Infektionsgefahr hin.
Einige Tage später gehen unsere deutschen Ärzte sogar noch einen Schritt weiter. Sie verlegen einen typhuskranken Polen in die Baracke. Das wird sich herumsprechen. Bei etwaigen Anschlägen gerät auch er in Gefahr!
Die Maßnahmen zeigen Erfolg. Wir werden nicht mehr belästigt.

*

Mitte Juli.
Mein Fieber geht zurück. Das Thermometer zeigt nur noch erhöhte Temperaturen an.
Wenn es wirklich mit mir besser werden sollte, dann hat der akute Zustand etwa bescheidene fünf Wochen angehalten! Vor zweieinhalb Jahren habe ich für die gleiche Krise drei Monate gebraucht. Dr. Klinger hätte recht gehabt, wenn er meinte, daß sich deshalb in mir Abwehrstoffe gebildet haben, die die Krankheit in Grenzen halten.
Hoffentlich wird mir in der Aufbauphase genug zu essen

gegeben! Damals habe ich nie genug gekriegt, hatte ständig Hunger. Die Rationen waren zu klein.
Mit jedem Tag wird mein Appetit auf ordentliches Essen größer. Doch zunächst erlaubt die Diätvorschrift noch keine Ausnahme. Ein Fehler hätte schwere Folgen. Ich bin mir dessen bewußt und bezwinge meine Ungeduld.
Eines Nachmittags betritt unsere Nonne, die Schwester Elisabeth, das Zimmer.
„Herr Breyer, für Sie ist ein Paket abgegeben worden!"
Das muß ein Irrtum sein; denn mir fällt keine Erklärung für die Überraschung ein. Ich habe weder Bekannte noch Verwandte in dieser Gegend.
„Für mich? — Das ist doch nicht möglich!"
„Doch! Zwei Damen waren hier und haben es für den kranken Leutnant abgegeben! Das wären ja wohl nur Sie!", antwortet sie schnippisch.
Mir ist ihre Art lästig:
„Ich kenne keine zwei Damen. Aber wenn das so ist, wie Sie meinen, dann schnüren Sie das Paket mal bitte auf!"
Man braucht sie nicht zweimal aufzufordern. Sie holt es herbei und löst mit vor Neugier zitternden Händen die Verschnürung.
Mit Erstaunen nehmen wir den Inhalt zur Kenntnis. Sie holt stumm ein Brot heraus. Dann kommen Päckchen zutage, in denen sich Butter, Käse, Speck und Wurst befinden. Sogar an eine Flasche Milch und an eine Flasche voll mit Sahne haben die unbekannten Spenderinnen gedacht. Als Letztes holt sie ein großes Stück Fleisch aus dem Karton.
Es ist kaum zu glauben! Und das von Deutschen, hier, in dieser Zeit!
Was verschafft mir bloß diese Ehre?
Unwichtig! Das Freßpaket ist ein Geschenk des Himmels. Ich bin begeistert:
„Das ist wie im ‚Tischlein deck dich'!"
Schwester Elisabeth blickt mich bedauernd an:
„Sie dürfen leider nichts davon essen!"

Ach ja, meine Diätvorschrift! Sie verbietet es. Ich finde mich damit ab:

„Verteilen Sie's als zusätzliche Kost an die Kameraden. Die müssen auch zu Kräften kommen. Und richten Sie bitte den Gönnerinnen, wenn sie sich wieder melden sollten, herzliche Grüße aus. Ich würde mich freuen, sie bei Gelegenheit kennenzulernen, um mich persönlich zu bedanken!"

Ich darf den Kontakt nicht verlieren und hoffe, daß sich die Frauen wieder sehen lassen. Mir sind die Beziehungen lebenswichtig.

Meine Erwartungen erfüllen sich. Die Verbindung bleibt bestehen. Alle zwei Tage wiederholen sich die Geschenke. Meine Kameraden und auch die Schwestern haben keine Lebensmittelsorgen mehr. Nur ich muß zugucken und die langweilige Suppe weiter schlürfen!

Macht nichts! Ich finde mich damit ab. Eines Tages bin auch ich an der Reihe; denn mir wird ausgerichtet, daß sich die Gönnerinnen auf den Tag freuen, da sie mich besuchen dürfen!

Meine Neugier auf das Treffen wächst im gleichen Maß, wie sich mein Zustand bessert.

Bald haben auch die Ärzte den Eindruck, daß ich das Schwerste überstanden habe. Sie bessern den Speisezettel auf. Meine Freude ist riesengroß! Die nächste Schonkoststufe heißt Kartoffelbrei mit gekochtem und durch den Wolf gedrehtem Fleisch. Wenn auch ungewürzt, so habe ich selten mit größerem Appetit gegessen.

Es geht wieder aufwärts!

Ich darf aufstehen! Auf die Frage nach meinen Stiefeln antwortet die Schwester, daß sie auf Anordnung der Russen unter Verschluß genommen wurden. Als Ersatz werden mir Holzpantinen zur Verfügung gestellt.

Sofort beginne ich mit Freiübungen und massiere die Muskeln, übe mich in Steh- und Gehversuchen. Die Kameraden helfen. Auf einer Bank vor der Baracke setze ich mich für kurze Zeit in die Sonne.

Aber was ist mit meinen Augen?
Ich habe Sehschwierigkeiten! Das Bild ist unklar. Es ist nicht nur alles so weit weg, Sternchen kommen auf und verlöschen wieder. Ist das jetzt vom Sonnenlicht, weil ich so lange im Halbdunkel lag? Wird sich das mit der Zeit geben? Oder ist das etwa eine chronische Folge meiner Krankheit, wie seinerzeit mit dem Bein?
Der Arzt beruhigt mich:
„Das sind Begleiterscheinungen, die häufig nach fieberhaften und zehrenden Krankheiten auftreten. Das legt sich mit der Zeit. Meiden Sie vorerst die Sonne!"
Am Tag darauf bereitet mich Scheidmann auf den längst fälligen Damenbesuch vor:
„Die Frauen sind wieder da! Ich habe die beiden im Schwesternzimmer gesehen und gehört, daß Sie sie empfangen dürfen!"
„Dann wollen wir vorbereitet sein! Wir gehen in den Garten, und Sie werden uns begleiten, Scheidmann! Es kann sein, daß ich Sie brauche!"
„Aber natürlich!"
Fröhlich und unbefangen betreten die hilfreichen Engel das Zimmer. Man sieht es ihnen an; unter Hunger leiden sie nicht. Wenn auch nicht dick, so sind sie von vollschlanker Figur. Ihre unauffällige Kleidung ist sauber und ordentlich. Die Haare sind unter Kopftüchern verborgen. Sie geben mir die Hand und stellen sich vor:
„Ich heiße Else Gröning, und das ist meine Schwester Hertha! Wir freuen uns, daß es Ihnen wieder besser geht!"
Ihre Freimütigkeit macht mich verlegen:
„Breyer ist mein Name! — Ich danke Ihnen für die Lebensmittel! Die zusätzliche Kost ist eine große Hilfe für uns alle! Ich bewundere Ihr solidarisches Verhalten und möchte hoffen, daß Ihnen das Opfer nicht allzu schwer fällt!"
Sie wehren lachend ab:
„Das ist kein Opfer! Wir bringen Ihnen noch mehr davon!"
Mich bedrückt die Enge des Raums:

„Wollen wir ein wenig an die Luft? Es wäre für mich das erste Mal!"

„Aber gern!", antworten sie lustig, und gehen voran. Wir schlagen den Weg zum Fluß hinunter ein. Scheidmann stützt mich. Als zusätzliche Hilfe habe ich einen Stock mitgenommen.

Der einst vermutlich hübsch angelegte Garten ist verwildert. Wen wundert's? Jetzt hat man andere Sorgen. Das herangewachsene Gras auf der Wiese verdorrt flächenweise in der Sonne. Sträucher und Hecken sprießen nach allen Seiten wie Unkraut zu wild wuchernden Büschen auseinander. Im Schatten eines Baumes steht eine Gartenbank. Ich muß mich ausruhen. Wir setzen uns.

Im Laufe der Unterhaltung stellt sich heraus, daß die Geschwister die Vorratskammer und die Küche einer russischen Kommandantur unter sich haben. Die Schlüsselgewalt verschafft ihnen uneingeschränkten Zugang zu den Naturalien. Ihre Dienstherren haben große Bestände. Sie sind so umfangreich, daß das geringe Manko nicht bemerkt werden kann. Meine Befürchtungen, daß man sie mit den Paketen erwischen könnte, schlagen sie in den Wind. Unbeeindruckt erklären sie, daß ihre Wohnung neben dem Lager im gleichen Gebäude sei, und der Zugang unkontrolliert ist.

Alle paar Tage wiederholen sich die Besuche meiner Freundinnen. Sie erzählen, daß von einem fünfzig Kilometer tiefen Streifen längs der östlichen Oder die gesamte deutsche Zivilbevölkerung vertrieben worden ist. Die ganzen Gebiete seien leer und die neuen polnischen Bewohner noch nicht zugezogen. Auch in Berlin hat es Veränderungen gegeben. Die Stadt ist in vier Sektoren aufgeteilt. Amerikaner, Engländer und Franzosen teilen sich jetzt mit den Russen in die Besatzung.

Meine aufgebesserte Diät wird dank der zusätzlichen Eßwaren täglich kräftiger. Stets habe ich Appetit, kann voll den Hunger stillen und an Gewicht zunehmen.

Scheidmann und ich absolvieren mit Fleiß ein Konditionsprogramm. Wir haben uns dafür einen versteckten Platz am

Ufer der Persante ausgesucht. Kein Mensch stört uns hier. Auch vom Hauptgebäude kann uns niemand bei den Lockerungs- und Freiübungen beobachten.
Ich halte die Heimlichkeit für zweckmäßig. Vermutlich werden die Ärzte von den Russen bedrängt, mich bald für gesund zu erklären. Mit Genugtuung haben sie nämlich zur Kenntnis genommen, daß meine Sehkraft wieder besser geworden ist. Die nächste Station wäre das Gefangenenlager! Dann folgen Verhöre! Man wird mich in die Zange nehmen! Der Offiziersschwindel wird platzen.
Soweit darf es nicht kommen.
Ich muß vorher verschwinden!
Scheidmann käme sicher mit. Und die anderen? Man müßte sie fragen! Aber das hat noch Zeit.
Auf alle Fälle muß dann meine Widerstandskraft stärker sein, als allgemein angenommen wird. Bei den Visiten laß' ich deshalb durchblicken, daß die Stärkung meiner Muskeln mit der sonstigen physischen Entwicklung nicht Schritt hält. Ob mir die Ärzte das abnehmen? Ich weiß es nicht. Zunächst geht keiner auf die Bedenken ein.
Ich glaubte schon, nicht ernst genommen zu werden, da erklärt Dr. Roll plötzlich:
„Mit Geduld werden wir das auch noch erreichen!"
Er ist der Kontaktfreudigere von den beiden Ärzten, die mich behandeln. Sein Charme ist mir sympathisch. Er ist ein Mensch, dem man vertrauen könnte. Gern würde ich mich ihm mitteilen und um Rat fragen.
Doch ich bleibe verschlossen. Er könnte nicht nur mit jedem offenen Wort in Verlegenheit geraten, auch würde ich mich ihm in die Hände spielen. Damit wäre meine Position geschwächt. Was soll ich mir auch davon versprechen? Er kann mir sowieso nicht helfen, und eine reguläre Entlassung nach Berlin ist durch ihn nicht zu verwirklichen!
Wenn auch Pessimismus immer am Platze ist, so war er möglicherweise bei Dr. Roll ein wenig übertrieben.
Ich treffe ihn während eines Spazierganges im Garten. Er

legt freundschaftlich den Arm um meine Schulter. Wir gehen ein paar Schritte nebeneinander.
„Wir müssen Sie bald entlassen, Herr Breyer! Sie würden dann sofort ins Offizierslager eingewiesen werden. Die Herren leben dort unter sehr schlechten Lebensbedingungen. Um Ihnen das vorerst zu ersparen, möchten wir Sie so lang' wie möglich hier behalten!"
Überrascht gehe ich schnell auf seinen Vorschlag ein:
„Wenn Sie dadurch keine Schwierigkeiten haben, dann bin ich Ihnen dankbar für die Galgenfrist!"
So vorgewarnt, muß jetzt die Flucht ins Auge gefaßt werden! Mit der Atempause kann ich in Ruhe die Erholungsphase meiner drei Kameraden abwarten. Wir werden dann alle etwa zur gleichen Zeit wiederhergestellt sein.
Denn abgesehen von Scheidmann und mir, haben sich die anderen beiden schon beträchtlich herausgemacht. Obergefreiter Werner Müller hatte Dyphterie und der Gefreite Hans Kraus eine Lungenentzündung. Sie waren früher über'm Berg als wir. Wenn sie sich auch in den ersten Tagen nach ihrer Krise schwer taten, sie bekamen kaum was zu essen, so hat die Zusatzkost meiner Gönnerinnen sie mit der Zeit wieder zu Kräften kommen lassen.
Dreimal täglich, stets nach den Mahlzeiten, gehen wir nun alle zum Ufer hinunter und führen ein hartes sportliches Training durch. Wir spornen uns gegenseitig an:
„Nutzt die Gelegenheit und stählt den Körper!"
„Nach dieser ruhigen Zeit kommt 'ne andere!"
„In der Gefangenschaft, da gibt's kein Zuckerlecken mehr!"
„Nicht müde werden, Männer! Für die Zukunft braucht Ihr Widerstandskraft!"
Wenn Dr. Roll meinen Entlassungstermin auch hinausschieben will, so sind dennoch meine Tage wie die der Kameraden gezählt. Der Vorteil, wenig länger bleiben zu dürfen, wird zum Nachteil. Denn ich müßte ja allein zurückbleiben!
Es ist zwar gut gemeint, aber auf diese Vergünstigung kann ich verzichten.

Wiederhergestellt und braungebrannt, nicht unterernährt und gut bei Kräften, ist nun mit der Ankündigung über unseren Abtransport ins Gefangenenlager stündlich zu rechnen. Die Stimmung wird gedrückter. Jeder gewonnene Tag ist ein Geschenk.

Eines Vormittags, es ist Anfangs August, liege ich, wie so oft, am Flußufer in der Sonne. Da kommt im Laufschritt Werner Müller zu mir. Erregt hockt er sich hin und berichtet:

„Schwester Anni hat mir eben mitgeteilt, daß wir alle, Sie ausgenommen, morgen früh ins Gefangenenlager entlassen werden!"

Ich bin überrascht. Denn damit, daß man die Männer von einem Tag zum anderen für gesund erklärt, war nicht zu rechnen. Aber wir haben uns mit der Anordnung abzufinden.

„Jetzt ist es soweit! Die schönen Tage sind zu Ende. Gottlob, wir sind alle gut vorbereitet!"

Nun, für unsere Ohren war die Hiobsbotschaft sicher nicht bestimmt. Den Krankenschwestern ist sie vertraulich übermittelt worden, weil sie sich darauf einzurichten haben. Aber der interne Befehl mußte zu uns durchsickern. Die undichte Stelle ist die junge Rot-Kreuz-Schwester. Sie ist mit Werner Müller heimlich verlobt und beide möchten heiraten. Scheidmann hatte mir beiläufig von der Verbindung erzählt. Obwohl ihnen klar ist, daß sie mit einer Trennung rechnen müssen, so hoffen sie, nach einem größeren Zeitablauf, sich wiederfinden zu können.

Aber wie Müller mit dem Mantel des Schweigens seine Liebe umgibt, so verhüllt er nun auch den Kummer. Sein Mißgeschick erwähnt er mit keinem Wort, mit keiner Geste.

Scheidmann und Kraus kommen herbei. Stumm nehmen sie die Neuigkeit auf und legen sich neben uns ins Gras. Keiner spricht. Jeder macht sich seine Gedanken.

Wir müssen den Schock überwinden. Alle haben gerade eine lebensgefährliche Krankheit glücklich überstanden, und stehen plötzlich vor neuen Prüfungen. Mit dem nächsten Transport

geht's nach Rußland! Und von dort gibt es wahrscheinlich kein Zurück!
Der vorgeschriebene Weg, die Willkür, der man ausgesetzt ist, auf Gedeih' und Verderb der ungewissen Zukunft ausgeliefert zu sein, lähmt den Geist und schürt die Angst!
Suchen die Kameraden nach einem legalen Ausweg?
Sie werden keinen finden!
Wenn sie nach Hause wollen, dann müssen sie flüchten! Sollten sie dazu bereit sein, dann will ich mich noch heute abend mit ihnen auf den Weg machen.
Ich unterbreche das Schweigen, frage unverblümt:
„Was habt Ihr nun vor?"
Sie blicken mich ratlos an.
Erwartet man Ideen, einen Anstoß von mir? Doch mit meinem Vorschlag halte ich mich zunächst zurück. Denn die Verantwortung dafür hat jeder einzelne zu tragen.
Zuerst muß ich mich von ihrer Bereitschaft überzeugen. Sie sollen sich äußern und selbst entscheiden! Um hinter ihre Vorstellungen zu kommen, frage ich suggestiv:
„Wollt Ihr in die Gefangenschaft oder nach Hause?"
„Nach Hause, natürlich!" antworten sie wie aus einem Mund.
Ich bohre weiter:
„Wie wollt Ihr das anstellen?"
„Man müßte flüchten!", antwortet Müller zaghaft.
Die Männer halten den Atem an.
Haben sie Angst vor mir? Fürchten sie, ihre Gedanken preiszugeben? Man muß sie ermuntern! Gedankenverloren, mehr zu mir selbst, aber noch so laut, daß ich verstanden werde, raune ich:
„Das ist die einzige Möglichkeit!"
„Wenn alle mitmachen, dann bin ich dabei!", erklärt Scheidmann schnell. Er sieht mich aufmunternd an, als erwarte er meine Zustimmung zur Teilnahme. Ich gehe nicht darauf ein, und wende mich an Kraus:
„Und was meinen Sie dazu?"

„Das wäre eine Chance! — Doch ich fürchte Schwierigkeiten, wie Verpflegung, Kontrollen und so weiter!"
Die Männer sind zur Flucht bereit, aber haben aus Mangel an Erfahrung Hemmungen! Die berechtigten Bedenken müssen geklärt, das Für und Wider abgewogen werden.
Doch vorher sollen sie für das Unternehmen Vertrauen gewinnen. Sie müssen Mut aufbringen. Mit kurzen Worten deute ich meine Erlebnisse an:
„Das kenne ich alles! Seit Kriegsende bin ich von der Weichselmündung unterwegs, um nach Hause zu gelangen. Mein Ziel ist Berlin. Doch die Krankheit hat mir einen Strich durch die Rechnung gemacht. Wenn Ihr Euch für die Flucht entscheiden solltet, dann würde ich mich anschließen wollen!"
Der Bann ist gebrochen. Als fällt ihnen ein Stein vom Herzen, zeigen sich alle auf einmal entschlossen! Enthusiastisch fragen sie:
„Wann wollen wir aufbrechen?"
Mir kommen Bedenken. Haben meine Worte Sorglosigkeit ausgelöst? Ich dämpfe:
„So einfach geht's nicht! Bevor wir uns entschließen wollen, gibt's noch einiges zu klären!"
Mit Interesse verfolgen sie den Bericht über einige meiner Erfahrungen. Ich vermeide jede Schwarzmalerei und Schönfärberei. Er veranschaulicht Risiken, begründet die Unvermeidbarkeit von Nachtmärschen, und weist auf den harten Einsatz des einzelnen, dessen Verantwortung und Entbehrungen hin.
Müller unterbricht:
„Was wird aus Drescher geworden sein?"
„Das ist schwer zu beantworten. Wir wußten nicht, daß Typhus die Ursache war. In meinen Vorstellungen habe ich erwartet, daß er eines Tages hier eingeliefert wird, denn nach meinen Informationen gibt es hier im weiteren Umkreis für deutsche Patienten kein Krankenhaus. Da das nicht geschah, kann ich nur hoffen, daß der Hirte ihm regelmäßig die von mir empfohlene Suppe zu essen gab. Auf die Art

könnte er mit etwas Glück überlebt haben. Ihm jetzt noch helfen zu wollen, ist nicht mehr möglich!"

Sie verstehen, daß Aggressionen und Gewaltanwendungen gegenüber der Besatzungsmacht oder der neuen polnischen Staatsgewalt nicht nur unvermeidlich größeren Haß auslösen muß, sondern auch eine verstärkte Jagd nach deutschen Männern nach sich zieht. Besonders nach ehemaligen Soldaten, die sich auf der Flucht befinden. Die Alternative ist der Weg des geringsten Widerstandes. An Stelle von Waffen rückt die List! Ganze Kerle gehören dazu! Eine Voraussetzung ist die Gesundheit! — Wenn auch das Wetter animiert, so ist das Unternehmen alles andere als ein Ausflug.

Die Kameraden sind nachdenklich geworden. Doch ihr Entschluß um so fester:

„Wir machen uns keine Illusionen!"

„Gut! — Fühlt Ihr Euch gesund und kräftig genug?"

„Absolut!"

Statt fehlender Fluchterfahrung muß das Unterbewußtsein der Männer für die Sache vorbereitet sein. Dies sollen meine Teilnahmebedingungen bewirken. Sie klingen rücksichtsloser, als sie seinerzeit Quandt vorgebracht hatte:

„Das Gelingen der Heimkehr ist oberstes Gebot. Dabei bleibt's egal, wieviele das Ziel erreichen. Einige könnten auf der Strecke bleiben. Deshalb muß jeder wissen, daß der einzelne für sich selbst verantwortlich ist. Er ist es damit gleichzeitig der Gemeinschaft gegenüber. Es ist Pflicht, auf die eigene Sicherheit und Gesundheit zu achten. Ihm muß klar sein, daß er mit seinem Ausfall gnadenlos zurückgelassen wird. Er wird sich dann selber weiterhelfen müssen! — An Drescher oder mir habt Ihr ein Beispiel. Wenn Ihr diese Grundsätze anerkennt, dann bin ich dabei!"

„In Ihre Erfahrungen haben wir Vertrauen! Wir akzeptieren!"

Ich wende mich an Werner Müller und nehme ihn zur Seite:

„Mir ist bekannt, daß Sie mit Schwester Anni verlobt sind. Wenn sie von unseren Plänen erfährt, dann könnten wir alle

in Verlegenheit geraten. Wie wollen Sie sich verhalten?"
„Ich werde einen Brief hinterlassen. Sie muß versuchen, offiziell auszureisen. In Berlin können wir uns dann wiedersehen!"
Jeder ist vom Einsatzwillen des anderen überzeugt, die Gruppe zusammengeschmiedet. Der Aufbruchtermin wird für heute abend um 23.00 Uhr festgesetzt. Um diese Zeit ist die Nacht angebrochen und im Bereich des Krankenhauses Ruhe eingekehrt.
Es folgt die Besprechung über die Vorbereitungen. Müller hat die besten Einfälle. Im Zimmer der Ordensschwester gibt es in einem Schrank eine Menge Konserven. Sie wird vom Verlust einiger Büchsen nicht arg betroffen sein, denn von meinen Paketen hat sie ständig profitiert.
Mir fehlt ordentliches Schuhwerk. Auch hier weiß Müller eine Lösung. Er sieht sich meinen Fuß an und meint, daß der in unserer Baracke liegende Pole unter seinem Bett ein Paar Halbschuhe hätte, die meiner Größe entsprechen. Kurz vor Abmarsch will er sie unter dessen Bett hervorholen.
An alles ist gedacht. Es gibt nichts mehr zu bereden.
Die Vorfreude erhitzt die Gemüter. Euphorisch reiben sich die Kameraden die Hände. Ich fürchte, daß unkontrolliertes Verhalten Verdacht erregt:
„Niemand darf sich was anmerken lassen! Jeder benimmt sich wie gewöhnlich und trifft nur heimlich seine Vorbereitungen!"
Wir gehen auseinander.
Der Rat wird befolgt. Wie alltäglich geht jeder seinen Interessen nach. Müller sitzt wie so oft auf der Bank vor der Baracke, um in der Nähe seiner Braut zu sein. Wenn es sich einrichten läßt, dann geht sie gelegentlich an ihm vorüber. Wie gewöhnlich, fällt einem Dritten das heimlich verliebte Augenzwinkern nicht auf. Nichts deutet darauf hin, daß sie informiert sein könnte. Kraus spaziert im Garten umher, und Scheidmann hält sich in unserem Zimmer auf. Er ist mit seinen Vorbereitungen beschäftigt.

Ich gehe wieder zum Ufer hinunter, um die beste Stelle für die Flußüberquerung zu erkunden. Am geeignetsten erscheint mir der versteckte Freiübungsplatz. Die Strömung wird uns ein wenig abtreiben. Aber das macht nichts; denn schräg gegenüber ist das Ufer nicht mit Schilf bewachsen. Dort kämen wir gut an Land.

Hoffentlich kommt nichts dazwischen. Bis heute abend kann viel passieren!

Die Zeit schleicht dahin. Der heiße Tag will kein Ende nehmen. Von Stunde zu Stunde werde ich unruhiger.

Endlich bricht die Dämmerung herein. Nach dem Abendessen gehen wir wie üblich ins Bett.

Die Krankenschwestern räumen das Geschirr zusammen, waschen ab und bringen die Ausgabeküche in Ordnung. Der Dienst ist beendet. Bei ihrem letzten Rundgang durch die Stuben verabschieden sie sich:

„Gute Nacht, und schlafen Sie gut!"

„Gute Nacht, Schwester! — Gute Nacht!"

Die treuen Seelen schalten das Licht aus und verlassen die Baracke. Die Eingangstür fällt ins Schloß. Die Schritte entfernen sich.

Hat vielleicht eine was vergessen und kehrt nochmal zurück? Wir lauschen gespannt.

Nein! Alles bleibt still.

Draußen muß es längst dunkel sein. Müller betritt das Zimmer, kommt zu mir ans Bett:

„Ich habe hier die Schuhe! Probieren Sie die mal an!"

Er hat's geschafft! Meine unterschwelligen Zweifel sind verflogen. Wenn sie nun nicht passen sollten, dann werden sie eben passend gemacht! Ich frage:

„Hat der Pole nichts gemerkt?

„Überhaupt nichts!", lacht er. „Der wird dumm gucken und sich wundern, wenn er die mal sucht. Aber was soll's. Der kann sich ein Paar neue besorgen!"

Die braunen Halbschuhe sind stabil und frisch besohlt. Ich schlüpfe bequem hinein. Was für ein Glück! Sie sind für mich

wie geschaffen. Es muß nichts daran geändert werden.
Ich fühle mich befreit:
„Die Sorge bin ich los, Müller. Mit den Holzpantinen hätte ich mir im Gelände die Füße verstaucht!“
Obwohl die Zeit nicht drängt, läßt uns die Aufbruchstimmung keine Ruhe mehr. Kraus und Müller bringen ihre Sachen herüber. Sie wollen bei uns packen, weil der Pole hellhörig werden kann. Außerdem darf die Beleuchtung nicht nach außen dringen. Ein helles Fenster erregt Verdacht. Bei uns besteht die Gefahr nicht, denn durch die vernagelten Bretter dringt kein Lichtstrahl.
Müller bringt aus der Küche zwei Schmalzfleischbüchsen. Auch ein halbes Brot findet er, Salz, Marmelade und Zucker. Wir verschnüren alles in die Bündel. Sie werden sorgfältig verknotet, so daß nichts herausfallen kann.
Kraus fragt unvermittelt, als ob er's noch nicht kapiert hat:
„Müssen wir denn so nackend zum Ufer hinunter?“
Müller flachst:
„Hast Du Angst, was zu verlieren?“
„Wir könnten wem begegnen!“
„Quatsch! Um diese Zeit doch nicht!“
Scheidmann beendet den Disput:
„Redet nicht so viel! — Wir behalten die Nachthemden an, schwimmen hinüber und lassen sie am anderen Ufer liegen!“
Für eine Verschnaufpause legen wir uns noch einmal ins vertraute Bett. Das letzte Mal! In der nächsten Zeit wird's keins mehr geben. Ich genieße die Minuten und schlafe fast darüber ein.
Wir haben vereinbart, daß Müller auf die Küchenuhr achtet. Zum verabredeten Zeitpunkt will er Bescheid geben. Er schreckt mich hoch:
„Es ist fünf vor dreiundzwanzig Uhr!“
Ich schlüpfe in die Holzpantinen, nehme mein Bündel:
„Ihr folgt in Abständen. Über den Fluß schwimmen wir gemeinsam!“
Ich verlasse die Baracke, als ginge ich spazieren, schlendere

langsam den Weg entlang und beobachte scharf die Umgebung. Sollte sich wider Erwarten doch noch jemand herumtreiben?
Aber kein Mensch ist zu sehen. Es ist alles ruhig. Auch vom Hauptgebäude droht keine Gefahr. Es liegt völlig im Dunkeln.
Unbehelligt erreiche ich das Ufer, setze mich hin und halte die Füße ins Wasser. Die Temperatur ist erträglich. Der Körper soll sich langsam daran gewöhnen.
Die anderen lassen nicht lange auf sich warten. Scheidmann kommt als nächster angeschlichen. In viel zu kurzen Abständen folgen Kraus und Müller. Die weißen, leicht wehenden Gewänder sieht man schon von weitem. Das war keine gute Idee.
Egal! — Bis jetzt ist alles gutgegangen!
„Kommt! Wir müssen rüber!"
Es ist nicht tief. Wir behalten Grund unter den Füßen. Die Männer ragen mit der Nase noch aus dem Wasser, mir geht es knapp unter die Arme. Keiner braucht zu schwimmen. Die über der Oberfläche emporgehaltenen Päckchen bleiben trokken. Wir erreichen das andere Ufer.
Schnell sind die Nachthemden ausgezogen und nebeneinander auf der Böschung ausgebreitet.
Wenn unsere Abwesenheit festgestellt wird, dann werden die Russen die deutschen Angestellten ausquetschen. Möglicherweise besonders Schwester Anni! Bei ihr kann Müllers Brief gefunden werden und sie stärker belasten.
Das möchten wir vermeiden.
Deshalb soll das Spalier der weißen Flecken, weithin sichtbar und vom Hauptgebäude aus gut zu erkennen, die einzige Spur sein, die wir hinterlassen wollen. So hat morgen früh das gesamte Personal eine schnelle Erklärung. Es kann sich darauf beziehen, und sogleich die Russen informieren.
Wir aber sind dann längst über alle Berge!

MIT NEUER MANNSCHAFT

Wir schnüren die Bündel auf, holen die Handtücher hervor, reiben uns ab und ziehen die Kleider an.
Bald zieht eine mollige Wärme durch meinen Körper. Ich fühle mich frisch, ausgeruht und kräftig genug für das neue Abenteuer. Mit unserem Proviant kommen wir einige Tage über die Runden. Später wird sich etwas finden lassen, denn die Erntezeit beginnt. Wenn hier und da nichts angebaut sein sollte, werden uns wildwachsende Früchte weiterhelfen.
Ich bin optimistisch:
„Beeilt Euch!"
„Wir sind bereit!"
Hell leuchten die Sterne. Ich blicke über das vor uns liegende Terrain. Meine Sehkraft ist so intakt wie früher. Mir fällt weit und breit nichts Verdächtiges auf.
„Dann kommt!"
Wir laufen über den Acker nach Südwest. Doch knicken meine Füße auf dem unebenen Boden noch manchmal um. Mir sind die Halbschuhe nicht gebräuchlich. Aber nach wenigen Schritten bin ich eingewöhnt und komme gut voran, denn meine Fesseln, vom früheren Eislaufsport durchtrainiert, haben trotz der Krankheit ihre alte Elastizität erhalten.
Die anderen folgen mir in viel zu geringem Abstand. Man fühlt ihre Unsicherheit und versteckte Angst. Noch ist das Vorhaben für sie zu neu. Meine Schilderung reichte für ihre Bereitschaft, mitzukommen aus. Jetzt aber fehlt die Erfahrung.
Sie sollten sich nicht so schwertun. Unbekümmert pfeife ich einen Gassenhauer. Das steckt an! Bald kleben sie nicht mehr so dicht zusammen und gehen aufgelockerter.
Doch das genügt nicht. Noch bleiben sie bedrückt. Um ihre Befangenheit weiter abzubauen, mache ich einen neuen Versuch und verharmlose die Lage:
„Nachts begegnen wir keinem Menschen. Da haben die Rus-

sen und Polen genau so viel Angst wie die Deutschen. Wir haben nur aufzupassen, daß wir während der Dunkelheit nicht einem Posten in die Arme laufen, der irgendwo Wache schiebt. Aber das wäre ein Zufall, da wir querfeldein kaum auf eine Ansiedlung stoßen. Nur in Ortschaften sind Soldaten untergebracht. Nach ihrem gewonnenen Krieg haben die es nicht mehr nötig, im Freien zu kampieren!"

Die Kameraden geben sich gelassen:

„Es wird schon gutgehen!"

„Wir glauben an Ihre Führung!"

Was ist das für ein Ton? Klingt nicht die hochgeschraubte Erwartung mit, die man einem Vorgesetzten entgegenbringt? Jetzt ziehen wir alle an einem Strang! Es ist Zeit, daß sie über mich die Wahrheit erfahren. Die Antwort gibt mir die beste Gelegenheit. Lachend kläre ich sie freimütig auf:

„Gut! Aber glaubt nicht, daß ich früher Offizier war. Da muß ich Euch enttäuschen! Für mich war's eine Notlüge, von der ich glaubte, daß sie mir das Leben rettet. Ich hoffe, Ihr habt Verständnis, daß ich Euch auch dieses Theater vorspielen mußte. — Mein letzter Dienstgrad war, wie der Eure, Obergefreiter. Wir können uns also duzen!"

Die Richtigstellung wird schweigend hingenommen.

Hat sie das irritiert? Was machen sie sich für Gedanken? Nehmen sie vielleicht an, daß ich jetzt die Unwahrheit gesagt habe?

Möglich ist es! Meine Beziehungen zu ihnen waren bisher distanziert.

Ich weiß im Augenblick nicht, wie das etwaige Mißtrauen beseitigt werden kann, und verdränge das Thema.

Es ist zunächst auch nicht sehr wichtig. Denn jedem wird klar sein, daß die immer wieder anzutreffende Anonymität der Soldaten untereinander Argwohn fördert. Wenn man sich darüber hinaus noch so fremd ist wie wir, dann zwingt sich regelrecht diese Eigenschaft auf. Ich kenne das zur Genüge und habe Verständnis.

Das gemeinsame Schicksal, die Zeit und der ständige Kontakt

wird uns näher zusammenführen. So räumen sich von selber Zweifel aus. Jetzt ist kein Raum für dererlei Gedanken!
„Dort drüben ist Wald!"
Mit langen Schritten eilen wir auf ihn zu. Bevor die Stämme die Sicht versperren, blicke ich noch einmal zurück.
Niemand folgt uns. Alles bleibt still. Kein Licht ist zu sehen. Belgard liegt völlig im Dunkel.
Selbstsicher gehen wir weiter. Die Kameraden benehmen sich unbekümmerter und reden miteinander. Scheidmanns Stimme hebt sich. Er ermuntert sich selbst und auch die anderen:
„Was glaubt Ihr wohl, was die morgen früh für Augen machen werden, wenn man das leere Nest vorfindet?"
„Die Ärzte werden sich ins Fäustchen lachen!"
„Und die Russen gucken dumm aus der Wäsche!"
Müller hat begreifliche Bedenken:
„Hoffentlich kriegen die Schwestern keine Schwierigkeiten! Den einfachen Menschen trifft's zuerst!"
Kraus versucht seine Sorge herunterzuspielen:
„Für unsere Flucht kann man niemanden verantwortlich machen!"
Auf diese Weise setzt man sich am einfachsten mit den noch nicht abgebauten Bindungen zum Krankenhausaufenthalt auseinander. Das fördert die Bereitschaft zur neuen Situation. Man wird aufgeschlossener und einsatzbereiter. Noch in dieser Nacht stehen die Kameraden mit der gleichen Selbstverständlichkeit wie ich den neuen Problemen gegenüber.
Bald sind wir gut aufeinander eingespielt.

*

Die nächsten Tage und Nächte vergehen ohne einen nennenswerten Zwischenfall. Solang' der Proviant reicht, gibt's keine Probleme! Auch die Wasserversorgung ist einfach. So wagt sich immer nur einer von uns in den ersten Morgenstunden, wenn noch alles schläft, auf ein Gehöft. Das quietschende Geräusch der Pumpe wird mit Gleichmut hingenommen. Denn es läßt wohl den Bauern aufhorchen und genauso vorsichtig

wie neugierig aus dem Fenster lugen, aber mehr geschieht auch nicht. Er wird froh sein, daß man ihn nicht weiter behelligt!
Doch nach der vierten Nacht ist der Lebensmittelvorrat nahezu aufgebraucht. Das letzte Brot ist gestern früh gegessen worden. Wir haben die Zeit vertan mit der still gehegten Hoffnung, im Vorübergehen Eßbares aufzutreiben. Gebratene Tauben fliegen einem eben nicht in den Mund! — Die kümmerlichen Reste müssen gestreckt oder sofort aufgebessert werden. Mürrisch mahnt Müller:
„Es ist keine Schande, wenn beim Wasserholen der Bauer angesprochen wird!"
Doch dazu kommt es nicht mehr. —
Im Morgengrauen, die Sonne ist noch nicht aufgegangen, lichten sich vor uns die Bäume. Der Wald endet hier. Dicht dahinter erstreckt sich ein Dorf. Fast überall stehen Türen und Fenster offen. Einige hängen lose in den Angeln. Ihre Scheiben sind meist zertrümmert. Hausrat liegt überall in der Gegend verstreut umher.
„Menschen scheinen hier nicht mehr zu wohnen!"
„Auch Viehzeug gibt es nicht!"
„Es kräht nicht mal ein Hahn!"
Das Bild der verödeten Anwesen macht uns mißtrauisch und vorsichtig zugleich. Wir umgehen die gespenstisch anmutende Ansiedlung an der südlichen Flanke, und schleichen an's letzte Gehöft heran. Auch hier das gleiche Bild der Verwüstung!
Die Pumpe auf dem Hof funktioniert. Schnell erneuern wir den Wasservorrat und ziehen uns, ohne dem Wohnhaus einen neugierigen und vielleicht auch aufschlußreichen Besuch abzustatten, wieder in die nahe Deckung des Waldes zurück.
Wir rätseln:
„Was ist hier passiert?"
„Sind die Einwohner alle geflüchtet?"
Müller übertreibt:
„Ist hier vielleicht die Pest ausgebrochen?"
Ohne eine Erklärung zu finden, blicken wir wie gebannt auf das verlassene Dorf. Was mag sich hier abgespielt haben?

Was ist mit den Zivilisten geschehen? Scheidmann stellt fest: „Kampfhandlungen haben nicht stattgefunden. Die Häuser sind intakt. Es gibt weder Ruinen, noch Granattrichter zu sehen. Auch keine Anzeichen von Befestigungen eines ehemaligen Frontverlaufs kann ich erkennen!"

Mir fallen die Bemerkungen meiner Krankenhausbesucherinnen ein. Ich hatte den Äußerungen nicht viel Bedeutung beigemessen, sie als unglaubwürdige Parolen abgetan.

„Der Ort muß zur ‚Fünfzig-Kilometer-Zone' gehören, die von den Russen geräumt worden ist! — Bis zur Oder treffen wir nun keine deutschen Landsleute mehr an. Jetzt müssen wir uns in der Hauptsache nur von Gemüse ernähren. Dort drüben neben dem Wohnhaus ist ein Garten. Ob wir da gleich mal nachsehen?"

Kraus bietet sich an:

„Bevor die Sonne hoch kommt, geh' ich rasch mal rüber. Sollte sich wider Erwarten jemand zeigen, müßt ihr Zeichen geben!"

Doch er erntet ungestört. Seine Ausbeute besteht aus Kartoffeln, nicht ganz reifen Äpfeln, Tomaten und Mohrrüben. Er schleppt auch einen Kochtopf herbei. Mit ihm haben wir die Möglichkeit, eine Mahlzeit zu kochen.

Kraus ist stolz auf diesen Fund:

„Im Garten hat der zwischen den Sträuchern gelegen!", erklärt er strahlend.

Mit nassem Sand ausgescheuert, ein Feuer ist entfacht, kochen in ihm Äpfel und Kartoffeln gar. Eine Prise Salz macht den Brei genießbar. „Zwischen Himmel und Hölle" nennen wir den Schmaus, der von uns gemeinsam aus dem Topf gelöffelt wird. Die Abwechslung schmeckt und bekommt uns gut. Zum „Nachtisch" besorgt Kraus, nochmals aus demselben Garten, Stachelbeeren.

Satt geworden und die letzte Fleischbüchse noch in Reserve, sieht die Welt schon wieder viel besser aus. Nur der trostlose und deprimierende Anblick des Dorfes beunruhigt und mindert unsere Hochstimmung. Wir wollen hier nicht länger als nötig bleiben.

Wenn auch mit dem Tagesanbruch das Risiko für den Weitermarsch größer wird, so entschließen wir uns dennoch dafür.
Das letzte Stück bis zur Oder, der großen Unbekannten, gilt es jetzt zu überwinden! Ich fürchte Schwierigkeiten, die schwer zu bewältigen sind, denn die neuen Herren handeln hier vermutlich rigoroser. Je eher wir aber damit konfrontiert werden, um so besser sind sie zu meistern. Lange dürfen wir uns in dem Gebiet nicht aufhalten. Kohldampf droht, weil ja mit fremder Unterstützung nicht zu rechnen ist.
Wir gehen quer durchs Gelände in den Tag hinein, und erblicken weit und breit keine menschliche Seele. Unsere neugierige Spannung läßt keine Müdigkeit aufkommen.
Doch nichts Bemerkenswertes kreuzt unseren Weg. Hin und wieder, wenn wir vom Wald ins offene Feld hinüberwechseln, sind in dem unebenen Gelände in der Ferne Anwesen zu erkennen. Auf ihren Dächern wehen keine Fahnen. Polen werden dort sicher noch nicht eingezogen sein. Ob die Vermutung zu recht besteht, interessiert keinen. Wir wollen uns nicht aufhalten.
Erst am späten Nachmittag werden die Beine schwer. Im Gebüsch eines Hains machen wir es uns bequem, ziehen Schuhe und Strümpfe aus und räkeln uns zum Schlafen zurecht. Augenblicklich fallen mir die Augen zu.
Gegen Abend weckt mich der knurrende Magen. Auch die anderen haben Hunger. Wir stillen ihn mit Mohrrüben und Äpfeln. Scheidmann mit einem Anflug von Eroberungsgelüsten, macht den Vorschlag:
„Laßt uns doch mal so'n Bauernhof durchsuchen! Die stehen leer und sind für uns kein Risiko. Vielleicht finden wir im Keller noch 'ne Seite Speck!"
„Das klingt verlockend, die Idee ist gut!"
„Wenn ein Hof am Wege liegt, dann versuchen wir's mal! Aber deshalb einen Umweg machen, kommt nicht in Frage!", schränkt Kraus ein.
„Er hat recht. Wir dürfen keine Zeit verlieren!"
Die Oder lockt. Ihre Nähe erfüllt uns mit Ungeduld. Sie treibt

an und mahnt zum Aufbruch. Kaum kann man erwarten, das Ziel zu erreichen. Aber wenn auch die unmittelbare Entfernung jetzt nur noch etwa vierzig Kilometer betragen mag, so rücke ich dennoch davon ab, den Strom auf kürzestem Wege angehen zu wollen. Denn nach meinem „Landkartengedächtnis" würden wir dann genau ans Haff herankommen. Dort aber muß zuviel Wasser überwunden werden, dessen Oberfläche bequem zu überblicken und zu kontrollieren ist. Man könnte uns schnell erwischen! — Es gibt also nach meinen Vorstellungen weder Tarnungs-, und bei Gefahr noch Ausweichmöglichkeiten. Und nicht allein das Übersetzen verursacht Probleme, sondern auch die neugebildete Grenze zwischen Polen und Deutschland. Im Hinblick darauf werden die polnischen Milizen besonders empfindlich reagieren. Wenn ein so gefährliches Gebiet auch ohnehin passiert werden muß, so will ich auf keinen Fall dort oben, und darüber hinaus noch für jeden sichtbar, hinüberwechseln!

Nein! — Wir müssen dem längeren Weg nach Südwest den Vorzug geben. Er wird nahezu doppelt so lang sein, aber das macht nichts. Dafür ist es leichter, südlich Stettin, die verhältnismäßig schmalen Flußläufe der Ost- und Westoder zu überqueren. Zudem bietet sich dazwischen das Schilf des Oderbruchs als gute Deckung an.

Weil mir das gesamte Gelände unbekannt ist, sehe ich keine andere Möglichkeit, als die Lage vom Gefühl her zu beurteilen. Man erhebt keine Einrede.

Die Kameraden verstehen die Überlegungen und wollen den längeren Weg hinnehmen. Sie geben sich gelassen:

„Wir haben Zeit, uns treibt keiner!"

„Die paar Nächte mehr binden wir auch noch an's Bein!"

Gegen Mitternacht heben sich vor uns die Umrisse einer Ortschaft ab. Es mag ein Dorf sein. Auf dem ersten Blick ist das nicht zu erkennen. Aber das davorliegende Feld, auf dem wir uns befinden, ist unbestellter Acker. Etwas abseits, allein und ohne Nebengebäude, steht ein Einfamilienhaus. Wir sehen es schon von weitem. Unser Interesse ist geweckt. Wir beschleuni-

gen den Schritt und gehen geradewegs darauf zu. Haben wir Glück, dort was Brauchbares zu ergattern?
Aus den offenen Fenstern hängen zerfetzte Gardinen. Sie wehen leise im Wind.
„Da wohnt bestimmt keiner mehr!"
„Das müssen wir durchsuchen!"
Die Eingangstür hängt schräg in den Angeln. Die Füllungen sind zum Teil zertrümmert. Kraus macht den Weg frei. Im Flur ist es so dunkel, daß man die Hand nicht vor den Augen sehen kann. Ich taste mich, über am Boden liegendes Gerümpel hinweg, zur Küche vor. Hier ist es wieder heller. Das fahle Licht der Sterne fällt durchs offene Fenster. Die Umrisse des Herdes, eines Küchenschrankes und des in der Mitte stehenden Tisches heben sich ab. Sind auf seiner Platte Gegenstände abgestellt? Ist was für uns dabei?
Abgelenkt, stürze ich fast über eine vor mir liegende Kiste. Erregt und voller Erwartungen erfasse ich dicht nebeneinander stehende Schüsseln, Krüge und Steintöpfe. Der ganze Tisch steht voll davon! Es steht alles eng zusammen. Nicht mal eine Hand geht mehr dazwischen.
Ist in einem der Steintöpfe Schmalz zu finden? Es wäre möglich. Schon glaube ich fest, daß meine Wunschvorstellung Wirklichkeit wird und untersuche die einzelnen Gefäße.
„Ich brauche Licht! Hier ist bestimmt was zu finden!"
„Wie denn? — Wir haben keine Kerze, und die Streichhölzer sind knapp!"
„Dann macht im Herd ein offenes Feuer. Aber behängt ja das Fenster, so daß kein Schimmer nach außen dringen kann!"
Um doppelte Arbeit zu vermeiden, stelle ich das als leer erkante Geschirr auf den Fußboden ab. Plötzlich findet meine Hand in einem Steintopf Widerstand. Was kann das sein? Ich stoße tief hinein. Es ist eine dickflüssige Masse!
Ich alarmiere begeistert die Kameraden:
„Ich habe was gefunden!"
Sie kommen herbei und fragen ungeduldig:
„Was ist es denn?"

Ich führe meinen Finger zum Mund, probiere vorsichtig mit der Zunge und rufe überrascht:
„Sirup!"
Alle freuen sich:
„Mensch, das sind ja Kalorien!"
„Endlich mal was anderes!"
Im Nu fallen wir alle über den Topf her und angeln den Brei mit gekrümmten Fingern heraus. Ich spüre zwischen den Zähnen kristallene Stückchen. Konzentrierter Zucker! Der gibt uns Energiestoffe!
Schon ist er zerkaut und verschluckt.
Aber wie kommen diese Stücke in den Sirup? Ich habe keinen blauen Dunst von seiner Herstellung und weiß nur, daß er gekocht wird. Mußten die Bewohner das Haus so schnell verlassen, daß sie mit dieser Beschäftigung nicht rechtzeitig fertig wurden? Wenn das so ist, dann könnten es noch nicht verarbeitete Rückstände sein, die in ihrem jetzt kandierten Zustand besonders nahrhaft sind.
Davon überzeugt, angle ich noch mehr Stückchen heraus.
Nach meinem Gefühl bietet das Haus weitere nützliche Überraschungen. Ich drängle mit vollem Mund:
„Nun macht doch endlich Licht! Habt Ihr denn schon Decken gefunden?"
„Ja!"
„Dann hängt sie vor das Fenster!"
Inzwischen entfache ich im Herd das offene Feuer. Trockenes Holz aus der Bratröhre läßt die Flammen schnell auflodern. In ihrem matten Schein sind die Gegenstände gut zu erkennen.
Wir wollen den kostbaren Fund mitnehmen. Auf dem Küchenschrank steht ein kleines Eimerchen mit Tragbügel. Nach dem Etikett war der ursprüngliche Inhalt Pflaumenmus. Das Gefäß ist sauber und gut geeignet. Ich will die zähflüssige Masse umgießen.
Bestürzt schrecke ich zurück!
Im Steintopf befinden sich tote Fliegen! Sie sind in kristalli-

siertem Zustand! Das Massengrab ist auf eine Schicht von nahezu drei Zentimeter Dicke angewachsen.
Geballte Ladungen von Viren und Bazillen!
Mich schaudert.
Fassungslos stehen wir um den Tisch herum und fürchten, mit den Leichen die Erreger einer neuen Krankheit verschluckt zu haben. Wir stecken den Finger in den Hals und versuchen uns zu erbrechen. Wir würgen und krächzen mit aller Kraft.
Vergebens! Der Magen gibt das Ungeziefer nicht mehr her. Wir müssen uns damit abfinden. Uns bleibt die vage Hoffnung, noch Glück im Unglück zu haben und nicht infiziert zu sein.
Ich mache mir Vorwürfe. Denn ich hätte bedenken müssen, daß der Zuckersaft wie ein Magnet das Geschmeiß anziehen muß. Besonders bei der hochsommerlichen Hitze, den offenen Fenstern und Türen! — Wie lange mag das Haus schon leerstehen?
„Das kommt davon, wenn man so gierig ist!"
Scheidmann findet sich ab:
„Es ist passiert, wir können's nicht mehr ändern!"
Kraus findet im Schrank ein Küchensieb, und gießt den Aufstrich hindurch. Die abgesonderten Fliegen wandern in den Ausguß.
„So ist das Zeug genießbar! Wir nehmen das gefüllte Eimerchen mit!"
Keiner erhebt Widerspruch.
Neugierig werden die beiden zur Küche angrenzenden Zimmer in Augenschein genommen. Das flackernde Herdfeuer wirft einen Schimmer von Licht hinein. Ein kurzer Blick genügt. Man kann sich die Mühe sparen, alles umzukrempeln! Die Räume sind wohl schon öfters durchsucht worden. Es steht nichts mehr aufeinander und an seinem Platz. Wir verlieren den letzten Rest Hoffnung. Hier kann man nichts mehr organisieren.
Enttäuscht gehen wir weiter durch die Nacht. Meine Gedanken kreisen um die Verpflegung.

Als einzige Ausbeute bleibt der Sirup. Kraus trägt das dicht mit dem Deckel verschlossene Gefäß in der Hand. Er ist guter Dinge:

„Da kochen wir morgen Kartoffeln und essen den dazu!"

Die Idee ist sicher nicht schlecht. Auf diese Weise rutschen die Kartoffeln besser. Die Extrakost ist besser als nichts!

Trotzdem bleibt Ekel. Daran ändert der immer stärker werdende Hungerschmerz nichts.

Wir stippen die gepellten Kartoffeln zaghaft in die dunkle Masse und würgen sie gequält hinunter. Bald haben wir genug. Keiner will mehr. Der süße Geschmack bleibt zurück. Er ist widerlich.

Als wir aufbrechen, mag niemand mehr das Zeug tragen. Kraus wirft nach Übereinkunft den unnützen Ballast demonstrativ in hohem Bogen ins Gelände.

Doch so abrupt lassen sich die toten Fliegen nicht aus unseren Gedanken verdrängen. Alle paar Stunden fragt einer an, ob die anderen sich noch wohl fühlen, auch keine Magenverstimmung haben, oder sich sogar Anzeichen von Schwäche bemerkbar machen.

Doch niemand klagt. Mit der Zeit nehmen die Befürchtungen ab.

Keiner wagt sich an die letzte Büchse Fleisch heran. Der Umstand, sie immer noch zu besitzen, gibt ein beruhigendes Gefühl. Unser Interesse gilt jetzt den Gemüsegärten der leerstehenden Anwesen.

Nach den Erfahrungen der letzten Nacht fühlt sich niemand mehr an die Abmachungen gebunden, das Tageslicht zu meiden. Wir wollen mehr sehen. Bessere Sicht verspricht größeren Erfolg! Meine Einwände werden in den Wind geschlagen.

Das menschenleere Gebiet zerstreut die anfänglichen Bedenken. Ohne Hemmungen überqueren wir freies Gelände.

Doch die Gärten bieten wenig. Sie sind verwahrlost. Nur zufällig werden einzelne, wild wachsende Mohrrüben gefunden. So besteht in der Hauptsache die Ausbeute aus Äpfeln,

die wir von den Bäumen pflücken. Die noch nicht ganz reifen Früchte füllen wohl den Magen, stillen aber nicht den Hunger.
Ich habe Appetit auf trockenes Brot. Das Bedürfnis wird immer stärker. Es steigert sich zum Heißhunger.
Wieder nähern wir uns einem Bauernhof. Wie in den meisten Fällen, ist auch hier nichts zu finden. Bevor wir weitergehen, wird noch einmal alles flüchtig in Augenschein genommen.
Am Scheunendach, unmittelbar unter dem First, fehlt ein Teil des Giebels. Ich sehe dort oben Tabakblätter baumeln. Sie hängen an einer Schnur, nebeneinander aufgereiht.
„Die holen wir uns runter!"
„Dort liegt eine Leiter!"
Wir klettern hinauf, ziehen das getrocknete Blattwerk ab und zerkleinern etwas davon. Mit vergilbtem Zeitungspapier dreht sich jeder eine Zigarette. Den Rest verstaut Scheidmann im Brotbeutel. Er freut sich:
„Ich nehme an, daß der Glimmstengel den Hunger verdrängt!"
Müller glaubt nicht recht daran. Schon nach dem ersten Zug beginnt das große Krächzen. Es schmeckt nicht. Aber es qualmt und erinnert an Tabak. Das genügt. Wenn das Zeug nun auch noch den Hunger betäubt, dann können wir zufrieden sein. Die glimmenden Kippen, sorgsam ausgedrückt, landen auf dem Hof.
Auch am anderen Giebel der Scheune fehlen die Bretter. Müller balanciert auf hintereinander liegenden Laufbohlen hinüber und wirft von dort einen Blick über die Felder. Überrascht warnt er:
„Da hinten geht ja einer!"
Erschrocken fahren wir hoch. Doch der Mann läuft weit hinten im Gelände und kann uns nicht gefährlich werden.
„Der tippelt nach Osten!"
„Was ist das für einer?"
Impulsiv regt Scheidmann an:
„Dem schneiden wir den Weg ab, dann nehmen wir ihn unter

die Lupe! Vielleicht ist es ein Deutscher, der uns helfen kann!"
Kraus argwöhnt:
„Das glaube ich nicht. Da der nach Osten läuft, wird er ein Pole sein. Wenn der bewaffnet ist, sind wir geliefert!"
„Das werden wir feststellen, wenn wir näher dran sind!"
Solang er uns nicht bemerkt, kann nichts passieren. Wir sind entschlossen.
Auf dem nach Süden verlaufenden Feldweg gerät die fragwürdige Gestalt eine Zeitlang aus unserem Gesichtskreis. Bald muß er wieder zu sehen sein, denn die Wege führen aufeinander zu. Sollte er überraschend auftauchen, verbergen wir uns hinter dem am Wegrand wuchernden Gebüsch.
Vor uns eine sanft ansteigende Bodenwelle. Fast ist sie überwunden, da gibt sie plötzlich freie Sicht. Wir sind erstaunt:
„Das ist ja eine Frau!"
„Was macht die denn hier?"
Keine hundert Meter entfernt, läuft sie leicht gebeugt und trotz der Last des Rucksacks strammen Schritts auf einer Chaussee entlang. Mit ihren Kniehosen, langen Wollstrümpfen und hohen Wanderschuhen hat sie sich anscheinend auf einen langen Marsch vorbereitet.
Aber eine einzelne Frau in dieser Gegend ist ungewöhnlich. Man weiß nicht, wie die Pilgerin einzuordnen ist.
„Ob sie 'ne Deutsche ist?"
„Nach der Kleidung könnte man es annehmen!"
Ich zweifle und versuche mir einen Reim zu machen:
„Aber warum geht die dann nach Osten?"
Schweigen ... Niemand hat eine Erklärung. Müller ermuntert:
„Man kann ja mal fragen. Sollte es 'ne Polin sein, dann gehen wir einfach weiter!"
„So machen wir's!"
Die einsame Wanderin blickt nicht auf. Wir nähern uns unbemerkt. Der Feldweg endet an der Landstraße. Sein Graben wird mit einem Sprung überwunden.

Sie hebt den Kopf, erschrickt und bleibt augenblicklich stehen. Zaghaft kommt sie auf uns zu. Trotz beherrschter Gesichtszüge kann sie ihre Unsicherheit nicht verbergen. Man fühlt ihr Mißtrauen.

Sie ist Deutsche. Ich informiere sie schnell über uns. Ihre Skepsis legt sich. Dann beantwortet sie einige Fragen:

„Wo kommen Sie denn her?“

„Aus der sowjetischen Besatzungszone.“

„Wo sind Sie über die Grenze gekommen?“

„Bei Stettin.“

„Wurden Sie von Polen oder Russen kontrolliert?“

„Von Polen.“

„Sind Ihnen unterwegs Polen oder Russen begegnet?“

„Ja, einige russische Streifen. Sie haben mir keine Schwierigkeiten gemacht.

„Und wo wollen Sie nun hin?

„Nach Regenwalde, etwa dreißig Kilometer von hier.“

„Da haben Sie sich aber was vorgenommen! Hier in diesem Gebiet, bis fünfzig Kilometer diesseits der Oder, finden Sie keine Deutschen mehr. Die sind alle vertrieben!“

„Ich weiß! Aber Regenwalde gehört nicht dazu. Dort leben meine Eltern. Ich will sie zu mir holen.“

„Mich wundert, daß man Sie hier so laufen läßt?“

„Ich habe von den Russen eine Sondergenehmigung. Es war nicht leicht, sie zu kriegen.“

„Das kann ich mir denken ...“

Ich will gerade auf unsere Belange zu sprechen kommen, da platzt mir Müller dazwischen. Er fragt direkt:

„Haben Sie für uns 'ne Scheibe Brot übrig?“

Die ungeschickte Überrumpelung befremdet die Frau. Sie zögert. Ich fürchte eine Absage, lenke ein und erkläre unsere Lage:

„Haben Sie bitte Verständnis. Wir haben seit Tagen nur von Früchten gelebt. Wir können uns denken, daß es bei Ihnen knapp ist, weil Sie es für Ihren Weg einteilen müssen. Sollten Sie aber dennoch, vielleicht nur eine halbe Schnitte Brot für jeden übrig haben, dann sind wir sehr dankbar. Es wäre eine große Hilfe!"

Ohne ein Wort der Erwiderung schnallt sie den Rucksack ab, schnürt ihn auf und holt einen Laib Brot hervor. Sie schneidet vier Schnitten ab.

Wir stehen vor ihr wie Kinder, die von einer fremden Tante Schokolade geschenkt bekommen haben. Mir läuft das Wasser im Mund zusammen. Das Brot ist frisch. Statt richtig zu kauen, schlingen wir es hinunter. Mir wird wohl im Magen.

„Das war eine richtige Erholung!"

Die Frau nimmt ihr Gepäck auf. Müller springt hinzu und hilft.

Sie lächelt:

„Wenn's mit Brot auch knapp bestellt ist, so hab' ich's Ihnen doch gern gegeben. Kommen Sie gut nach Hause!"

Sie setzt ihren Weg fort. Wir blicken ihr ein Weilchen nach. Schade! Gern hätte ich mir erzählen lassen, wie es hinter der Oder aussieht. Ich hätte viele Fragen gehabt. Aber sie wird unter Zeitdruck stehen und mit den Eltern schnell zurück wollen.

Auf den Erfolg ist Scheidmann stolz. Er gab den Anstoß, und heischt nach Anerkennung:

„Na, hat sich das nicht gelohnt?"

„Aber klar! Das war ein Auftrieb!"

„Mit ein paar Äpfeln halten wir nun bequem bis morgen durch. Dann kochen wir mit unserem Fleisch eine Gemüsesuppe. Damit reichen wir aus; denn das Oderbruch kann nicht mehr weit sein. Auf der anderen Seite treffen wir vermutlich wieder deutsche Bauern an!"

Wir verlassen die Straße und ziehen weiter nach Süden hinunter. Die Stimmung ist wie umgewandelt. Kraus und Müller sind ausgelassen. Sie necken und schubsen sich gegenseitig. Mit betont strammen Schritten geht Scheidmann voran. Er singt aus vollem Hals:

„In der Heimat, in der Heimat, da gibt's ein Wiedersehn ..."

Alle stimmen vergnügt mit ein. Einer will den anderen über-

tönen. Doch mit der anschwellenden Lautstärke verliert sich mit der Zeit die Lust am Gesang. Die Hochstimmung ebbt ab. Es war schön, mal was anderes, denn die Monotonie macht stumpf. Der Gemütswechsel stärkt die Seele und gibt Kraft. Bei der Überquerung des Oderbruchs wird sie mehr denn je gebraucht! Mir ist jetzt schon bange, wenn ich nur daran denke. Abgesehen von den beiden Flußläufen, wird das dazwischen liegende kilometerweite Sumpfgelände ein besonders schwieriges Hindernis sein. Hinzu kommt die neue Grenze zwischen Polen und Deutschland! Daß sie ausgerechnet dort verlaufen muß, macht den Übergang noch gefährlicher, als die Lage ohnehin schon ist. Die Polen werden die gesamte Gegend mit Argusaugen überwachen!
Hoffentlich geht alles gut!
Kraus schwenkt mehr und mehr nach Westen ab. Wie die Hammelherde tippeln wir hinterher. Keiner merkt es.
Doch ihm muß es auffallen. Wer vorn geht, hat auf die Richtung zu achten!
Müller macht ihn darauf aufmerksam, daß weiter nach Süden gegangen werden muß.
Er lenkt stumm ein. Aber bald zeigt sich bei ihm wieder dieser Rechtsdrall.
Kapiert er nicht? Oder sucht er absichtlich den kürzeren Weg zur Oder? Ich bin unwillig:
„Wenn Du dort weiter gehst, dann nähern wir uns dem Haff! Was soll der Unsinn?“
Scheidmann frozzelt:
„Hab' nur Geduld, Du wirst schon früh genug zu Muttern kommen!“
Die beiden Vorfälle sind schnell vergessen.
Am nächsten Vormittag weicht Kraus ein drittes Mal ab. Müller stellt ihn ernsthaft zur Rede:
„Wir laufen im Zick-Zack, und müssen wegen Dir noch mehr Kilometer schlucken!“
Wieder nimmt er den Vorwurf hin und fügt sich. Über den Grund seines seltsamen Verhaltens schweigt er sich aus.

Er darf nun nicht mehr nach vorn, muß hinter uns herlaufen. Die ständigen Richtungsänderungen haben mich völlig irritiert! Hitze, Hunger und das eintönige Auf und Ab der kleinen Anhöhen im Gelände lassen mich zeitweise unaufmerksam werden. Wie lange uns Kraus jeweils nach Westen „abgedriftet“ hat, ist mir deshalb entgangen.
Zum ersten Mal bin ich mir nicht ganz sicher, wo wir uns etwa befinden. In der Nähe des Haffs?
Oder sollten wir doch schon in der Nähe von Stettin sein, im Grenzbereich?
Ich will mir ein Bild machen und frage Kraus deshalb. Doch er stellt sich stur, blickt geradeaus und tut so, als habe er nichts gehört.
Warum benimmt er sich nur so seltsam? Weiß er es am Ende selbst nicht mehr genau?
Unvermutet, hinter einer Bodenwelle, taucht in der flachen Niederung ein einsam stehendes Gehöft auf. Es liegt idyllisch. Unmittelbar dahinter grenzt ein Birkenhain. Daneben, an der bewaldeten Uferseite eines kleinen Teiches, hängen Trauerweiden über das Wasser.
Ringsum auf den Feldern zeigt sich keine Seele. Hier sind wir allein! Das Fleckchen ist gerade richtig, um ungestört Essen zu kochen.
Dem Hof ist eine zwei Morgen große Obstplantage vorgelagert. Die kleinen Bäumchen steh'n in Reih' und Glied.
Ob an ihnen noch Früchte hängen?
Nein! Unwichtig. Wir erhoffen uns mehr aus dem verwilderten Garten. Er enttäuscht nicht. In ihm erntet Scheidmann Schnittlauch und Petersilie. Müller zieht einige Knollen Kohlrabi und Mohrrüben aus der Erde. Zusammen mit dem Vorrat an Kartoffeln, jeder hat davon noch einige in seiner Tasche, haben wir genug Gemüse.
Die Zubereitung macht keine Schwierigkeiten. Wenn auch, wie überall, von der Einrichtung nichts mehr aufeinander steht, so mangelt es nicht an brauchbarem Küchengerät. Das Geeignete ist schnell gefunden. Wir tragen es ins Freie. Denn

auf dem Herd in der Küche will ich die Suppe nicht brodeln lassen.
Der aus der Mündung des hohen Schornsteins aufsteigende Rauch wäre nach allen Seiten weithin sichtbar und kann signalisieren, daß hier Unbefugte am Werk sind. Sollte man uns aufstöbern, dann würden wir in dem Raum wie in einer Mausefalle sitzen!
Zur Errichtung der Kochstelle halte ich die Hausecke des Wohngebäudes für zweckmäßiger. Hier steht nicht nur der Wind gut, man ist auch einigermaßen geschützt. Vor allem habe ich wenigstens nach drei Himmelsrichtungen einen freien Überblick, der mir bei Überraschungen ein rechtzeitiges Handeln gestattet!
Das „Werk" ist mit herumliegenden Ziegelsteinen rasch vollendet. Kraus hat die Pumpe in Betrieb genommen, und den eisernen Kochtopf zur Hälfte mit Wasser gefüllt. Er stellt ihn auf die Feuerstelle. Die anderen Kameraden bringen das in kleine Scheiben zerschnittene Gemüse. Auch die zerkleinerten Kohlrabiblätter wandern in den Topf.
Das Holz ist trocken, und die Rauchentwicklung nicht groß. Kraus wedelt mit einem Stück Pappe die schwachen Wölkchen auseinander. Sie verlieren sich im Luftzug.
Im Augenblick ist weiter nichts zu tun. Müller und Scheidmann fühlen sich überflüssig. Die beiden überkommt Langeweile. Es zieht sie zu der Obstplantage hinüber. Zwischen den jungen Bäumchen nehmen sie ein Sonnenbad.
Die Suppe kocht. Das Gemüse muß erst weich werden. Dann fügt Kraus das Fleisch hinzu, würzt den Inhalt mit Salz und schmeckt ab. Er schnalzt mit der Zunge:
„Ich kann's kaum erwarten, bis der Eintopf fertig wird! — Endlich mal was Kräftiges!"
„Hab' Geduld! Nur noch 'ne Viertelstunde!"
Ich mahne:
„Laß' es nicht anbrennen!"
Er rührt in Abständen das Essen um. Ich hocke neben ihm, kontrolliere das Feuer und lege Holz nach.

Wie zufällig schaue ich zu den Sonnenbadenden hinüber. Mich rührt der Schlag...! Ich reiße den emsig quirlenden Kumpel hinter das Haus... — Bin ich schon gesehen worden?
Von der Anhöhe kommen zwei russische Soldaten herunter geritten! Sie haben die nichtsahnenden Kameraden ins Auge gefaßt und nähern sich ihnen. Gleich haben die Reiter sie erreicht.
Wir können sie nicht mehr warnen! Ein Signal würde auch uns verraten.
Kraus ist aufgeregt, fragt ratlos:
„Was soll'n wir tun?
Mir sitzt der Schock in den Gliedern. Ich zwinge mich zum klaren Denken.
„Bevor die mitkriegen, daß auch wir noch hier sind, muß was passieren!"
„Was denn?"
Fortlaufen? Über den Hof, zu dem Wäldchen? Nein! Man würde uns sehen!
„Wir verschwinden hier im Haus! Auf den Dachboden!"
Mit ein paar Sätzen hasten wir die Stiege hinauf... Dort eine Bodenklappe... Ein langer Haken... Mit ihm öffne ich den Verschluß... Die ausfahrbare Leiter läßt sich leicht herunterziehen. Ich kenne mich mit dem Mechanismus aus.
Von oben hole ich das Gestell ein und schließe die Luke wieder.
Das Dach ist dicht. Keine Ritze gewährt einen Blick nach draußen. An das Giebelfenster wage ich mich nicht heran. Wir kriechen hinter Gerümpel in den äußersten Winkel und lauschen. Der Unterschlupf liegt unmittelbar über der Feuerstelle.
Rauhe russiche Laute tönen an mein Ohr. Sie verstummen. Plötzlich Pferdegetrappel auf steinigem Boden. Ich flüstere:
„Sie kommen auf den Hof geritten!"
Dicht an der Hausecke schnauben die Gäule. Ihr Zaumzeug rasselt. Die Tiere kauen an der Trense ab. Müller ruft:

„Albert! Wo seid Ihr?"

Ich bin überrascht. Hat man ihn veranlaßt, uns hervorzulocken? Hat man mich vielleicht doch gesehen?

Wir verharren regungslos, riskieren keinen Mucks.

Nochmals erhebt sich seine Stimme. Jetzt noch lauter, eindringlicher:

„Albert, Ihr sollt hervorkommen!"

Kraus wird unruhig. Er murmelt:

„Der macht mich ganz nervös!"

Ich beschwichtige leise:

„Bleib' still! Die Russen werden sich nicht trauen, das Haus zu durchsuchen! Einer von ihnen müßte bei den Gefangenen bleiben. Das könnte für die Häscher verhängnisvoll werden!"

Bange Minuten des Wartens vergehen.

Wieder höre ich Stimmen. Die Reiter reden miteinander. Ihre Pferde werden unruhig. Sie dribbeln. Dann kurze Befehle... Irgend etwas poltert... Blechern fällt ein Gegendstand aufs Pflaster.

„Was war das?"

„Unsere Suppe!"

Die Pferde kommen in Bewegung... Drohende Kommandos:

„Dawai, dawai!"

Reiten sie vom Hof? Was geschieht mit unseren Kameraden?

Da! Auf der anderen Seite des Schornsteins eine Dachluke! Sie ist mit Brettern vernagelt. Ich öffne sie einen Spalt. Wir halten Ausschau.

Scheidmann und Müller kommen aus dem toten Winkel des Daches ins Blickfeld. Dann die Berittenen. Mit ihren Karabinern können sie jeden Fluchtversuch vereiteln. Ein Ausbruch der scharf Bewachten wäre glatter Selbstmord.

Wir verlieren sie aus den Augen.

Die werden Verstärkung holen und die Gegend durchkämmen!"

„Wir müssen vorher verduften!"

„Los, komm'!"

Beim Verlassen des Hauses bestätigt ein kurzer Blick auf die Feuerstelle unsere Vermutung, daß sie zerstört wurde. Die Ziegel sind auseinandergestoßen. Mit der Suppe hat man die Flammen gelöscht. Der leere Topf liegt einige Meter weiter auf dem Pflaster.
Kraus hebt den Kessel auf. Er flucht:
„So'n Mist! Nicht mal 'n bißchen haben die drinn' gelassen!"
Ich dränge:
„Vergiß es! Komm', wir wollen abhauen!"
Das vermeintliche Suchkommando muß annehmen, daß wir nach Westen entkommen wollen. Sie werden sich darauf einstellen. Aber so einfach machen wir es ihnen nicht.
Unser Weg führt genau nach Süden.
Doch ich bin mir nicht sicher, ob das Täuschungsmanöver gelingt. Wenn es die Russen in ihrer Suchaktion mit einkalkuliert haben, dann vermutlich nicht!
Wie groß wird unser Vorsprung sein? Reicht er aus, um zu entkommen? Wie rasch ist die Führung in der Lage, ihre Trupps in Marsch zu setzen? Jetzt ist Mittagszeit! Ob dadurch Verzögerungen eintreten?
Auf keine der Fragen fällt mir eine Antwort ein. Ich kenne die Strategie, die man gegen uns anwenden könnte, nicht und fürchte überrumpelt zu werden.
Nirgends ist ein Wald zu sehen, in dem man sich verbergen könnte. Nirgends eine Möglichkeit, sich zu verstecken! Ausgerechnet jetzt!
Und der Tag ist noch so lang...
Wie auf dem Präsentierteller eilen wir hastig über die Felder. Teilweise im Dauerlauf. Aufmerksam beobachte ich die Umgebung.
Die Stunden vergehen.
Der Abstand wird größer, und entsprechend verringern sich meine Bedenken. Schließlich nehme ich an, daß von dem weit zurückliegenden Stützpunkt keine Gefahr mehr droht.
Ein zu großes Aufgebot wäre inzwischen dafür notwendig. Das kann für uns kleine Fische nicht gerechtfertigt sein.

Es ist schon spät Nachmittag geworden. Die Schatten werden länger. Sie fallen nach Nordost.
Mit Überraschung stelle ich fest, daß, entgegen unserer Vereinbarung, Kraus wieder nach Westen läuft!
Ich glaubte in unserer Lage an seine Zuverlässigkeit, habe mich deshalb völlig auf die Absicherung konzentriert und nicht auf die Richtung geachtet.
Wenn er im Zweifel ist, dann muß er fragen!
Oder nutzte er die Gelegenheit und täuschte mich absichtlich? Das wäre unglaublich!
Hat er vielleicht ein bestimmtes Ziel im Auge? Aber dann muß er sich doch aussprechen!
Ich verliere das Vertrauen und kann ihm nicht mehr zugute halten, sich geirrt zu haben. Klare Verhältnisse müssen zwischen uns herrschen. Er muß sich eine Zurechtweisung gefallen lassen. Ich bin erregt. Aus mir platzt es heraus:
„Dein Handeln ist unverantwortlich! Du mußt Dir merken: Solange ich mit von der Partie bin, gibt's keine einsamen Entschlüsse! Und jetzt ab nach Süden, wie vereinbart!"
Der Vorwurf scheint ihn nicht zu berühren. Ohne sich dem stellen zu wollen, geht er unverdrossen weiter. Seine Augen blicken permanent geradeaus.
Jetzt ist mir klar, daß er uns alle an der Nase herumgeführt hat. So schwer es mir fällt, allein weiterzugehen, so bin ich nun entschlossen, auf diesen Weggefährten zu verzichten. Doch nicht im Krach. Mein Abschied fällt gemäßigt aus.
„Wenn es sich so mit Dir verhält, dann müssen sich unsere Wege trennen. Ich wünsche Dir eine gute Heimkehr!"
Kraus antwortet nicht.
Ich wende mich nach Süden ab. Bevor wir uns aus den Augen verlieren, blicke ich noch einmal zu ihm hinüber. Er läuft unbeirrt weiter. Mir scheint, als schwenke er nun sogar nach Nordwest ab!
Wer weiß, was ihn für Pläne beschäftigen!
Die Trennung tut weh. Sie mußte aber sein. Ohne Vertrauen und gemeinsames Denken geht's eben nicht. Er hätte minde-

stens bis zur Grenze durchhalten und sich genau wie ich anpassen müssen. Dann wäre immer noch Zeit, um seiner Wege zu gehen.
Mißmutig schlendere ich träge über den Acker. Mich überkommt Müdigkeit. Der Magen knurrt mehr denn je. Er schmerzt vor Hunger.
Wenn ich nur einigermaßen was zu beißen haben will, dann muß ich noch heute über die Grenze. Der Fluß kann nicht mehr weit sein!
Ich reiße mich zusammen. Mein Schritt wird forscher.
Dort hinten, parallel zu meinem Lauf, die gerade Linie eines Walls. Sie verläuft von Nord nach Süd. Ist das die Böschung eines Oderarms?
Nein! Eine Chaussee verbirgt sich dahinter. Wo mag sie hinführen?
Der Asphalt unter den Füßen ist wohltuend. Es läuft sich leichter.
Ob ich hier jemandem begegne, der mir was zu essen geben kann?
Da eine Kreuzung! Auf den beiden Hinweisschildern lese ich die Städtenamen „Gollnow und Altdamm".
Jetzt habe ich bis zum geplanten Übergang noch einen Fußmarsch von etwa dreißig Kilometern vor mir. Ich hätte längst dort sein können! Wie ärgerlich, daß Kraus mich so weit nach Norden abgedrängt hat.
Lustlos wende ich mich ab.
Die Straße führt durch Sumpfgelände. Beiderseits der Trassenführung ist der Laubwald bis auf dreißig Meter abgeholzt. Die Reste vom Kahlschlag liegen vertrocknet in Mengen umher. Bei dem unwirtlichen Anblick bedrückt mich das Gefühl, dort unten im Notfall Deckung suchen zu müssen.
Ein kaum vernehmbares, rhythmisches Knattern unterbricht die Stille. Sind's Auspuffgeräusche?
Es verstummt. Doch plötzlich, als gäbe ein Kraftfahrer unvermittelt Gas, bullert es hörbarer!
Das muß ein Traktor sein!

Ist er auf der Straße? Kommt er auf mich zu?
Die Chaussee verläuft vor mir in einem leichten Bogen. Sie ist nicht zu übersehen. Die Bäume davor versperren die Sicht.
Ist der Mann am Steuer ein Pole...? Aber die haben in dieser Gegend bestimmt noch keine Trecker!
Es könnte ein Russe sein.
Bevor ich aber die Böschung hinunter und in den Wald hinüber springe, will ich wissen, wer da kommt. Vielleicht lohnt's nicht!?
Immerhin besteht die Möglichkeit, daß der Mann keine Notiz von mir nimmt. Meine Mühe wäre...
Zu spät! Schon rollt ein Bulldog ins Blickfeld.
Der Fahrer gibt Vollgas. Er muß mich sofort gesehen haben. Er zieht einen offenen Anhänger. Auf ihm hocken mehrere russische Soldaten!
Mein Schritt bleibt gelassen.
Kurz vor mir quietschen die Bremsen. Die Uniformierten richten sich auf, laden die Gewehre durch und legen auf mich an. Einer springt von der Anhängergabel herunter. Er steht vor mir:
„Dokument?"
Meine Miene ist gleichgültig:
„Nix Dokument!"
Sein ausgestreckter Arm weist auf den Anhänger:
„Poschli!"
Ich steige hinauf und hocke mich auf die Pritsche zwischen fünf weitere Leidensgenossen. Die Männer sind nicht ansprechbar. Teilnahmslos blicken sie ins Leere.
Der ganze Tag war für mich eine Katastrophe. Es fing schon mit Scheidmann und Müller an. Dann die Affäre mit Kraus und jetzt noch dieses Pech. Vom verpatzten Mittagessen ganz zu schweigen. Weiß Gott, das alles hätte nicht sein müssen, wenn wir des Nachts marschiert wären.
Aber wo der Schatten fällt, da ist auch Sonne. Man wird mich sicher nicht verhungern lassen. Die Sowjets werden billige Arbeitskräfte brauchen! Ich muß durch diesen Engpaß durch.

Eines Tages wird sich wieder eine Gelegenheit zur Flucht bieten!
Vor Gollnow rollt der Lanz-Bulldog auf einen Seitenweg. Ich sehe Wachtürme, hohe Maschendrahtzäune, und im Hintergrund ein einstöckiges, langgestrecktes Haus. Wir sind am Ziel. Die zwei hintereinanderliegenden Tore, die wir passieren, werden von bewaffneten Posten wieder verschlossen. Vor dem Eingang des Gebäudes klettern wir vom Fahrzeug und nehmen nebeneinander Aufstellung.
Ich vermute ein strenges Verhör und stelle mich darauf ein. Auf Fragen nach meinen Personalien, nach meiner Einheit und was ich hier in dieser Gegend, drei Monate nach der Kapitulation, noch zu suchen habe. Selbst Unterstellungen von Sabotage halte ich für möglich.
Doch nichts dergleichen geschieht. Nicht mal meinen Namen muß ich nennen! Zu meiner Überraschung übernimmt ein deutscher Feldwebel in weißer Drillichjacke die Neuankömmlinge. Offenbar hat er hier das Kommando.
Seine Augen streifen uns mit kurzem Blick. Dann wirft er jedem eine Wolldecke zu. Die ihm unterstellten Vertrauensleute führen uns zu den Schlafplätzen.
In der ersten Etage wird mir der Zwischenboden eines tischähnlichen Gestells zugewiesen, die, in langen Reihen eng nebeneinander angeordnet, den Zugang nur vom Fußende her erlauben. Bevor sich der Kalfaktor abwendet, frage ich:
„Gibt's noch was zu essen?"
„Nein! Die Küche ist längst zu."
Enttäuscht krieche ich auf meine Pritsche.
Nach oberflächlicher Schätzung sind in der Halle etwa vierhundert deutsche Soldaten untergebracht. Einzelne tragen wie ich Zivil. Ihre Ausdünstungen liegen schwer in der Luft. Die offenen Luken der Fabrikfenster an der Wand schaffen kaum Abhilfe. Es gibt keinen Durchzug.
Draußen senkt sich der Tag. Ein Teil der Mitgefangenen drängt sich noch in den schmalen Gängen. Die anderen haben sich schon hingelegt. Mich fragt mein Nachbar:

„Bist Du ein Neuer?"
„Ja!" antworte ich einsilbig.
„Dann beeil Dich mit dem Schlafen! Im Morgengrauen ist die Nacht vorbei!"
Er fühlt, daß ich keine Lust zum Reden habe.
Draußen sind Scheinwerfer eingeschaltet worden. Ihr grelles Licht dringt durch die Fensterscheiben. Der Schlafsaal ist in gespenstisches Halbdunkel getaucht.

*

Mich deprimiert die Vorstellung, aus diesem ausbruchsicher angelegten Gefängnis nicht flüchten zu können. Auf den ersten Blick war zu erkennen, daß das Lager mit großer Sorgfalt errichtet worden ist. Die beiden hintereinander erstellten fünf Meter hohen Drahtzäune, der dazwischen ausgerollte Stacheldraht mit den drohenden Wachtürmen, sie lassen keine Illusionen aufkommen.
Das, wovor ich mich immer gefürchtet habe, ist eingetreten. Ausgerechnet so kurz vor der Grenze — so kurz vor dem Ziel! Fast am Ende des Sommers. Es ist Mitte August. In einem Monat steht der Herbst vor der Tür .
Meine Leichtfertigkeit habe ich teuer bezahlt!
Mir kommen erstmals Zweifel über das Gelingen meiner Heimkehr. Wenn von hier ein Ausbruch nicht rechtzeitig glücken sollte, dann kann ein früher Wintereinbruch alle bisherige Mühe zunichte machen.
Die Aussichtslosigkeit zerstört alle Hoffnungen. Bis auf eine: Die Zeit, die mir noch verbleibt. Wenn sie auch noch so knapp ist, so kann daraus vielleicht eine Gelegenheit erwachsen.
Vorerst muß ich mich anpassen!
Doch die Atmosphäre des Gefangenenlagers ist erdrückend. Ich kann keine Beziehungen finden, vermeide Gespräche, halte mich von allem zurück.
Man soll mir meine Wünsche, meine Gedanken nicht von den Augen ablesen können. Rein instinktiv und ohne besonderen Grund lege ich es darauf an, mich gelangweilt zu zeigen.

Als die Lagerinsassen zum morgendlichen Antreten nach dem Frühstück gepfiffen wurden, — es gab Malzkaffee, einen Eßlöffel Zucker und etwa fünfzig Gramm Brot, — lasse ich mir Zeit und erscheine als Letzter auf dem Appellplatz.

Die Männer hatten mit dem Abzählen längst begonnen: „Dreiundachtzig, — vierundachtzig, — fünfundachtzig, — sechsundachtzig, — ..."

Am Ende des linken Flügels im hintersten Glied hebt sich meine lange Gestalt neben den kleineren Mitgefangenen wie eine Bildsäule ab.

Ist mein Verhalten provozierend? Mir kommen Zweifel und Befürchtungen.

Ist nicht zunächst am allerwichtigsten, den Eindruck zu erwecken, daß bei mir keine Unlust, keine Opposition zu befürchten ist? Wäre es da nicht besser, mitzumachen?

Zu einzelnen Trupps formiert, verlassen die ehemaligen Landser nacheinander mit ihrer Bewachung das Lager. Sie sind irgendwelchen Werkstätten zugeordnet, wo sie ihr Brot verdienen müssen.

Den kleinen zurückbleibenden Rest an Männern teilt der deutsche Feldwebel für Lagerarbeiten auf. Zum Kartoffelschälen, Holzhacken und Säubern der Unterkunft. Sein letzter Gedanke gilt dem Latrinendienst. Er obliegt mir. Bei der Erteilung des Befehls huscht ein hämisch ergötzliches Lächeln um den Mund des Etablierten.

Das Örtchen liegt weit abseits gegenüber dem Hauseingang zwischen den beiden Wachtürmen, unmittelbar am Maschendrahtzaun. Etwa einhundert Meter sind es vom Hauptgebäude. Um vor fremden Blicken sicher seine Notdurft verrichten zu können, ist die eineinhalb Meter tiefe, im langen Rechteck ausgehobene Grube mit ihrem darüber befindlichen Donnerbalken, ringsum von einer Bretterwand abgeschirmt. Zwei schmale Öffnungen an den Enden des Abtritts bieten bei Gedränge eine reibungslose Zu- und Abgangsmöglichkeit.

Mit entsprechendem Gerät und Chlorkalk ausgerüstet, mache ich mich ans Werk.

Die Arbeit verläuft nicht ohne Unterbrechung. Zwei Kranke haben es mächtig eilig. Die verkniffenen Gesichter sind blaß, hohlwangig und unrasiert. Der Blick müde und verschleiert. Sie können sich kaum auf den Beinen halten und lassen die nur mit ihren Händen hochgehaltenen Hosen einfach fallen.
Ein wenig abseits setze ich mich auf die Erde, warte ab und werfe durch die Ausgangsöffnung einen Seitenblick zu ihnen hinüber.
„Was ist denn mit Euch los?"
„Wir sind krank!" antwortet der eine mit tonloser Stimme.
„Seid Ihr schon beim Arzt gewesen?"
Er schüttelt matt den Kopf.
„Es kommt ja keiner! Der Feldwebel hat uns von der Arbeit befreit und meinte, daß wir uns hinlegen dürfen!"
„Das ist doch keine Lösung! Wie soll denn das weitergehen?"
Er winkt kraftlos ab, als sei ihm jedes Wort zuviel:
„Keine Ahnung!"
Ich lasse die Kranken in Ruhe. Nachdem sie sich zurückziehen, nehme ich mit angehaltenem Atem die schmutzige Beschäftigung wieder auf. Sie widert mich an. Nach ein paar Minuten ist die Anweisung des Zynikers, wenn auch flüchtig, erledigt.
Doch so schnell will ich mit der Arbeit nun auch wieder nicht fertig werden. Ein neuer Auftrag droht!
Vor der Latrinenumzäunung riecht es weniger stark. Mit der Harke ebne ich ringsherum den Boden, jäte Unkraut und lege Wege zum Ein- und Ausgang an. Das ausgerupfte Grün, in regelmäßigen Abständen an den Gassenrändern wieder eingepflanzt, betont die Markierungen auf lustige Weise.
Sicher hat der Feldwebel das Örtchen noch nie so ordentlich vorgefunden. Es kann nicht schaden, wenn er glaubt, daß der Neue eine Macke hat. Wer weiß, was noch auf mich zukommt — und vielleicht lassen sich in Zukunft damit einige Fehler entschuldigen. Meine Arbeitswilligkeit habe ich jedenfalls unter Beweis gestellt.
Bis zur Mittagessenausgabe ist noch Zeit. Statt meine Voll-

zugsmeldung zu machen, verdrücke ich mich zum Friseur. Meine Haare sind überfällig. Ich gelange zu ihm über den Vorplatz, brauche nicht durch den Haupteingang, denn dort könnte mir der Spieß in die Quere kommen.
Die Gelegenheit ist günstig. Der Haarschneider ist allein, hat nichts zu tun.
Sein Arbeitsplatz, provisorisch hergerichtet, soll wohl ein wenig Salon vorgaukeln. Seitlich vom Fenster liegt auf einer an der Wand montierten Ablage Schere, Kamm und Bürste. Darüber hängt eine Spiegelglasscherbe. Ein Gartenstuhl steht davor. Es ist die einzige Sitzgelegenheit in der kleinen Kammer. Ich setze mich.
„Bitte, einen Faconschnitt, Kamerad!"
Er schüttelt ein altes Leinentuch aus, wirft es mir über und befestigt die Enden im Halskragen meines Hemdes. Er macht sich an die Arbeit.
„Bist Du neu hier? Ich habe Dich noch nie gesehen. Einen Zivilisten haben wir nicht alle Tage!"
„Ja, seit gestern, weil ich keine Papiere hatte. Seltsam! Als ich hier im Lager eingeliefert wurde, da hat man sich für meine Personalien überhaupt nicht mehr interessiert!"
„Ist denen auch völlig egal. Hauptsache, die Bestandszahl der Gefangenen stimmt. Wenn die abnimmt, dann organisieren sich die Russen stets neue Leute!"
„Wie kann denn die abnehmen?", frage ich neugierig.
„Teils flüchten die Landser, teils sterben sie weg. Mit dem Fraß hier rotten die uns auch langsam aus. Nur die ganz Gesunden haben Chancen, zu überleben!"
Mir ist das Thema wichtig:
„Vorhin auf der Latrine begegneten mir ein paar Kranke. Die müßten zum Arzt!"
„Es gibt keinen. — Und die holen auch keinen."
„Dann müßten die armen Kerle doch wenigstens entlassen werden!", entrüste ich mich.
„Das macht die Lagerleitung nicht. Wegen der Bestandszahl."

Der Kumpel redet gern. Ich will noch mehr erfahren und erzähle unbefangen:
„Es ist nicht zu verstehen, daß niemand nach meinem Beruf gefragt hat. Meine Arbeitskraft könnte doch genau so nützlich sein wie die der anderen, die zu den Werkstätten geführt werden!"
Er sieht mich durch den Spiegel an und lacht:
„Die werden sich hüten! Aus dem Lager kommst Du nicht hinaus. Bei Dir ist man vorsichtig, weil Du ihnen fluchtverdächtig scheinst. Denn drei Monate nach Kriegsende und in Zivil aufgegriffen, hast Du für die eine bedenkliche Vergangenheit! — Man wird Dich hier im Lager beschäftigen!"
Ich erwidere harmlos:
„Mein Gott, da gibt's doch eine einfache Erklärung. Ich hatte Typhus und lag so lange im Krankenhaus. Als ich gesund war, wollte ich einfach nach Hause gehen. Da kamen die Russen!"
„Das interessiert alles nicht. Die haben ihre eigenen Vorstellungen von Dir. Da hast Du eben Pech gehabt!" lächelt er bedauernd.
Er löst das Tuch und pinselt mir die Haare aus dem Nacken.
„So, wir sind fertig! Das hat sich aber gelohnt. Eine Menge Haare sind heruntergekommen!"
„Das war auch höchste Zeit!"
Als ich zur Tür hinaus will, fragt er beiläufig:
„Hast Du zufällig eine Zigarette oder ein wenig Tabak übrig?"
„Nein, tut mir leid."
„Macht nichts!"

*

Das Gespräch gibt mir zu denken. Wenn ich hier mal hinauskommen will, dann muß vorher der Fluchtverdacht ausgeräumt sein.
Aber wie? Mit den Russen komme ich nicht in Berührung. Und die Mitgefangenen? Die können mir schon gar nicht

helfen. Eine mögliche Kontaktperson wäre der Feldwebel. Aber der ist hier engagiert. Und von dem habe ich sicher nichts zu erwarten. Denn der hat mich anscheinend auf der Rübe. Sein Grinsen hatte nichts Gutes zu bedeuten.
Man müßte unauffällig in einer herausragenden Form auf sich aufmerksam machen, die zum Ausdruck bringt, daß ich zu einer Flucht überhaupt nicht fähig bin!
Die Macke! Das ist die Lösung!
Mit dem Latrinendienst ist schon der richtige Anfang gemacht. Mein Benehmen braucht sich nicht zu verändern. Aber alles muß echt wirken. Daß ich trotz meiner „Einfalt" die mir aufgetragenen Arbeiten zuverlässig erledige, ist wichtig! Nur so besteht Aussicht, außerhalb des Lagers eine Tätigkeit zu erhalten.
Mich reizt das neue Spiel.
Voller Hoffnung und unternehmungslustig suche ich nach Hilfsmitteln und Gelegenheiten für die neue Rolle.
Ein alter, ausgedienter Sack, aufgetrennt und mit Bindfaden entsprechend verknotet, findet als Schürze eine neue Verwendung. Sie drückt Arbeitsbereitschaft aus und schützt zudem auch noch den Anzug. Eine Schiebermütze, wenn auch arg lädiert, das Futter hängt seitlich heraus, bringt mit dem nach oben geklappten Schirm Aufgeschlossenheit und Aktivität zum Ausdruck.
Doch anderseits, und das ist die schwierige Seite der Medaille, gilt es, daß nicht einmal indirekt der im Laufe der Jahre anerzogene soldatische Drill zum Ausdruck kommen darf. Ein richtiger Soldat war der nie, muß allgemein die Meinung sein. Außerdem müssen mir im richtigen Augenblick bei der Durchführung der aufgetragenen Arbeiten Dinge einfallen, die eine treuherzige Naivität zum Ausdruck bringen.
Ich bin zuversichtlich, mein Konzept steht fest.
Im Morgengrauen bringt mich der Weckruf, der schrille Ton aus einer Trillerpfeife, nicht mehr aus der Ruhe. Ich lege mich auf's andere Ohr. Denn auf das gegenseitige Geschiebe im Waschraum kann ich verzichten. Zum Frischmachen ist nach-

her noch Gelegenheit, wenn all die anderen zur Arbeit gegangen sind.
Selbstbewußt vor mich hinpfeifend, die Hände tief in den Hosentaschen vergraben, schlendere ich wiederum unpünktlich und als Letzter zum Zählappell.
Beim Einreihen gibt es Schwierigkeiten. Die zum Teil miteinander befreundeten Männer wollen sich von mir nicht trennen lassen, wollen nebeneinander stehen bleiben. Ich nutze das aus, und versuche zum Schein mich hier und da vergeblich dazwischenzudrängeln. Das schafft Unruhe! Erst nach Schluß des Abzählvorganges endet mein Manöver und ich finde den richtigen Anschluß.
Die dadurch entstandenen nachhaltigen Verschiebungen bringen den Spieß mit seiner Endzahl in Konflikt und zur Verzweiflung. Wütend kommt er herbei und brüllt:
„Was ist denn das hier für 'ne Schweinerei!"
Ich will mich entschuldigen, rede ihn mit übertriebener Wertschätzung an:
„Ich hab' mein Loch nicht gefunden, Herr Hauptfeldwebel!" kommt es kleinlaut über meine Lippen. Ich blicke ihn dabei ein wenig ängstlich und lauernd an.
Meine Stilblüte gibt ihm Gelegenheit zur Schlagfertigkeit. Er reagiert prompt:
„Beim Latrinendienst nachher, da werden Sie's finden!"
Die Lacher sind auf seiner Seite. Er grinst zufrieden und will sich abwenden. Da trifft mich noch einmal sein prüfender Blick:
„Haben Sie sich heute nicht gewaschen?"
Der vorwurfsvolle Unterton löst in meiner Mimik Überraschung aus. Mit großen Augen stottere ich betroffen:
„Der Waschraum war so voll. — An einen Wasserhahn bin ich nicht herangekommen!"
Er gibt auf, hat genug und wendet sich ab. Meine letzten Worte wollte er nicht mehr hören. Ein schräg vor mir stehender Kamerad dreht sich um:
„Da hast Du dir mal wieder was eingehandelt!"

Rasch spiele ich lächelnd und treuherzig die hämische Bemerkung hinunter:
„Na und? Unwichtig! Da kann ich wenigstens wieder meine Blumen gießen!"
Die einfältige Begründung können einige sicher nicht in einen rechten Zusammenhang bringen. Sie zwingt aber zum Aufhorchen. Wenn auch keiner von ihnen was sagt, so stelle ich mit Genugtuung die verstohlen auf mich gerichteten Blicke fest.
Ich bin auf dem richtigen Weg.
Der Feldwebel teilt mich für den Latrinendienst nicht mehr ein. Ich vermute, das gibt er auf. Wahrscheinlich bin ich ihm uninteressant geworden. Er übersieht mich, befaßt sich nicht mehr mit mir.
Wenn es meine Zeit erlaubt, greife ich zur Harke und pflege aus eigenem Gutdünken den Vorplatz um das Örtchen. Es selbst zu reinigen aber verkneife ich mir.
Ohne den Bogen zu überspannen, albern und von langer Leitung, manchmal engstirnig und scheinbar unbedacht, verbohrt und töricht, immer so wie es mein Spiel in der jeweiligen Situation erfordert, verrichte ich die mir aufgetragenen Arbeiten mit übertriebener Gewissenhaftigkeit und ohne jede Beanstandung.
Bei gelegentlichen Meinungsverschiedenheiten mit den Kameraden versuche ich hartnäckig mit verschrobener Logik zu überzeugen. Man gibt bald auf, läßt mich in Ruhe und zeigt schließlich Nachsicht.
So beim Kartoffelschälen etwa.
Hat einer fünf Knollen geputzt und geschnitten in den Bottich geworfen, dann landet von mir bestenfalls nur eine hinein. Denn ich trenne die Schale, wenn auch umständlich, sorgsam dünn vom Fleisch. Die Kameraden beknien mich:
„Nun beeil' Dich doch ein bißchen!"
„Wir wollen fertig werden!"
„Die Küche braucht den Kübel!"
Ich beschwichtige:

„Bleibt doch ruhig! Ihr seht, daß ich mir Mühe gebe und nicht schneller kann!“

Einer sagt gereizt:

„Mensch, mach' hin! Die Kameraden woll'n nachher was zu fressen haben!“

Über seinen Ton entrüstet, hebe ich eine von ihm geschnittene Schale auf, halte sie vor seine Nase, und mache allen lauthals Vorhaltungen:

„So schält man keine Kartoffeln! Wir haben so schon nichts zu beißen, und ihr schmeißt das Beste weg! Mir ist egal, wie lange wir hier sitzen!“

Die Antwort war nicht angebracht. Sie war ebenso simpel wie bockig. Denn mir ist klar, daß wir fertig werden müssen.

Das Thema ist zu Ende, die Kameraden geben auf. Sicher nicht nur deshalb, weil auch etwas Wahrheit in meinem Argument liegt.

Wir alle gehen zur Lieblingsbeschäftigung über. Einige Erdäpfel rösten in der Glut des Lagerfeuers. Sie sind gar und schmecken mit etwas Salz köstlich. Die Zusatznahrung ist lebenswichtig!

Leider gibt's die Gelegenheit nicht alle Tage. Man kann wirklich nicht lange genug an diesem Job festhalten. Er geht ohnehin viel zu früh zu Ende. Die Küchenbullen sorgen schon dafür. Ihr Termin ist genau bemessen, denn die Suppe muß rechtzeitig fertig werden.

Da kommen die Beneidenswerten schon. Sie ergreifen die Wanne und schleppen sie fort.

Zwangsläufig finden meine Umgangsformen keinen Anklang bei den Mitgefangenen. Wer sucht schon die Nähe eines Trottels? Man kann von ihm nichts profitieren.

Mir fehlt der Kontakt sehr. Wenn sich die anderen miteinander befassen, sich mitteilen und gegenseitig aufrichten können, um das Schwere leichter zu ertragen, dann bleibe ich abseits, stets für mich allein.

Doch eines Tages, beim Holzhacken, interessiert sich jemand überraschend für mich.

Wie ein Berserker schwinge ich bereits den ganzen Vormittag die Axt. Mir läuft der Schweiß von der Stirn.
Umständlich visiere ich den sorgsam auf dem Hauklotz zurechtgestellten Holzkloben an. Trifft mal einer meiner wuchtigen Schläge, dann fliegt mitunter das gespaltene Scheit in hohem Bogen bis zu zehn Meter weit. Obwohl ich mir scheinbar Mühe gebe, bleibt die Leistung gering.
Auf der gegenüberliegenden Seite des Platzes hat das Kartoffelschälkommando die Arbeit eingestellt. Die Männer gehen auseinander.
Einer von ihnen kommt zu mir herüber. Er ist untersetzt. Sein Gang sieht lustig aus. Er watschelt mit seinen Plattfüßen wie eine Ente und erinnert an Charly Chaplin, an seine liebenswerte Komik. Ein flottes Menjoubärtchen ziert das treuherzige Gesicht.
Die dunklen Augen sehen mich aufrichtig an. Ein wenig Mitleid spricht aus ihnen. Ebenso stumm wie selbstverständlich gibt er mir einige geröstete Kartoffeln und nimmt mir die Axt aus der Hand.
„Mach mal'n Augenblick Pause!"
Routiniert und mit viel geringerem Energieaufwand setzt er meine Arbeit fort.
Verblüfft wische ich mir den Schweiß von der Stirn und setze mich auf einen Klotz. Seine Aufmerksamkeit und Teilnahme beeindrucken mich.
Wortlos stille ich meinen Hunger.
Ist er auch so allein, sucht er Anschluß?
Ich nenne meinen Namen, Heimatort und Zivilberuf.
Er freut sich, wird gesprächig und stellt sich vor:
„Franz Zühlke ist mein Name. Bin Motorradschlosser und in Hannover zu Haus. Als Gefreiter tat ich Dienst in einer Werkstattkompanie. Ich habe gesehen, wie Du Dich abquälst. Das hat mir leid getan!"
„Es ist nett von Dir, daß Du mir hilfst. Ich hätt's aber auch allein geschafft!"
„Sicher. — Aber die Küche braucht Holz. Was Du geschlagen

hast, reicht nicht. Nimm Du unterdessen den Korb, sammle die paar Stücke ein und bringe sie hinüber. Der Koch wartet schon darauf!“

Wir fühlen uns zusammengehörig, verbringen nun jede freie Minute miteinander. Ich ziehe ihn ins Vertrauen. Er ist gleichgesinnt und will mit mir flüchten. Wenn die Zeit reif ist, wollen wir versuchen, außerhalb des Lagers gemeinsam zu arbeiten, um dann ausbrechen zu können.

Zühlke benimmt sich großartig. Es steckt mehr in ihm, als auf den ersten Blick zu vermuten war. Wenn durch meine Übertreibungen am Arbeitsplatz Fehlschläge auftreten, so ist er stets und im richtigen Augenblick zur Stelle, um zu helfen. Er kommt wie ein Schatten und verschwindet ebenso unauffällig. Kaum einer merkt, daß mir geholfen wurde. Hinterher wundert man sich dann und kann es kaum fassen, daß ich trotz meines Nachteils die Aufgabe ordentlich erledigt habe.

Eines Tages, es ist Ende August, erhalte ich die Order, den Waschraum zu reinigen. Er ist der einzige, der für all die Lagerinsassen zur Verfügung steht, und befindet sich im Mitteltrakt der oberen Etage.

Wie üblich, vom Wunsch besessen, die Durchführung der Anordnung nicht nur umständlich, sondern auch vollkommen zu meistern, verursache ich, ohne es zu wollen, eine Kettenreaktion von Pannen. Sie waren nicht zu vermeiden.

Man erwartet, daß sämtliche Einzel- und Gruppenbecken, sowie der gekachelte Fußboden zu säubern ist. Bestenfalls könnte man die Rohrleitungen mit einbeziehen.

Da aber auch die Wände schmutzig sind und an der Decke Spinnweben herabhängen, entschließe ich mich, noch gründlicher vorzugehen.

Der Raum hat ja einen Abfluß. Bedenkenlos nehme ich den Schlauch zur Hand, drehe den Hahn voll auf und strahle die Decke ab. Sie wird sauber. Dann folgen die Wände. Systematisch schwemme ich den Dreck von oben nach unten. Lösen sich die Flecken nicht sofort, dann hilft der Schrubber. Der frische Schmutz aus den Becken läßt sich leichter entfernen.

Ich halte den Schlauch hinein und spüle ihn raus. Der Wasserstrahl bricht sich in den Ecken. Das Gesicht wird naß, der Anzug weicht durch.
Macht nichts, nur weiter! Die Arbeit muß fertig werden, der Waschraum blitzen. Ich komme nicht zur Besinnung, blicke nicht auf.
Meine Betriebsamkeit wird durch Gebrüll unterbrochen:
„Sind Sie besoffen?"
In der Tür steht der Feldwebel. Unter dem Einfluß des Schocks, den er mir verpaßte, hätte er sich beinahe den vollen Strahl eingefangen. Eingeschüchtert drehe ich den Hahn ab und frage ahnungslos:
„Warum denn?"
Betroffen folge ich ihm ins Treppenhaus.
O, je! — Das milchige Abwasser fließt aus dem Waschraum und, wie bei einer Kaskade, die Stufen hinunter.
Der Abfluß muß verstopft sein!
Der Aufgebrachte scheint ratlos. Er betrachtet abwechselnd mal mich und mal die Bescherung.
Wird ihn mein dummes Gesicht besänftigen?
Er schüttelt den Kopf:
„Irgend etwas passiert bei Ihnen immer. — Was soll ich denn nur machen? — Das geht doch bei Ihnen nicht mit rechten Dingen zu!"
Zweifelt er an mir? Fällt ihm die Macke auf? Habe ich es schon geschafft? Jetzt muß wiederum bewiesen werden, daß meine Arbeit dennoch fertig wird.
Ich beschwichtige kleinlaut, naiv:
„Kein böses Wort bitte, Herr Hauptfeldwebel! In einer Stunde ist alles wieder in Ordnung!"
„Mehr Zeit gebe ich Ihnen auch nicht!" sagt er entschieden.
Seine heftige Erregung baut sich ab. Der scheinbar Beruhigte sieht mich zweifelnd an:
„Sie war'n wohl nie ein richtiger Soldat?"
Ich ziehe bedauernd die Schultern hoch und antworte nicht. Er geht, hopst vorsichtig die Treppe hinunter. Ich spähe ihm nach.

Auf den letzten Stufen rutschen seine Beine weg. Er kommt beinahe zu Fall, fängt sich aber wieder. Seine Flüche kümmern mich nicht mehr.
Kaum hat er sich entfernt, da knallt es hinter mir im Waschraum!
Was war das?
Es war ein Kurzschluß! Am oberen Wandabschluß ist von der elektrischen Anlage der Deckel einer Verteilerdose herausgeflogen. Die Abdichtung wird nicht festgesessen haben, hat Wasser durchgelassen.
Auch das noch!
Plötzlich steht Zühlke hinter mir.
„Was hast Du denn wieder angestellt? Der Spieß erzählt in der Küche, du seiest bestimmt mal gegen 'ne Bombe gelaufen!"
„Na endlich! Jetzt haben wir ihn soweit! Bald wissen es die Russen. Sie werden mir dann keine Flucht mehr zutrauen!"
Wir beheben gemeinsam die Mängel. Zuerst den Abfluß, dann das Treppenhaus. In fieberhafter Eile wird geschrubbt und gewischt. Nach einer Dreiviertelstunde ist alles sauber wie nie zuvor.
Zu guter Letzt kümmert sich Zühlke um die Stromleitung. Er flickt die Sicherung. Ich laß' ihn das allein erledigen und will unterdessen den Feldwebel vorzeitig mit der Vollzugsmeldung überraschen.
Er steht mit einigen seiner Kalfaktoren in der Nähe des Geräteschuppens. Neben der Tür lehnen Schaufel und Harke! Sie inspirieren mich für eine neue Schau. Die Gelegenheit ist günstig.
Schnurstraks gehe ich gemütlich zu den Geräten hinüber, klemme sie unter die Arme und schlendere, in Richtung der Latrine, an der diskutierenden Gruppe vorbei.
Der Lagerleiter wird aufmerksam, ist unsicher. Er will was sagen. Bevor er seinen Mund aufmacht, melde ich selbstgefällig und ungezwungen lächelnd:
„Der Schaden ist behoben!"

Ohne stehen zu bleiben, gehe ich weiter. Einer äußert hinter meinem Rücken:
„Das ist ja unglaublich! Was macht denn der nun?"
Beim Davonmachen fühle ich im Rücken die argwöhnischen Blicke der Privilegierten.
Vom „Gärtchen" kann ich die Clique unauffällig beobachten.
Sie reden wieder eifrig miteinander und trollen sich zum Haupteingang.
In der darauffolgenden Zeit entschuldigt oder übersieht die Lagerleitung meine Unzulänglichkeit mehr und mehr.
Ich habe Narrenfreiheit.
Ungewollt wird mein Auftreten immer selbstsicherer. Gleichzeitig benehme ich mich aber auch frecher, mitunter sogar leichtfertig. Die Komödie bereitet mir Vergnügen.
Überheblich spiele ich mit meiner Umgebung, teste ohne Grund Mitgefangene. Glücklicherweise werden die doppelzüngigen Bemerkungen von der Mehrzahl nicht verstanden und voreingenommen als harmlose Äußerungen eines verdrehten Zeitgenossen abgetan. Geschieht es aber dennoch, daß der eine oder andere bei solcher Gelegenheit mich kritisch betrachtet, dann zerstreue ich die Zweifel, bis die Einschätzung wieder den von mir gewünschten Grad erreicht hat.
Wenn's mal brenzlig wird, dann flüchte ich mich in beziehungslose Auslassungen. Aber darauf komme ich noch.
Das alles hat seine guten Seiten. Mein Ruf als einer, der sie nicht alle auf der Latte hat, wird stabiler. Zudem sind die ständigen Bestätigungen gute Kontrollen, die nicht nur beruhigen, sondern mich auch mit der nötigen Selbstverständlichkeit auftreten lassen.
Eines Tages warnt Zühlke eindringlich:
„Treib's nicht auf die Spitze! Das ist gefährlich!"
Ich habe keine Bedenken und beschwichtige:
„Mein Spiel durchschauen die nicht!"
Er wird deutlich, redet mit Nachdruck auf mich ein:
„Wir haben unter uns einen Spion. Er bekommt stets 'ne

doppelte Ration zugeteilt! Wenn der Dir das Wort im Munde rumdreht, dann bist du geliefert!“

Ich bin überrascht, finde es unglaublich und kann’s nicht fassen:

„Das gibt’s doch nicht!“

„Aber sicher!“

„Da verkauft uns einer für’n Kanten Brot? Wer ist denn diese Mistsau?“

Nach der abendlichen Zählung halten wir an der Essensausgabe lauernd nach ihm Ausschau.

Da ist der Verräter! Er reiht sich in die Schlange der Wartenden ein. Flugs stelle ich mich hinter ihm an. Er merkt nicht, daß sich meine Aufmerksamkeit auf ihn konzentriert.

Tatsächlich! Der Kerl bekommt zwei Kanten Brot und zwei Eßlöffel Zucker. Auf meine verblüffte Frage, wie er denn dazu komme, er möge mir den Trick mal verraten, antwortet er lakonisch:

„Beziehungen, mein Lieber! Beziehungen!“

Seine Augen streifen mich kurz, fast verlegen.

Ist’s ihm peinlich?

Ich will mich weiter mit ihm unterhalten, doch er zieht sich schnell zurück.

Der Mann ist mir ein Rätsel. Trotz des Beweises kann man sich kaum vorstellen, daß er in der Lage sein könnte, Kameraden zu bespitzeln und zu verpfeifen. Tut er vielleicht nur so, um sich die doppelte Ration nicht entgehen zu lassen? Spielt er auf seine Weise den Russen auch nur ein Theater vor?

Mein Eindruck von ihm ist nicht schlecht. Er hat angenehme Gesichtszüge, benimmt sich unauffällig und gibt sich ausgeglichen. Da ich ihn nicht näher kenne, ist seine wortkarge Antwort durchaus nicht negativ zu werten.

Man müßte den Zwielichtigen bei passender Gelegenheit testen. Für mich kann das kein Risiko sein. Was soll mir schon passieren? Wenn’s kritisch werden sollte, wird ihm niemand glauben.

Das wäre ein Lacher, wenn der dann in mir seinen Meister finden würde!

Je mehr ich darüber nachdenke, desto stärker empfinde ich die Herausforderung. Die Absicht behalte ich für mich. Zühlke wäre sonst beunruhigt.

Am nächsten Morgen, die Gefangenen sind angetreten und haben mit dem Abzählen gerade begonnen, erscheinen am Lagertor drei russische Offiziere. Mit steinerner Miene gehen sie auf den Feldwebel zu und übergeben ihm ein Schriftstück. Die Mitteilung wird laut von ihm verlesen:

„Warnung an alle! Vier Gefangene haben versucht, auszubrechen. Sie sind gefaßt worden. Einer von ihnen wurde auf der Flucht erschossen und die anderen können in der Einzelhaft eines dunklen, mit Wasser gefüllten Kellers darüber nachdenken, ob sich ihr Fehlverhalten gelohnt hat. Vorerst erhalten sie keine Nahrung. Sollte sich ein derartiger Fall wiederholen, dann kommen härtere Strafen zur Anwendung!“

Er faltet das Schreiben zusammen und redet mahnend auf die versammelte Mannschaft ein:

„Ihr habt den Vorfall zur Kenntnis genommen. Das muß Euch eine Warnung sein! Ich rate Euch, laßt es nicht soweit kommen. Es lohnt nicht! Die Rote Armee hat dafür kein Verständnis, läßt nicht mit sich spaßen und kennt keine Gnade!“

Ich empfinde Groll. Er schnürt mir die Kehle zu.

Stimmt's wirklich, daß man die Vier schnappte? Wenn ja, dann wollten die armen Kerle doch nur nach Hause!

Hatte vielleicht der Spitzel seine Hand im Spiel?

Oder will man uns nur einschüchtern? Bluffen die Russen? Sie zeigen sich darin als wahre Meister! Beispiele gibt's genug.

Der Haufen löst sich auf. Die Männer gehen geschockt auseinander, ihrer eingeteilten Arbeit nach.

Die ersten Septembertage verstreichen ohne besondere Vorkommnisse. Der Altweibersommer geht zu Ende, die Nächte werden länger. Längst hat das Grün der Bäume hinter dem

Drahtverhau seine Frische verloren. Der Herbst steht vor der Tür.
Ich fühle mich links liegengelassen, vergessen. Die Hoffnung, vor Wintereinbruch noch flüchten zu können, wird geringer. Sie schwindet. Lustlos vergeht die Zeit.
Mir kommen Bedenken. War die Konzeption, den leicht Bekloppten zu spielen, falsch?
Ob ja oder nein, auf keinen Fall darf ich jetzt auf normal umschalten. Ich muß mich ständig weiter auf meine Art bemerkbar machen. Wenn's auch schwer fällt! Die ununterbrochene Verstellung, immer konzentriert bleiben zu müssen, ist auf die Dauer kaum noch zu ertragen. Aber um der Chance willen gibt's keine andere Möglichkeit.
Es müßte was passieren! Das wäre ein Ausweg. Ein spektakulärer Auftritt könnte vielleicht weiterhelfen.
Die Gelegenheit läßt nicht lange auf sich warten.
An der Essenausgabe steht eine lange Schlange Hungriger. Die Luke ist noch nicht geöffnet. Die Küchenbullen haben es nicht eilig.
Ungeduldig klappern die Gefangenen mit ihren Kochgeschirren.
Nur einer nicht, der Zuträger. Er tut bescheiden und steht ruhig in der Reihe. Er hat's ja auch nicht nötig!
Seine Gegenwart ermuntert mich augenblicklich, ihn in Versuchung zu bringen. Er ist schon überfällig! Die Situation ist wie geschaffen.
Noch bin ich ihm nicht aufgefallen.
Spontan stelle ich mich hinter seinem Rücken derart abgewendet auf, um ihn glauben zu lassen, daß auch ich seine Anwesenheit nicht bemerke.
Ungehalten über das Spektakel der Kameraden, brülle ich im Befehlston eines Unteroffiziers vom Dienst mit einer alles übertönenden Stimme:
„Der Radau hier hört sofort auf!"
Eine Sekunde ist Ruhe. Doch dann setzt der Krach um so heftiger ein. Die Herausgeforderten lachen, wollen mich

provozieren. Einem ist meine Äußerung zu dumm. Er geht darauf nicht ein, will ablenken:
„Wir haben Kohldampf!"
Auf einen derartigen Zwischenruf habe ich gewartet. Er bietet sich als Streitobjekt an.
„Wenn Ihr's nicht abwarten könnt, dann geht doch nach Hause!"
Im Nu sind alle aufgebracht. Sie setzen verstärkt das Geklapper fort und johlen:
„Hört Euch mal den Weihnachtsmann an!"
„Laßt doch den Spinner in Ruhe!"
Ein Zwischenrufer fragt höhnisch:
„Wie stellst Du Dir das vor?"
„Ihr dürft doch außerhalb des Lagers arbeiten!"
„Na und?"
„Man braucht nur um die Ecke zu gehen, und schon seid Ihr zu Hause!" antworte ich aus dem Brustton der Überzeugung. Der plötzlich wirr klingende Sinn soll einen möglichen Vorwurf der Aufwiegelung entkräften.
Die Küche beginnt mit der Ausgabe der Abendverpflegung und beendet die Reiberei. Der Lärm mit den Kochgeschirren hört auf. Ich stelle mich als letzer in die Reihe, und warte geduldig.
Es wäre lächerlich, diese Äußerung eines im Erregungszustand befindlichen Schwachsinnigen als Aufforderung zur Flucht auszulegen. Dennoch ist damit zu rechnen!
Wird mich das Schwein verraten?
Was wäre dann zu tun? Wie winde ich mich raus?
Die Gedanken gehen mir nicht aus dem Sinn. Ich mache mir nun doch über mein Verhalten nachträglich Sorgen.
Diese Kurzsichtigkeit!
Hab' ich das nötig?
Hätte ich doch nur die gottverdammte Schnauze gehalten. Doch nun nützen mir die Selbstvorwürfe auch nichts mehr.
Die Nacht ist lang, will kein Ende nehmen. Ich finde keine Ruhe. Mal wälze ich mich auf die eine und mal auf die andere

Seite. Erst gegen Morgen übermannt mich der Schlaf. Der schrille Pfeifton des Kalfaktors reißt mich hoch. Müde und verpennt beginnt der neue Tag. Ich überwinde die Phase mit Holzhacken und laß' mir damit Zeit.
Die Küche hat heute genug Brennmaterial. Sie ist auf das wenige, was ich zustande bringe, nicht angewiesen.
Da unterbricht mich ein unscheinbarer Typ. Er ist mir bisher nicht aufgefallen, habe ihn nie gesehen. Er tut geheimnisvoll und spricht gebrochen Deutsch. Sein Anliegen überrascht mich.
„Sag' mir Bescheid, wann Du ausbrichst. Ich will mich anschließen!"
Wie kommt der eigentlich darauf? So plump vertraulich hat mich noch niemand angesprochen. Blitzschnell lehne ich das Anerbieten ab:
„Ich denke nicht daran! Bin froh, daß ich hier bin. Was soll überhaupt der Quatsch? Hier sind wir sicher. Draußen schießt man uns nur über den Haufen!"
Er ist klein und untersetzt, mit breitem pockennarbigen Gesicht, und wirkt auf mich unsympathisch. Ein merkwürdiger Kerl! Mein Einwand scheint ihn nicht zu kümmern. Hartnäckig versucht er mich mit seinen dunklen, verkniffenen Augen aufzumuntern.
„Trotzdem will ich mitkommen, wenn Du mal entschlossen bist!"
Der Starrsinnige ist mir nicht geheuer. Mich überkommt ein schlechtes Gefühl. Er soll aber meine Abneigung nicht bemerken und deshalb versuche ich, vertraulich zu überzeugen:
„Das hat doch keinen Zweck! Die Russen werden uns ohnehin bald entlassen. Die haben's nicht nötig, sich so lange mit Gefangenen abzugeben. Wir sind ihnen nur 'ne Belastung. Du kannst mir glauben, daß außerhalb des Lagers Polen herumwimmeln, die nur darauf warten, einen ehemaligen deutschen Landser vor die Flinte zu kriegen. Ich riskier' das nicht! Kommt gar nicht in Frage!"
Er trollt sich, geht zum Gebäude hinüber und verschwindet im Haupteingang.

Haben die Russen ihn beauftragt, mich auszuhorchen?
In dem Fall hat sich der Strolch von mir die richtige Antwort eingehandelt! Man wird nun mit den sich widersprechenden Aussagen nicht viel anfangen können!
Hoffentlich hat sich mein Schnitzer damit erledigt.
Je öfter ich darüber nachdenke, desto mehr bin ich davon überzeugt. Langsam gewinne ich meine Sicherheit wieder. Bald ist der Vorfall vergessen.
Doch das war ein Irrtum. Die ohne den Wirt gemachte Rechnung geht nicht auf. Schon am nächsten Vormittag wird mir die Tragweite meines Vergehens in erschreckender Weise offenbar.
Wir schälen Kartoffeln. Wie üblich, rösten einige Knollen in der Glut des Lagerfeuers. Auf einem Blech darüber backen Plätzchen. Einer aus unserer Mitte hat die Zutaten organisiert. Ein Gemisch von Grieß, Kartoffel- und Roggenmehl. Mit Wasser angerührt und Salz gewürzt, sind die kleinen Fladen genießbar. Die Abwechslung auf dem spärlichen Speisezettel unserer geheimen Zusatzkost ist eine Ausnahme.
Die Stimmung ist entsprechend gut. Flachsereien wechseln von einem zum anderen. Jeder will sich mit seinem Witz hervortun, der Bessere sein. Unbefangen beteilige ich mich an der Hochstimmung.
Am Lagereingang wird's lebendig. Die Wachen laufen aufgeschreckt herum, formieren sich. Sie grüßen mit straffer Ehrenbezeigung einen ihrer Offiziere. Er muß von hohem Rang sein. Ihm werden diensteifrig die Tore geöffnet.
Stumm betrachten wir den Auftritt. So ein hoher Besuch ist ungewöhnlich.
Was will der hier? Was hat er vor?
Bringt er neue Befehle?
Überraschend kommt die hochgewachsene Gestalt energisch auf uns zu. Sind wir der Gegenstand seines Interesses? Ich bin zunächst noch ungläubig. Aber dann wird mit jedem seiner näherkommenden Schritte die Vermutung stärker.
Mir fällt das blanke hellbraune Koppelzeug ins Auge; die

saubere und gut sitzende Uniform. Deutlich heben sich die Rangabzeichen eines Oberst ab. Ist er der Lagerkommandant?

Plötzlich eine heftige Handbewegung.

Wem gilt das Zeichen? Meint er mich?

Ich blicke in die Runde. Keiner fühlt sich angesprochen. Verblüfft und ungläubig weise ich auf mich.

Er nickt!

Ich gehe ihm unverzüglich entgegen, tue unbefangen.

Er bleibt stehen, holt aus seiner Pistolentasche eine Waffe hervor und lädt sie durch.

Ich bin erschrocken und halte vor ihm in angemessenem Abstand.

Mir fallen die beiden Spitzel ein. Aber was soll das Spektakel?! Will er mich einschüchtern, bluffen? Der kann mich doch nicht hier vor all den Kartoffelschälern erschießen wollen!

Unsere Augen kreuzen sich. Sein Blick ist voller Wut, der meine freimütig. Er richtet den Revolver auf mich und formuliert auf deutsch einen schwerwiegenden Vorwurf:

„Du meuterst und putschst, stiftest die Gefangenen zur Flucht an!"

Ich gehe darauf nicht ein, lächle und weise die Anschuldigung zurück:

„Das ist ein Irrtum! Mir geht's hier gut. Ich bin nicht unzufrieden, habe also keine Veranlassung!"

Der Aufgebrachte demonstriert ernsthafte Entschlossenheit, mich abzuknallen, drückt mir den Lauf der Pistole zwischen die Rippen.

Erwartet er eine nähere Erklärung?

Für mich ist jedes weitere Wort überflüssig. Es könnte als Eingeständnis verstanden oder auch ausgelegt werden. Ich grinse ihn an.

Es fällt kein Schuß! Sollte das gutgehen?

Ich lache ihn unbefangen an.

Aber das ist zu riskant! Ich versuche, das Lachen zu unterdrücken. Doch es hat sich verselbständigt, mein Körper schüttelt sich.

Ich habe keinen anderen Ausweg!

„Entschuldigen Sie, Herr Oberst! Aber das muß wirklich ein Irrtum sein!", wiederhole ich mit Nachdruck.

Der Offizier tritt einen Fußbreit zurück und senkt die Waffe, wird unsicher. Eine leichte Röte überzieht sein Gesicht.

Ich fühle, wie sich das Unheil abwendet. Die nervliche Anspannung läßt nach und löst in mir den Beginn eines neuen Lachanfalls aus. Es ist eine Reaktion auf den Schreck. Ich kann mich nicht vollauf beherrschen:

„Seien Sie ... mir ..., bitte, nicht ... böse!"

Er ist unentschlossen, sieht mich mit großen Augen an. Sein Kopf wird knallrot.

Meine Lachmuskeln sind gereizt. Aus mir platzt es lauthals heraus. Ich kann mich nicht mehr halten, ringe nach Luft und stottere mit Mühe:

„Entschuldigen ... Sie ...!"

Er steckt die Kanone ins Futteral zurück und wendet sich ab, dem Ausgang zu.

Die Kameraden fallen gleichfalls in mein schallendes Gelächter ein. Ihnen ist ein Stein vom Herzen gefallen.

Die Gefahr ist gebannt. Dennoch ist zu befürchten, daß er zurückkehrt. Ich behalte ihn im Auge.

Doch je weiter sich der Offizier entfernt, desto schneller werden seine Schritte! Hastig verläßt er das Lager.

Nur langsam beruhigen wir uns.

Ich bekomme den Oberst nie mehr zu Gesicht.

Doch mit aller Wahrscheinlichkeit ist das Vabanquespiel noch nicht zu Ende. Ich glaube, auch ein russischer Offizier darf das nicht auf sich beruhen lassen!

Hat er noch was im Sinn? Wird er Maßnahmen ergreifen? Wie werden sie ausfallen?

Zühlke und ich hoffen, daß er dem Spitzel, der mich verraten hat, ans Leder gehen wird. In dem Fall müßte ihm sicher zunächst die doppelte Ration entzogen werden.

Wir müssen uns davon überzeugen!
Am Abend, zum Essenempfang, stellt sich Zühlke unmittelbar hinter dem Verräter in die Reihe. Ich hatte darum gebeten, wollte nicht selbst in Erscheinung treten. Freudestrahlend berichtet er:
„Der hat keine zweite Portion bekommen! Als er darauf bestand, sagte der Küchenbulle kurz, daß sie gestrichen sei. Ohne ein weiteres Wort ist er mit dummem Gesicht abgezogen!"
„Hattest Du den Eindruck, daß der Strolch überrascht war?"
„Absolut!"
„Dann hat sich der Russe wahrscheinlich gar nicht mit ihm befaßt!
„Sicher nicht!"
„Ihm einfach und ohne Kommentar die Ration gestrichen?"
„Das ist anzunehmen!"
„Hoffentlich ist der Fall damit erledigt!"
Aber ist die Angelegenheit wirklich damit erledigt? Der Lachkrampf muß die Eitelkeit des Offiziers verletzt haben. Dabei ist unwichtig, daß er sich selbst in die Lage hineinmanövriert hat. Mir ist nicht wohl bei dem Gedanken.
Eines hat zumindest der gute Ausgang dieser Kontroverse bewirkt: Der Fluchtverdacht, bisher stets mein einziges Hindernis, ist jetzt bestimmt endgültig ausgeräumt!
Die Zeit ist reif für den Ausbruch. Mit der Ablehnung einer Arbeit außerhalb des Lagers ist nicht mehr zu rechnen; es sei denn, sie bezieht sich auf die Beleidigung des Offiziers.
Ob die Beschäftigung nun zu uns paßt oder nicht, bleibt gleichgültig. Sind wir erst mal eingeteilt und außerhalb des Lagers, dann habe ich keine Bedenken mehr. Irgend eine Lücke, um zu entwischen, wird sich schon finden. Zühlke teilt meine Vorstellungen.
Am nächsten Morgen bietet sich was an.
Die Gefangenen formieren sich wie üblich zum Zählappell. Vor der Front stehen zwei russische Unteroffiziere neben dem Lagerleiter. Er fragt auf Geheiß:

„Es werden je ein Traktor- und Motorradspezialist gesucht! Wer meldet sich?“
Das ist was für uns!
Obwohl ich nicht für'n Sechser was von Zugmaschinen verstehe, so paßt der Motorradschlosser zumindest auf Zühlke. Hoffentlich arbeiten wir in einer Werkstatt zusammen. Unter seiner Anleitung wird es gutgehen. Genügend technisches Verständnis bringe ich mit.
Wo steckt er nur? Er wird sich irgendwo in der Mitte der Kolonne eingereiht haben. Um ihm ins Auge zu fallen, laufe ich spontan einige Meter weiter als üblich vor die Front des linken Flügels, hebe die Hand und rufe:
„Hier, Traktorenspezialist!“
Zühlke hat mich bemerkt. Er tritt einen Schritt vor:
„Motorradspezialist!“
Meldet sich noch jemand?
Nein, wir sind die einzigen. Wird uns der Feldwebel vorschlagen?
Hinter meinem Rücken machen sich die Landser lustig, machen zynische Bemerkungen und halten mich zum Narren. Ich reagiere nicht darauf und hoffe, daß sie damit aufhören werden. Doch andere fallen in das Gelächter ein. Im Nu können sich die gesamten, in Reih' und Glied formierten Lagerinsassen nicht mehr halten. Selbst der deutsche Oberaufseher und die beiden Russen biegen sich lauthals vor Lachen.
Der Hohn zerreißt mir fast die Nerven. Noch bin ich gefaßt. Erschreckend wird mir klar, daß ich den Bogen überspannt haben muß, man nimmt mich nicht mehr ernst!
Mir schwimmen die Felle weg, meine Beherrschung ist hin. Wütend drehe ich mich um und brülle:
„Ihr Idioten! Euch beißen noch mal die Schweine!“
Die allgemeine Belustigung, gerade im Abklingen, schwillt von neuem an. Sie nimmt mir den letzten Rest Hoffnung.
Ich gebe auf, reihe mich wieder ein.
Überraschend ruft der Feldwebel nach mir. Es ist nicht zu fassen!

Ist er anderer Ansicht, oder hat er sich's noch mal überlegt? Noch mißtraue ich ihm und zögere. Erst nach mehrmaliger Aufforderung gehe ich nach vorn und warte neben Zühlke, bis sich sein Lachanfall halbwegs gelegt hat. Er zweifelt: „Haben Sie überhaupt das technische Verständnis dafür?"
Ich wittere eine Chance:
„Was glauben Sie wohl, wieviel ich in meinem Leben schon auseinandergenommen habe?" frage ich empört zurück. „Einen einfacheren Motor gibt's doch nicht!"
Die Russen sind mit mir einverstanden. Sie fordern Zühlke und mich auf, uns augenblicklich bereit zu machen, um mit ihnen das Lager zu verlassen.
Das Herz schlägt mir bis zum Hals, jagt das Blut durch die Adern. Klappt's wirklich? Hoffentlich pfeifen mich andere nicht im letzten Augenblick zurück!
Niemand bemerkt unsere fast überschäumende Vorfreude. Anscheinend sind für die hiesigen Besatzer Traktoren die beliebtesten Fahrzeuge. Am Tor wartet so ein Ding auf uns. Zwischen dem Gestänge über der Hinterachse finden wir Halt. Schon geht die Fahrt los.
Uns ist ganz egal, wohin. Schlimmer als hier kann's nicht werden! Der Stacheldraht begann mir schon auf die Nerven zu gehen, vom Fraß und der Unterbringung ganz zu schweigen.
Nur raus hier! Nur raus hier!
Die Wachen schließen hinter uns das Lagertor. Ich atme erlöst auf. Das erhebende Glücksgefühl ist kaum zu zügeln.
Der russische Fahrer versteht kein Deutsch. Ich wende mich über seinen Kopf siegesgewiß an Zühlke und zitiere Wilhelm Busch:
„Franz! Dieses war der erste Streich, doch der zweite folgt sogleich!"
Er blickt optimistisch zu mir herüber und strahlt über das ganze Gesicht.

Auf Feldwegen geht die Fahrt nach Nordnordost. Nach einer Viertelstunde ist das Ziel erreicht. Ein großer Bauernhof! Er ist von Landhäusern umgeben. Eines, links im Hintergrund, hat man mit Stacheldraht hoch eingezäunt. Rechter Hand vor der Einfahrt zum Gehöft stehen alte Backsteinbauten. Es sind katenähnliche Reihenhäuser. Früher mag hier wohl das Gesinde untergebracht worden sein.
Der Fahrer fährt durch das Tor und hält vor der Ruine eines niedergebrannten Wohnhauses. Es grenzt das Anwesen zum Westen hin ab.
Zwischen den Mauerresten steht eine Gulaschkanone. Zwei Gefangene beschäftigen sich mit der Reinigung des Kessels.
Wir springen vom Trecker. Ich nehme mit den Männern flüchtigen Kontakt auf:
„Was gibt's zu Mittag?"
„Kartoffelsuppe!"
„Ist die bei Euch besser als im Lager?"
Der eine flachst:
„Aber klar! An die kannst Du Dich gewöhnen!"
Die Russen kommen zur Sache, wollen keine Diskussionen. Der eine fordert Zühlke auf, mit ihm zu gehen.
Damit habe ich nicht gerechnet. Hastig rufe ich ihm nach:
„Ich brauche Dich, Franz! Versuche, mit dem Motorrad zu mir zu kommen!"
„Klarer Fall! So ergänzen wir uns mit dem Werkzeug!"
Der andere führt mich zu dem defekten Lanz-Bulldog hinüber. Er steht mitten auf dem Hof neben dem Misthaufen. Der Iwan zeigt auf das Gefährt:
„Maschin' kaputt!"
Ich gehe langsam und interessiert um das Fahrzeug herum, bin nachdenklich. Dann setze ich mich auf den Bock und probiere die Schaltung. Sie ist in Ordnung. Der Versuch, das

Schwungrad in Bewegung zu setzen, scheitert. Es läßt sich nicht drehen, sitzt fest.
Scheint hier der Fehler zu liegen? Ist der Kolben festgefressen?
Der Soldat steht daneben und betrachtet mich neugierig. Bezweifelt er meine Kenntnisse? Oder empfinde ich das nur so?
Der darf auf keinen Fall bemerken, einen blutigen Laien vor sich zu haben! Ich lenke ihn ab, mache mich mit entsprechenden Handbewegungen verständlich:
„Ich brauche Hilfsmittel, — Klutsch, — Schlüssel."
Er versteht und will's besorgen.
Aber auch während seiner Abwesenheit komme ich zu keinem besseren Ergebnis. Ich entscheide mich, das Ding erst mal auseinanderzunehmen, die Schrauben und Muttern abzudrehen. Damit ist Zeit gewonnen!
Viel Werkzeug habe ich nicht zur Verfügung. Aber es reicht aus, um mich vorerst damit zu beschäftigen.
Wenn doch nur Zühlke käme! Sein Hiersein wäre legitimiert, denn die schweren Teile sind von mir allein nicht zu bewältigen. Ob er sich nicht durchsetzen konnte, das Krad hier zu reparieren?
Ein Glück, daß mich der Wachtposten vorerst in Ruhe läßt. Er spaziert mit einem seiner Kameraden auf dem Hof umher. Die beiden beaufsichtigen auch noch andere Gefangene, die sich mit den verschiedensten Arbeiten befassen. Ställe ausmisten, Holzhacken und so weiter.
Ich bocke die Vorderachse hoch und nehme die Räder ab. Sämtliche Radmuttern und Sprengringe landen in ein dafür bereitgestelltes Kästchen. Es dient auch als Behälter für das andere, am Motorblock willkürlich gelöste Kleinmaterial.
Doch bald habe ich genug von dem Gefummele und keine Lust mehr.
Ich lasse das abmontierte Zeug einfach in den Sand fallen. Es tritt sich zum Teil fest.
Was soll's denn noch? Mir ist egal, was daraus wird. Mit dem Zusammenbau können sich andere befassen. Den Russen wird

ohnehin bald klar werden, daß ich keinen blauen Dunst von der Sache habe. Es gilt, keine Zeit zu verlieren. Bevor sie die Täuschung merken, müssen wir über alle Berge sein.
Die Gelegenheit kann nicht besser sein. Der Hof hat keine Stacheldrahtumzäunung!
Ich verschaffe mir einen oberflächlichen Eindruck über die Lage der Baulichkeiten. Dem ehemaligen Wohnhaus gegenüber steht eine große Scheune. Auf der nördlichen Seite sind die beiden Gebäude mit einem langen Wirtschaftstrakt verbunden. Gegenüber befinden sich die Stallungen. Damit ist in seinem Rechteck der Hof völlig umbaut. Noch ist mir unklar, wie das Gelände dahinter beschaffen ist. Die Erkundung hebe ich mir für später auf.
Gibt's Lücken im Bewachungssystem? Überall werden die Gefangenen streng beaufsichtigt. Selbst wenn ich jetzt nur zur Feldküche hinüberginge, dann würde mich der Posten sofort wieder auf meinen Arbeitsplatz verweisen. Hier sehe ich zunächst noch keine Chance.
Ich brauche noch mehr Kenntnisse, einen größeren Überblick. Die Beobachtungen im Tagesablauf werden mich im Ganzen klüger machen.
Die Russen unterbrechen die Arbeit, geben Zeichen zum Essenempfang!
Von allen Seiten setzt ein Ansturm auf die Feldküche ein. Ich lasse den Maulschlüssel fallen, ergreife das Kochgeschirr und passe mich der allgemeinen Aufregung an.
Da taucht auch Zühlke auf. Er sprintet wie eine aufgescheuchte Ente. Sein Gesicht und Hände sind ölverschmiert. Er reiht sich etwas weiter hinter mir in die Schlange ein. Spitz rufe ich ihm zu:
„Du siehst ja so sauber aus, warst wohl sehr beschäftigt?"
„Guck mal in den Spiegel! Du bist nicht besser dran!"
Hat er keine Erklärung dafür, mich allein gelassen zu haben? Ich mache mir Luft:
„Mit Deiner Hämorrhoidenschaukel hättest Du leichter zu mir kommen können, als ich zu Dir mit dem Trecker!"

„Ich hab's versucht! Das klappte nicht!“
Während des Wortwechsels fallen mir die Wächter ins Auge. Sie rotten sich zusammen. Es sind sechs Männer. Weitab von uns steht die Gruppe und unterhält sich fröhlich, raucht Zigaretten. Sie beachten uns nicht, vernachlässigen ihre Aufsichtspflicht.
Dieses Verhalten der Aufseher ist für den hier ständig diensttuenden Stamm nichts besonderes. Die Kameraden kennen es anscheinend nicht anders. Einzeln, zu zweit oder zu dritt, suchen sie sich wie selbstverständlich irgendeine Ecke aus, um ungestört ihre Suppe zu löffeln. Zühlke und ich machen es ihnen nach. Wir gehen zum Wirtschaftstrakt hinüber. Hinter der türlosen Holzbuchte hat sich noch keiner niedergelassen. Hier stört uns niemand.
Die Russen lassen die Gefangenen in Ruhe essen. Offenbar sind sie ihrer Sache sicher und befürchten nicht, daß jetzt einer ausbrechen würde.
Das wäre eine Chance für uns!
Kann auch der Raum hier für uns nützlich sein? Er ist bis zur Höhe des hinteren Fensters mit Brennholz angehäuft. Mich interessiert diese Öffnung, die Aussicht dahinter. Ich hangele mich hinüber und werfe einen kurzen Blick durch die zerbrochenen Scheiben.
Vor mir breitet sich eine Wiese mit kniehohem Gras aus. Sie erstreckt sich bis zum Horizont. Im Osten versperrt das dichte Gehölz eines Waldrandes die Sicht. Von irgendwelchen Ansiedlungen ist weit und breit nichts zu entdecken.
Ich will mir nichts entgehen lassen, beuge mich weiter vor und stoße versehentlich mit dem Kopf gegen den Holzrahmen. Er gibt nach, hängt lose in seiner Verankerung. Man kann ihn ohne Schwierigkeiten herausnehmen. Der Ausstieg ist ideal. Er bietet sich förmlich an!
Ich kehre zu Zühlke zurück. Er wacht am Eingang, um mich bei Gefahr zu warnen. Ich frage ihn:
„Ist die Luft rein?“
„Ja, komm' nur!“

„Eine bessere Ausgangsposition können wir uns nicht wünschen, Franz! Jetzt brauchen wir nur den richtigen Zeitpunkt!“, teile ich ihm begeistert mit.
Die Posten wissen genau, wie lange es dauern kann, bis man seine Suppe geschluckt hat. Es gibt keine Verschnaufpause. Schon rufen sie alle Männer wieder zusammen.
Für den Nachmittag sind andere Arbeiten anhängig. Es sollen Äpfel geschält und in kleine Scheiben zerschnitten werden. Der Gruppe, die damit beauftragt wird, werden Zühlke und ich zugeteilt.
Ich vermute, daß man mir mißtraut. Daß ich mit dem Traktor mehr Schaden als Nutzen anrichten könnte. Um hinter die wahren Gedanken zu kommen, erinnere ich scheinheilig an meine Aufgabe:
„Die Zugmaschine muß fertig werden! Äpfel können auch die anderen schnippeln!“
„Nix Traktor! Äpfel wichtiger!“
Mir kann's nur recht sein.
Der neue Arbeitsplatz ist jenseits der Gutseinfahrt in einer Gebäudenische der Häuslerkaten. Die Fläche hat nur sechs Quadratmeter. Auf dem meterhohen Podest sitzen wir im Kreis mit sieben Mann eng beieinander. Drei volle Säcke stehen zwischen uns, in der Mitte ein großer Kessel.
Gegenüber, am anderen Wegrand, befinden sich mehrere Zementflächen. Auf der einen trocknet bereits in der Sonne das in dünne Scheiben zerschnittene Obst.
Ich werfe einen Blick um die Hausecke. Der Aufseher, diesmal ein russischer Feldwebel, sitzt fünf Meter weiter auf einer Bank. Er lehnt mit dem Rücken an der Hauswand, hat seinen Kragen geöffnet und läßt sich mit geschlossenen Augen von der Septembersonne bestrahlen.
Hemmungslos wandern die guten Früchte ins Kröpfchen, und die schlechten ins Töpfchen!
Unvermittelt fragt einer geheimnisvoll aus der Runde:
„Habt Ihr Appetit auf Käse, Wurst und Butter?“
„Na klar!“

„Was soll die dumme Frage?"
„Willst du uns auf den Arm nehmen?"
Das klingt unglaublich, hört sich wie ein übler Scherz an. Ich bleibe unbeteiligt.
Doch der scheint Ernst machen zu wollen. Er erklärt, daß unter uns der Vorratskeller von den Russen sei. Man kann ihn von hier bequem erreichen!
Ohne unsere Bedenken abzuwarten, räumt er zwei Bohlen zur Seite, die zur Abdeckung eines meterhohen Vorbaus innerhalb der Nische gehören. Mit einem Satz schlüpft er durch die Öffnung, springt in die Tiefe. Er landet auf einer Kellertreppe. Sie führt zum Vorratsraum!
Ich halte den Atem an. Die Dreistigkeit kann ihm das Leben kosten.
Ängstlich behalte ich den Iwan im Auge. Er rührt sich nicht. Ich raune Zühlke zu:
„Wir müssen den Kumpel warnen, wenn der Aufpasser aufstehen sollte und hierher kommt. Ich gebe Dir Zeichen. Wirf dann einen Apfel durch das Loch auf die Stufen!"
Was für eine Kaltblütigkeit! Wir sitzen wie gelähmt. Einer blickt verstört zum anderen. Die Gesichter sind blaß. Das Schnippeln ist allen vergangen.
Sein Aufenthalt da unten dauert eine Ewigkeit. Die Minuten werden zu Stunden. — Endlich!
Der Waghalsige reicht durch die Öffnung zwei Kochgeschirre mit Butter und Weißkäse, sowie eine Hartwurst herauf. Ein Kamerad nimmt es ihm ab und versteckt den Raub. Dann hangelt er sich selbst hoch, kommt zum Vorschein. Es ist geschafft!
Fix schließt ein Dritter die Abdeckung. Die Spuren sind beseitigt.
Der Aufseher neben dem Kellereingang hält die Hände über seinem Bauch gefaltet. Er sonnt sich nach wie vor, ist nichtsahnend.
Ich atme auf. Respekt! Dem Mut zum Risiko begegnet man nicht alle Tage!

Nur Brot fehlt uns noch. Es war keines da unten aufzufinden. Die Vorräte waren verbraucht. Aber auch dafür hat der Einfallsreiche eine Idee.
Er füllt einen Kochgeschirrdeckel mit Butter, stopft den Anteil unter die Feldbluse und springt vom Podest auf den Gehweg. Gebeugt, mit der einen Hand am Hintern und mit der anderen den Bauch haltend, meldet er sich kurz ab und dribbelt, als quäle ihn Durchfall, zum Örtchen.
Sein Weg führt an der Gulaschkanone vorbei. Dort informiert er die Küchenbullen.
Sie haben Reserven.
Auf der Latrine wird das Geschäft abgewickelt. Die raren Lebensmittel wechseln den Besitzer.
Wir alle profitieren davon. So groß die Angst um den Kameraden war, so gut schmeckt jetzt die Beute. Nach ein paar Minuten ist sie verschlungen. Es bleibt nichts übrig.
So als wäre nichts gewesen, wird die Arbeit wieder aufgenommen. Die guten Äpfel wandern ins Kröpfchen, die schlechten ins Töpfchen.
Bis zum Abend dehnt sich die Schnippelei aus. Andere Gefangene haben unterdessen weiteres Fallobst säckeweis herangeschleppt. Der russische Feldwebel kündigt an, daß wir morgen mit der gleichen Arbeit beschäftigt sein werden. Mir kann es nur recht sein!
Schon längst ist die Sonne untergegangen. Im Westen verdunkelt sich das Abendrot. Wir warten auf das Signal zum Feierabend.
Da ertönt es!
Wieder setzt der Wettlauf zur Feldküche ein. Uns drängt es nicht. Wir lassen die Hungrigen vor.
Die Szene innerhalb der Ruine wird von einer einzigen Lampe erhellt. Der Schein wirft kurze Schatten. Die hageren Gesichter der Männer sehen gespenstisch aus.
Pellkartoffeln und einen Salzhering bietet die Küche an. Ein seltener Genuß. Das gab's im Lager nie!
Mit der Zuteilung gehen Zühlke und ich in die Holzbuchte.

Sie liegt ebenso im Finstern, wie der größte Teil des Hofes. Wir setzen uns an den Eingang. Ohne selbst gesehen zu werden, beobachten wir die Vorgänge. Das Zwielicht kommt uns zugute.
Weit abseits stehen die Aufseher beieinander. Sie verhalten sich wie heute Mittag und genießen die kurze Pause. Auch die Gefangenen bieten das gleiche Bild. Sie sind nach allen Seiten ausgeschwärmt, haben sich ein Plätzchen gesucht und essen in Ruhe.
„Franz! Wenn sich heute Nacht keine bessere Gelegenheit herausstellt, dann ist morgen abend unsere Stunde! Wir werden hier durch's Fenster steigen und über die Wiese nach Nordost bis zum Waldrand flitzen. Dort haben wir dann das Schlimmste hinter uns!"
„Was hältst Du von dem Butterorganisator? Der hat mir gefallen. Wollen wir ihn mitnehmen? Er wäre gut zu gebrauchen!"
„Du kannst nachher mit ihm reden!"
Schon werden die Männer wieder aufgescheucht und zusammengetrieben. Wir nehmen Aufstellung, formieren uns. Einige sind mit dem Essen nicht fertig geworden. Sie kauen noch beim Antreten, schlingen den Rest hinunter.
Die Russen prüfen die Kopfzahl. Sie stimmt. Es sind achtundzwanzig Männer.
Links um, marsch!
Ein Bewacher geht vor, ein anderer hinter der Kolonne. Der Weg führt vom Hof zu dem nahegelegenen, mit Maschen- und Stacheldraht hoch eingezäunten Einfamilienhaus. Scheinwerfer bestrahlen es von allen Seiten. Hinter uns wird das Tor mehrfach abgeschlossen. Die Soldaten ziehen sich zurück, die Gefangenen bleiben unter sich.
In einem der Räume entdecke ich zwei nebeneinander liegende freie Pritschen. Ich belege beide, und warte auf Zühlke. Er sucht den beherzten Kumpel. Sein Lager ist in irgendeinem anderen Zimmer.
Nach meiner Meinung ist es sinnlos, heute nacht von hier

abzuhauen. Es wäre zu riskant, wenn nicht sogar unmöglich.
Der günstigste Augenblick ist und bleibt während des Abendessens im Schutz der Dunkelheit! Außerdem haben wir die Nacht vor uns und können ungehindert marschieren.
Viel Zeit steht nicht zur Verfügung. Der Ausbruch muß blitzschnell erfolgen; denn nach zehn Minuten wird die Flucht entdeckt sein. Aber der kleine Vorsprung wird genügen, um den Waldrand zu erreichen. Vermutlich beginnt dann eine Suchaktion.
Zühlke hat den Verwegenen aufgestöbert. Sie betreten beide das Zimmer, kommen unmittelbar zu mir.
Man sieht's an den Augen: Der Neue ist informiert. Ist er auch einverstanden?
Wir machen es uns auf den Pritschen bequem und stecken die Köpfe zusammen. Der Dritte im Bunde strotzt vor Neugier, gibt sich aufgeschlossen. Die Geheimversammlung fällt nicht auf. Die Stubenkameraden sind mit sich selbst beschäftigt. Dennoch wird die Unterhaltung im Flüsterton geführt.
Wir machen uns bekannt. Sein Name ist Günter Kessler. Er war Gefreiter bei der Infanterie. Vorsichtig fühle ich vor und beginne mit dem Schmus, daß sein Mut mich beeindruckt hat, und daß er ein Mann sei, der zu uns gehört. Doch das war überflüssig. Er geht darauf nicht ein. Mein Fluchtplan interessiert ihn mehr.
Ich trage ihn vor und begründe die Fakten.
Unumwunden stimmt er zu. Seine Gedanken überschlagen sich. Er will einen Teil dazu beitragen, sich nützlich machen und erklärt begeistert:
„Ich löse das Proviantproblem und steige morgen noch einmal in den Keller!"
Das wäre eine große Hilfe. Mir ist es recht:
„Einverstanden! Aber nur dann, wenn das Risiko geringer ist als heute. Wir wollen unsere Sache nicht gefährden!"
Er bagatellisiert:
„Das war nichts Besonderes! Ich bin des öfteren unter schwierigeren Umständen eingestiegen!"

Wir kommen auf Einzelheiten zu sprechen, berücksichtigen das Wenn und Aber. Es folgen Verabredungen über den exakten Ablauf des Ausbruchs. Ich schärfe den beiden ein, daß bei einer möglichen Entdeckung wir wohl oder übel auseinanderlaufen müssen. Auf die Art wird der Verfolger unsicher und die Chance, zu entkommen, größer.

Die Besprechung ist beendet. Unser neuer Freund geht auf seinen Schlafplatz zurück.

Er ist ein Gewinn! Wir freuen uns, daß er mitmacht. Zühlke reibt sich die Hände:

„Der ist sympathisch, Albert!“

„Und nimmt uns 'ne Menge Sorgen ab.“

„Was für ein Glück, daß der uns über den Weg gelaufen ist!“

Ein Mitgefangener knipst das Licht aus.

Ich bin gewiß, daß wir hier die letzte Nacht verbringen:

„Schlaf' gut, Franz! Morgen um diese Zeit sind wir nicht mehr hier!“

In aller Frühe, noch ist es dunkel und alles schläft, beginnen schon die ersten Vorbereitungen. Wir würden sonst nicht mehr dazu kommen, denn die Unterkunft bleibt tagsüber abgesperrt.

Im Eiltempo wird sich rasiert, geduscht und die Wäsche gewechselt. Alles klappt wie am Schnürchen! Zu guter Letzt sind die wenigen Habseligkeiten zum Bündel verpackt.

Ein Weilchen verbleibt noch bis zum Wecken. Es kann nicht mehr lange dauern, durch das Fenster dringt die Morgendämmerung. Wir liegen angezogen auf dem Lager und warten.

Es ist soweit.

Keinem Mitgefangenen fällt auf, daß wir schon längst aufgestanden und bereit sind. Niemand wundert sich. Niemand spricht uns darauf an.

Es war auch damit zu rechnen. Denn wenn ein Bad im Haus ist, dann dürfte bei dieser verhältnismäßig großen Anzahl der Belegschaft eine vorzeitige Benutzung nicht auffällig sein. Außerdem sind die Männer zunächst verschlafen. Sie müssen sich sputen, um rechtzeitig fertig zu werden. Morgens ist Eile geboten. Die Hast und der Trubel läßt keinen Raum für die Belange der Leidensgenossen.

Das Wachkommando kommt ins Haus. Die Antreiber erlauben keine Sekunde der Besinnung:

„Dawai — dawai!"

Vor der Unterkunft formieren sich die in Trab Gehaltenen zur Dreiergruppe. Wir stellen uns unwillkürlich dazwischen, als hätte man nichts miteinander zu tun. Das Fluchtgepäck fällt nicht auf. Auch andere tragen ihre Utensilien mit sich herum.

Der Haufen marschiert ohne Tritt zum Bauernhof. An der Gulaschkanone ist Frühstücksempfang.

Mit der Zuteilung will ich in die Holzbuchte. Jedoch darf meine Zielstrebigkeit nicht auffallen. Sie könnte Verdacht erregen und Fragen aufwerfen, warum es mich gerade dorthin zieht. Mein Schritt zögert, als sei ich unentschlossen, scheinbar planlos.

Niemand beachtet mich. Die Aufseher stehen wie gewöhnlich abseits beieinander.

Wie zufällig gehe ich durch den Eingang. Hinter dem Pfosten stelle ich für einen Moment das Essen ab, springe flugs über die Brennholzaufschüttung bis zum Fenster vor und verstaue dort meine Habe. Ein paar Scheite tarnen das Versteck.

In Abständen folgen Zühlke und als letzter Kessler meinem Beispiel. Alles hat gut geklappt. Die wichtigsten Vorbereitungen sind getroffen.

Wir sitzen auf einem Klotz und essen. Ich tunke mein Brot in heißen Kaffee und streue Zucker darüber. So rutscht es besser. Kessler ist mit seinen Gedanken weit voraus, jenseits der Oder. Er plaudert über Nebensächlichkeiten, als gäbe es keine wichtigeren Probleme:

„Ob drüben das deutsche Geld Gültigkeit hat? Ich habe zwanzig Piepen!"

„Die werden wertlos sein. Aber andere Zahlungsmittel wird's kaum geben!"

„Vielleicht kann man's verwenden, können uns was kaufen?" Zühlke denkt an frühere Zeiten. Er lacht:
„Mal wieder in 'ne Kneipe geh'n!"
Mich beschäftigt die Proviantfrage mehr. Schon seit gestern abend geht sie mir nicht aus dem Kopf. Es wäre zu schön, wenn Kesslers Einstieg noch einmal gelingen sollte!
Ob die Gelegenheit heute dafür günstiger ist? Der Himmel ist bedeckt, die Sonne noch nicht durchgebrochen. Hoffentlich wird der Wachhabende, statt zu dösen, diesmal etwas anderes unternehmen und uns alleinlassen. Die gestrigen Umstände will ich auf keinen Fall noch einmal erleben. Die Flucht ist mir wichtiger.
Aber wer weiß, ob wir überhaupt für die Schnippelei eingeteilt werden. Wie es bei denen mit der Planung bestellt ist, war an meinem ersten Auftrag zu merken. Kommt plötzlich was dazwischen, dann sind die anderen Arbeiten vordringlicher!
Die Voreingenommenheit war ein Irrtum. Zur Arbeitseinteilung angetreten, pickt sich unser gestriger Aufseher zuerst seine sieben Apfelschäler heraus. Um den Rest der Männer streiten sich die anderen Wächter. Sie einigen sich schließlich.
Wir freuen uns, daß der Chargierte Wort gehalten hat. Vor allem aber, daß wir zusammenbleiben dürfen.
Guter Dinge sind auch die anderen Kameraden unserer kleinen Gruppe. Sie kennen Kessler scheinbar besser als ich, und ahnen, daß er wieder organisieren wird. Sein Einfallsreichtum bringt Gewinn. Mit ihm ist der Tag gerettet!
Überschwenglich laufen die Einfältigen zum Arbeitsplatz hinüber. Viel zu hastig. Das auffallende Gehabe könnte bei den Russen die Frage aufwerfen, was das plötzliche Interesse bedeuten soll. Sie sind imstande, das Manko in ihrem Keller mit uns in Verbindung zu bringen!
Die Befürchtungen sind nicht von der Hand zu weisen. Auch Kessler fühlt die Gefahr. Wir halten uns zurück, gehen gemächlich hinterher.
Mich freut bei all seinem Mut auch die Vorsicht, die er walten

läßt. Ich bin überzeugt, daß er sich immer so verhalten wird. Doch meine Erwartungen habe ich zu hoch geschraubt.
Innerhalb der Nische setzen sich Kessler und Zühlke nebeneinander und mit dem Rücken zum Kellervorbau auf ihre Schemel. Ich will den richtigen Moment für die Aktion erfassen, dann Bescheid geben und nehme deshalb den Platz schräg gegenüber, an der äußeren Ecke ein. Von hier habe ich den besten Überblick und den Wachhabenden im Auge.
Der steht breitbeinig vor dem Podest, hält die Hände auf dem Rücken verschränkt und betrachtet uns gelangweilt. Er bewegt sich kaum. Gelegentlich wippen seine Knie, als wolle er sich Lockerung verschaffen.
Wir warten darauf, daß er sein Verhalten ändert. Denn stundenlang kann man das nicht aushalten. Einmal muß es ihm zuviel werden.
Schließlich ist es soweit. Er geht langsam zum Hof.
Ich beobachte ihn gespannt. Sucht er dort einen Kameraden, um sich mit ihm die Zeit zu vertreiben?
Nein! An der Einfahrt kehrt der Einsame um, kommt zurück. Sein Weg führt an uns vorbei bis zum anderen Ende der Häuserreihe. Dort wendet er wieder. Er pendelt auf und ab. Seine Augen starren gedankenverloren. Gelegentlich vergewissert er sich mit einem kurzen Seitenblick, ob wir bei der Sache sind, nichts Unerlaubtes tun.
Für Zurechtweisungen liefern wir ihm keinen Grund.
Mit unserem Fleiß wollen wir sein Vertrauen gewinnen. Wenn überhaupt, dann ist nur auf diese Art zu erreichen, daß er sich ablenkt und um andere Dinge kümmert.
Mir entgehen keine seiner Bewegungen.
Er bleibt stur. Die Zeit vergeht, meine Hoffnung schwindet.
Ich wende mich an die Gruppe:
„Es hat jetzt keinen Sinn . . .!“
Mich durchzuckt ein Schreck. Mir bleiben die Worte im Halse stecken. Ich ahne Schlimmes. Mir wird heiß.
„Wo ist Kessler?“
Einer zeigt auf die freigelegte Abdeckung:

„Der ist unten!"
„Warum habt Ihr ihn nicht daran gehindert? Gleich kommt der Iwan wieder vorbei! Nicht auszudenken, wenn der uns abzählt, einen vermißt!"
Zühlke redet beruhigend auf mich ein:
„Er ist schon 'ne ganze Weile im Keller, muß gleich wieder hervorkommen!"
Die Antwort bringt mich erst richtig in Brass.
„Und wenn im gleichen Augenblick der Russe hier ist, ihn aussteigen sieht?"
„Wir haben uns verabredet! Er wartet auf mein Zeichen."
„Trotzdem ist das Risiko zu groß!"
Ich bin ratlos. Man kann nichts ändern, nichts beeinflussen. Meine Gedanken sind wie gelähmt. Ich weiß nicht, was zu tun ist, wenn die Sache platzt. — Da ist der Aufpasser wieder! Wird er ausgerechnet jetzt stehenbleiben und uns zusehen? Ich schäle emsig, zu nervös. Mir zittern die Hände.
Er blickt auf — und geht vorbei.
Mir fällt ein Stein vom Herzen. Ich atme auf:
„Ist der Günter endlich fertig? Er kann jetzt hochklettern!"
„Nein, noch nicht!"
Der Wächter schlendert abermals bis zum Ende der Häuserreihe und kehrt zurück. Seine Augen schweifen in die nähere Umgebung und zum Himmel empor. Er pfeift ein Lied.
Mit jedem seiner näherkommenden Schritte steigert sich von neuem meine Erregung. Es ist kaum auszuhalten! Mir tritt kalter Schweiß auf die Stirn. Ich fürchte, daß dem Ahnungslosen meine Veränderung nicht entgeht, drehe ihm den Rücken zu und blicke in den Kreis meiner Kameraden.
Die stellen sich geschickter an. Sie tun so, als sei nichts geschehen. Man ist zusammengerückt. Der leere Schemel von Kessler steht versteckt im Hintergrund.
Geht der Aufpasser vorüber? Ist er endlich vorbei?
Nein!
Die Angst schnürt mir die Brust zusammen. Plötzlich bullert seine Stimme:

„Alles gutt, karascho?"
„Alles karascho!", antwortet einer beflissen und steht auf. Er versperrt ihm dabei die Sicht, lenkt ab und neigt den Kessel, zeigt ihm die Ausbeute der in Scheiben geschnittenen Äpfel.
Der Russe nickt zufrieden. Er setzt seinen Spaziergang fort. Zühlke gibt Zeichen. Er wirft eine Apfelschale hinunter. Kessler hat schon darauf gewartet. Im Nu reicht der Waghalsige die Lebensmittel hoch und kommt selbst zum Vorschein. Einer hilft ihm dabei. Genau wie gestern, beseitigen andere die Spuren.
Als sei nichts geschehen, sitzen alle wieder auf ihrem Hocker.
Meine Erregung klingt langsam ab. Ich war nie ein Kind von Traurigkeit und meine, daß ein gesundes Maß Kaltblütigkeit vertretbar ist. Aber das war ein Zahn zuviel! In Zukunft, wenn wir gemeinsam unterwegs sein werden, wird er merken, daß es nicht immer so gut geht. Im Angesicht der neuen Herren sich in diese Gefahr zu begeben, war überflüssig. Auch ohne die Fresserei würden wir durchkommen. So schnell verhungert man nicht. Es sind nur wenige Nächte bis zum Oderbruch. Auf seiner anderen Seite treffen wir wieder auf bessere Verhältnisse.
Ich behalte die Gedanken für mich und bleibe still, gebe keinen Kommentar. Jedes Wort der Kritik würde Verständnislosigkeit auslösen, mich lächerlich machen.
Der riskante Einbruch ist vorbei und gutgegangen. Alle Mäuler sind gestopft, unser Proviantproblem gelöst. Die Strapazen der nächsten Tage und Nächte sind nun um ein Vielfaches leichter zu ertragen.
Ich freue mich darüber. Wenn auch die Besorgnis und die Angst in keinem Verhältnis stand, so gibt der Erfolg dem Wagemutigen dennoch Recht.
Die nächste unangenehme Überraschung läßt nicht lange auf sich warten. Während der Mittagspause taucht plötzlich ein Mitgefangener auf, den ich auf dieser Außenstelle hier am allerwenigsten vermutet hätte.

An der Gulaschkanone stehen die Essenholer Schlange. Einer rückt nach dem anderen langsam auf. Jemand drängelt hinter mir. Ich drehe mich um.
Es ist der Pockennarbige aus dem Hauptlager!
Die Begegnung macht mich stutzig. Ich frage verblüfft:
„Was machst Du denn hier draußen?"
„Für die Russen Schuhe besohlen!"
„Bist Du denn Schuhmacher?"
„Ja!"
Eigenartig! — Mit dem Beruf hätte er längst einen Posten haben müssen. Hat man ihn vielleicht mit seiner Werkstatt nur nach hier verlegt, um mich zu beobachten?
Seine Anwesenheit gefällt mir nicht. Die Überlegung, daß er auch ein Spitzel sein könnte, ist beklemmend. Ohne meine Gefühle preiszugeben, erkundige ich mich so nebenher:
„Wann bist Du angekommen?"
„Heute früh!"
„Da hast Du Schwein gehabt. Das Essen ist hier besser als im Lager!" antworte ich lakonisch.
Er geht mir nicht von der Seite. In der Nähe der Feldküche setze ich mich auf einen Mauerrest. Er hockt sich daneben. Mir bleibt weiter nichts übrig, als mich mit ihm zu befassen.
Ich halte es für diplomatisch, ihm ein wenig entgegenzukommen und gebe dem Aufdringlichen eine Pellkartoffel von meiner Zuteilung. Er bedankt sich kaum, hält die Geste anscheinend für selbstverständlich!
Während ich den Rest schäle, zerkleinere und unter die Sauerkohlsuppe mische, will ein Gespräch nicht in Gang kommen.
Ich nenne beiläufig meinen Namen.
„Stanislaus Potschka!" antwortet er mit vollem Mund. Der Name war nicht richtig zu verstehen.
Ich stelle ihn nicht richtig, frage den Stoffel nicht mehr. Mich ärgert einfach alles an ihm. Man sollte ihn kurz angebunden sitzen lassen.
Aber wo könnte ich nur hingehen, wenn nicht zu meinen Freunden?

Aber das geht auf keinen Fall! Denn der Gauner haftet an mir, wie eine Klette. Er würde mir folgen und dann wahrscheinlich unsere Vorbereitungen vermuten, Verdacht schöpfen!
Wenn ihn auch der Soldatenrock als Deutschen ausweist, so glaube ich immer weniger an seine Loyalität. Wer weiß, wie sein Verhältnis zu den Russen ist!
Mein Gefühl, daß er nur darauf lauert, mir ein Bein zu stellen, wird stärker.
Zühlke hat das Zusammentreffen bemerkt. Er ahnt nichts Gutes, hält sich zurück und nimmt Kessler beiseite. Beide gehen in den Holzraum. Dort verstecken sie die erbeutete Marschverpflegung, legen sie zum Fluchtgepäck und vertilgen gemeinsam ihre empfangene Ration.
Erst das Ende der Pause befreit mich von dem Aufdringlichen. Kurz trenne ich mich von ihm und gehe an meinen Arbeitsplatz, zu den Apfelschälern.
In dem Kreis wird mit keinem Wort die Begegnung erwähnt. Auch ich verspüre keine Lust, davon zu reden. Das Thema könnte übertriebene Sorge auslösen und unseren Entschluß in Frage stellen.
Nach meiner Meinung dürfte der Zweifelhafte nicht gefährlich werden. In den paar Stunden bis zum Abend bekommen wir ihn nicht zu Gesicht. Er ist schnell vergessen.
Unsere Erwartung dominiert. Keiner beargwöhnt das Gelingen des kurz bevorstehenden Ausbruchs. Alle Fakten sind durchdacht, das Wenn und Aber berücksichtigt. Jeder weiß, was er zu tun und wie er sich zu verhalten hat. Die Abfolge des Plans zieht noch einmal in Gedanken an mir vorüber.
Die Vorfreude, endlich den Zwang loszuwerden, frei zu sein und das Schicksal wieder selbst in die Hand nehmen zu dürfen, deklassiert alles andere zur Nebensache. Zu gern möchte man die Stimmung teilen, sich den Kameraden offenbaren, und ihnen sogar die gleichen Chancen einräumen!
Doch das wäre töricht. Der Zusammenschluß einer größeren Gruppe birgt in sich unkontrollierbare Gefahren. Schon bei

den Vorbereitungen wäre die Aktion zum Scheitern verurteilt. Niemand darf davon erfahren. Mißgunst und Neugier würde ihnen die Unbefangenheit nehmen, unsere Pläne zunichte machen.
Die Ahnungslosen sind guter Laune und möchten, daß wir uns beteiligen. Doch ihre Scherze und Flachsereien prallen ab, locken bestenfalls nur ein müdes Lächeln hervor.
Unsere Herzen sind nicht mehr hier.
Die Stunden schleppen sich dahin. Der Himmel klart auf, die Wolken verziehen sich. Die letzten Strahlen der Septembersonne haben noch Kraft, spenden wohlige Wärme.
Das Wetter scheint sich zu halten. Es sieht so aus, als würde es heute Nacht trocken bleiben. Das ist für die Freunde gut. Sie können sich besser umstellen, leicht an den Nachtmarsch gewöhnen und die kühle Witterung des frühen Morgen unmerklich überbrücken.
Der Tag geht zur Neige. Längs des Horizonts leuchtet mit mattem Schein das Abendrot, vom Osten zieht Finsternis auf. Im Halbdunkel räumen wir die Arbeitsstelle auf. Die Männer warten auf den Feierabend.
Es ist soweit. Der Pfiff aus der Trillerpfeife ruft die Gefangenen zum Essenempfang.
Es gilt, keine Sekunde zu verlieren!
Mit einem Satz springe ich vom Podest und renne zur Gulaschkanone. Als einem der ersten füllen mir die Küchenbullen die dampfende Zuteilung in das Kochgeschirr. Das Gefäß hin- und herschwenkend, — die Geste läßt keinen Zweifel, daß ich nur darauf warte, die Portion zu verschlingen, — wendet sich mein betulicher Schritt zur Holzbuchte. Währenddessen beobachte ich unauffällig die Lage.
Sie ist nicht anders, als zu erwarten war. Das Bild gleicht den bisherigen Essenspausen. Russen und Landser benehmen sich unverändert. Zu Argwohn gibt's keine Veranlassung.
Vor dem Eingang verharre ich einen Moment, überzeuge mich meiner Kumpels, die noch auf das Essen warten, und betrete dann ungezwungen den Verschlag.

Augenblicklich landet das Kochgeschirr in der Ecke. Es ist überflüssiger Ballast geworden. Ich springe über das Holz zum Fenster, nehme den Rahmen aus der Fassung und stelle ihn derart zur Seite, daß er von außen bequem zu greifen ist und wieder eingesetzt werden kann.
Mein Fluchtgepäck liegt handlich neben der Öffnung.
Alles ist gerüstet, ich warte auf meine Kameraden. Es dauert nur wenige Sekunden.
Schon trifft Kessler ein, dicht auf folgt Zühlke. Der eine benimmt sich wie der andere. Hintereinander ergreifen sie ihre Bündel und stürzen kopfüber durch den kleinen Durchschlupf. Es klappt wie besprochen.
Ich werfe einen letzten Blick zurück.
Da steht Potschka im Zugang! Was soll ich tun?
Er überspielt meine Verwirrung:
„Warte eine Minute. – Ich komme mit, hole nur meine Tasche!"
Der Kerl braucht Zeit, wird uns verraten wollen. Er muß überrumpelt werden.
Ich bin gezwungen, ihn mitzunehmen. Mit ein paar Sprüngen bin ich bei ihm, ergreife seinen Arm und fordere ihn auf: „Deine Tasche brauchst Du nicht mehr. Wir haben alles für Dich dabei. Beeil' Dich!"
Er folgt schweigend, zögernd, halb ziehe ich ihn. Zu oft hatte er mich zur Flucht aufgefordert. Nun ist es soweit. Für ihn gibt's kein Zurück.
Er klettert mir zu langsam aus der Öffnung. Ich dränge von hinten nach. Auf der anderen Seite fallen wir fast gleichzeitig in den Sand. Er ist jetzt mit von der Partie!
„Hau ab, lauf' den beiden hinterher!"
Er trollt sich. Anfangs noch unschlüssig und scheinbar ängstlich, werden seine Schritte zunehmend schneller. Er wird seine Lage begriffen haben.
Im Handumdrehen ist der Rahmen eingesetzt, der Fluchtweg unkenntlich gemacht. Ich ergreife mein Bündel und sprinte mit aller Kraft über das freie Feld nach Nordost, zum verabredeten Punkt am Waldrand hinüber.

Alle rennen ausgeschwärmt. Verfolger hätten es schwer, uns einzufangen. Potschka ist irritiert. Er hastet mal dem einen und mal dem anderen hinterher. Ich überhole ihn und rufe ihm zu:
„Bleib' hinter mir. Am Waldrand haben wir die anderen eingeholt!"
Das kniehohe Gras behindert sehr. Man muß springen, um es besser zu überwinden. Der Mehraufwand an Kraft bringt mich außer Atem. Keuchend komme ich voran. Noch fünfzig,... dreißig,... zehn Meter... Es ist geschafft!
Die Kameraden haben den vierten Mann bemerkt und wundern sich. Ihre fragenden Augen lauern auf eine Erklärung. Aber dafür ist nicht der richtige Augenblick. Der Unerwünschte ist mir zu dicht auf den Fersen und soll meine Bemerkung nicht hören. Ich sage kurz:
„Es war nicht zu verhindern!"
Meine Freunde haben keine Wahl und nehmen ihn in Kauf. Wir haben keine Zeit für Diskussionen. Die Verschnaufpause muß ausgenutzt werden, um die Umgebung zu kontrollieren. Schon ist jeder auf seinem Posten und beobachtet aufmerksam aus der Deckung den zugeteilten Abschnitt.
Keiner stellt verdächtige Anzeichen fest, nichts rührt sich. Nur das leise auf- und abschwellende Rauschen des Windes im Geäst der Bäume ist zu hören. Der letzte fahle Schein der Dämmerung mindert zunehmend die Sichtverhältnisse. Die Landschaft versinkt im Dunkel.
Auch vom Bauernhof schallt kein Laut herüber, die Gefangenen essen noch. Erst während der Zählung wird es lebhaft werden. Wir glauben, daß die verminderte Kopfzahl eine Suchaktion auslöst. Sie kann sich wegen der Dunkelheit nur auf engsten Raum, die nähere Umgebung des Hofes beschränken. Gehen die Verfolger jedoch gezielt vor, so ist zu vermuten, daß sich die Fahndung in der Hauptsache über das westlich liegende Gelände erstrecken wird.
Mit dieser Überlegung ist Potschka schnell vertraut. Er soll informiert sein und begreifen, daß wir uns vor die Notwen-

digkeit gestellt sehen, zunächst nach Osten ausweichen zu müssen; denn es ist kaum anzunehmen, daß die Russen eine solche Fluchtrichtung vermuten werden.
Die Furcht, trotz Bedacht und Umsicht schließlich doch noch erwischt zu werden und wieder in das Lager zurück zu müssen, zwingt unverzüglich zum Aufbruch.
Je mehr Vorsprung, um so besser!
Wir tauchen im Schutz des Waldes unter. Ich übernehme die Führung. Der Nachtmarsch ist für mich eine alte Gewohnheit. Die Kameraden eilen in dichter Folge hinterher.
Blitzschnell erfolgt der Durchhau zwischen den Bäumen und dem Unterholz. Die Umstellung macht mich ein wenig ungeduldig, doch ich habe mich bald gefangen.
Störende kleinere Äste werden abgeschlagen, größere umgangen. Um zu vermeiden, daß jemand zu Fall kommt oder sich ernsthaft verletzt, mache ich leise auf heimtückische Hindernisse aufmerksam. Der jeweilige Hintermann gibt die Warnung entsprechend weiter.
Das Tempo hält eine gute halbe Stunde vor. Mit dem Gewinn an Boden werde ich beherzter und mäßige den Schritt. Zühlke atmet befreit auf:
„Jetzt kriegen die uns nicht mehr!"
Kessler lacht:
„Das Palaver der Iwans, ihre dummen Gesichter, und die feixenden Kumpels möcht' ich erleben!"
Potschka bleibt verschlossen. Er keucht und trottet mit seinen kurzen Beinen als Letzter in der Reihe. Der Eilmarsch war zu anstrengend, hat ihn zu sehr mitgenommen. Ich empfinde plötzlich Mitleid.
Aber ist das angebracht? Obwohl nicht erwiesen, so spricht doch alles dafür, daß auch er sich als Spitzel betätigt haben muß. Jetzt läßt sich der Verdacht nicht mehr ausräumen. Den Kerl deshalb herauszufordern ist sinnlos, würde nur Argwohn hervorrufen. Seine Antwort wäre ein entrüstetes Nein.
Mein Mißtrauen bleibt bestehen. Wir müssen ihn mit Vor-

sicht behandeln. Der Gedanke ist nicht abwegig, daß er vermutlich in der Lage sein könnte, uns im Fall einer Festnahme in den Rücken zu fallen!

Den Wicht deshalb abzuschütteln und hilflos allein zurückzulassen, ist keine Lösung. Er ist nicht der Typ, um sich ohne einen Menschen zurechtzufinden, und würde Schwierigkeiten machen.

Außerdem wäre die Härte nicht gerechtfertigt. Immerhin trägt er dasselbe Schicksal wie wir. Man fühlt sich verpflichtet.

Er hat die Gelegenheit, sich zu bewähren. Ein Mindestmaß an Bereitschaft, sich interessiert zu zeigen und sich anzupassen, ist keine Zumutung. Schließlich ziehen wir alle an einem Strang!

Sollte die Rechnung nicht aufgehen, so liegt die Verantwortung bei ihm, und er hat die Auswirkungen der Konsequenzen allein zu tragen.

Der Kurs bleibt bis Mitternacht unverändert.

Wenn nun auch keine unmittelbare Gefahr mehr droht, bei einer Verhaftung in dasselbe Lager zurück zu müssen, so sind dennoch unsere Befürchtungen groß. Ich wage nicht, den kürzeren Weg nach Süden einzuschlagen. Wir nehmen die Zwischenlösung nach Südost.

Mit der neuen Richtung ist ein erheblicher Umlauf eingeleitet, der uns nicht nur aus der Gefahrenzone herausbringt, sondern auch zugleich an die Oder führen soll. Meine Wunschvorstellung ist, daß der Fluß südlich von Stettin geradenwegs erreicht wird.

Einen weiteren Umweg können wir uns nicht leisten, denn der Trinkvorrat ist bedenklich knapp. Ursprünglich sollte jeder mit seiner Feldflasche drei Tage und Nächte auskommen. Schon diese notdürftig bemessene Menge hätte eine strenge Einteilung zur Folge. Nun muß zusätzlich der vierte Mann berücksichtigt werden.

Auf keinen Fall dürfen wir ein Abenteuer eingehen und tagsüber nach reinem Wasser suchen. Abgesehen davon, daß wir keine Zeit zu verlieren haben, wäre also nur nachts die Gelegenheit gegeben. Das aber erscheint mir in der verlassenen Gegend aussichtslos. Auf einen Zufall kann man sich nicht verlassen.

Wir sind darauf angewiesen, mit dem Bestand durchzuhalten.

Es wird langsam heller. Um diese Zeit treibt sich wahrscheinlich noch kein Feindseliger im Gelände umher. Wir nutzen die Morgendämmerung und nehmen den Weg nach Süden, bis nach einigen Kilometern der Punkt erreicht ist, von dem ich glaube, nunmehr schnurstraks in die südwestliche Richtung einschwenken zu können.

In einem dichten Gestrüpp finden wir Unterschlupf und kommen endlich zur Ruhe, zum verdienten ausgedehnten Schlaf. Erst nach Eintritt der Dunkelheit wird das sichere Versteck verlassen.

Im Laufe der kommenden Nacht beginne ich an Potschkas Solidarität zu zweifeln.

Von seinem Anpassungsvermögen war bisher nichts zu spüren. Schon gestern ist mir seine Unzulänglichkeit aufgefallen. Die ganze Zeit trottete er stumpf und ohne eigenen Willen, wie ein Schaf hinter uns her. Sein Vordermann hatte ständig Mühe, mit ihm Kontakt zu halten. Man nahm auf seine Einfalt Rücksicht und hielt ihm zugute, daß er es mit der Eingewöhnung etwas schwerer hat als wir.

Doch auch jetzt ändert sich der Unverbesserliche nicht. Seine Schwerfälligkeit fällt den Kameraden langsam auf die Nerven. Die Gereizten schlagen von mal zu mal einen schärferen Ton an:

„Paß' auf, Du Idiot! Gib Dir Mühe und reiß' Dich zusammen!"

Zühlke schimpft empört:

„Außer Fressen und Saufen kann der überhaupt nichts!"

Diese Anspielung hat sich der Vielfraß von selbst eingehandelt. Wenn er auch einsah, daß wir die Vorräte rationieren müssen, so versuchte er nicht nur listig einen Happen über

seine Zuteilung hinaus zu ergattern, sondern auch, und das ist ihm sogar einmal gelungen, mehr als zwei Schluck' zu trinken.
Meine in Potschka gesetzten Erwartungen erfüllen sich auch während der dritten Nacht nicht.
Es wird zunehmend ärger mit ihm. Wir müssen uns plötzlich unmotivierte Zornesausbrüche, die in Beschimpfungen sowie Anschuldigungen ausarten, und in voller Lautstärke weithin durch's Gelände schallen, anhören.
Ich zische ihn an:
„Wir verlangen von Dir Beherrschung, Konzentration und Anpassung. Gelingt Dir das nicht, dann müssen sich augenblicklich unsere Wege trennen!"
Er droht:
„Dann könnt Ihr was erleben!"
Für Auseinandersetzungen ist nicht der richtige Zeitpunkt. Ich hebe mir das für später auf, denn nun bleibt der Aufsässige im wesentlichen ruhig. Nur gelegentlich höre ich von ihm noch ein unverständliches Gemurmel.
Offenbar hat der knappe Hinweis gewirkt. Ihm wird klar geworden sein, daß er zu hoch gepokert hat. Auch die anderen beachten ihn nun nicht mehr als nötig, lassen ihn links liegen. Sie beschränken sich nur in besonderen Fällen auf flüchtige Andeutungen, die für den reibungslosen Ablauf notwendig sind.
Was kann nur in den Mann gefahren sein? Man verliert doch nicht gleich die Nerven, nur weil die Vorräte aufgebraucht sind und keine Aussicht besteht, sofort Hunger und Durst zu stillen. Die neue deutsche Grenze ist nicht mehr weit, wir haben's bald geschafft! Auch die Angst vor der Gefährlichkeit dieses Grenzbereichs und der bevorstehenden Überwindung des Sumpfes zwischen den Flußläufen dürfte ihn nicht durchdrehen lassen; denn er ist schließlich nicht allein und könnte sich mit etwas Einfühlungsvermögen an uns aufrichten!
Da, der Strom!

Oder ist er's vielleicht gar nicht? Nur irgend so ein Gewässer, ein See oder Kanal?
Er muß es sein! Schräg vor uns, ein wenig tiefer gelegen schimmert mit matter Spiegelung seine Wasseroberfläche.
Hastig beschleunigen sich unsere Schritte.
Vom Rand des Steilhangs, der etwa zehn Meter zum Ufer abfällt, versuchen wir vor uns das gesamte Gelände zu erfassen.
Es ist geschafft! Längs der gegenüberliegenden Seite Schilf, nichts als Schilf und Finsternis! Dort beginnt das morastige Gebiet mit seinen vermutlich heimtückischen Überraschungen. Drohend und unheilverkündend, scheinen sie nur darauf zu lauern, sich uns entgegenstellen zu wollen.
Wenn ich doch nur eine Vorstellung von dem hätte, was mich da drüben erwartet! Noch nie, auch nicht während des Krieges, bin ich in meinem Leben mit derartigen Geländeverhältnissen konfrontiert worden, habe nur von deren Unwirtlichkeit und Gefährlichkeit gehört.
Wie eine unüberwindliche Barriere zieht sich das Hindernis von Süd' nach Nord'.
Potschka fragt aufgebracht:
„Hier soll'n wir rüber?"
Seine Bemerkung klingt wie ein Vorwurf, als wäre es für ihn eine Zumutung.
„Hast Du 'ne bessere Idee?"
Er antwortet nicht.
Kessler flachst den Unzufriedenen bissig an:
„Laßt ihn doch 'ne Brücke suchen! Für den ist bestimmt 'n roter Teppich ausgerollt!"
Gegenwärtig ist unklar, wie das Problem am besten anzugehen ist. Mir gefällt die Vorstellung nicht, den Flußlauf schwimmend zu überwinden, denn unsere Sachen könnten bei dem Versuch, sie unversehrt über das Wasser zu transportieren, naß werden. Zudem ist nicht sicher, ob man auf der anderen Seite trocken in die Kleider kommen kann. Mich fröstelt bei dem Gedanken an die kühle Witterung, mit feuchter

Wäsche am Leib die Strapazen im Sumpfgebiet zu überwinden. Die durchnäßten Klamotten könnten den Willen erlahmen lassen und die in einer Nacht zu bewältigende Aktion in Frage stellen.
Meine Überlegungen dürfen die Kameraden nicht als Unentschlossenheit auslegen. Das könnte sie mutlos werden lassen. Ich überspiele die Gefahr, lenke ab:
„Es wird bald hell! Wir suchen jetzt 'ne Bleibe und ruhen erst mal! Die Überquerung erfordert nicht nur Selbstvertrauen, sie wird unsere ganze Energie in Anspruch nehmen!"
Am Fuße des Abhangs, unmittelbar am Uferrand, zieht ein verwilderter Trampelpfad seine Bahn. Er verbindet jede Menge Unterstände miteinander, die, aus der Zeit der Kampfhandlungen, in die steil ansteigende Böschung getrieben worden waren. Ein Teil ist zerstört, andere sind heil geblieben. Überall liegt verkommenes Kriegsgerät umher. Augenscheinlich hatte man damals die Stätte in aller Eile verlassen.
Ein schmaler, mit hohem Unkraut überwucherter Einstieg weckt unser Interesse. Hier in diesem Loch wird niemand einen Menschen vermuten!
Wir schlüpfen hinein und legen uns dicht aneinander. Bald ist es mollig warm.
Ich denke an die schweren vergangenen Monate zurück und an die gefährlichen Situationen, die ich dreist und mit einer erheblichen Portion Glück bezwang.
Werden wir auch die kommende Nacht heil überstehen?

*

„Da liegt ja ein Benzinfaß!"
„Und dort hinten noch eins!"
„Wir bauen ein Floß!"
Daß sich diese Möglichkeit des Übersetzens so schnell und auf so einfache Weise anbietet, habe ich mir nicht träumen lassen.
Alle sind von dem Vorschlag begeistert. Kessler meint:
„Zwei Fässer könnten wir noch gut gebrauchen!"

Aber es sind keine mehr aufzutreiben, die vorhandenen müssen ausreichen.

Für die Montage sind extra lange Bretter erforderlich. Sie sind in den großen Unterständen zu finden, versteifen dort die Wände. Man kann das brauchbare Material leicht freilegen. Um alle Teile miteinander zu verbinden, bietet sich genügend Draht an. Er liegt überall herum.

„Noch vor Eintritt der Dunkelheit muß die Konstruktion fertig werden!"

Die kurze Frist drängt zur Eile, macht jede Hand unentbehrlich. Leider sind wir gezwungen, auf einen Mann zu verzichten; denn er hat, während wir beschäftigt sind, Obacht zu geben. Zu gern' hätte ich Potschka dazu eingeteilt, aber er ist nicht vertrauenswürdig. Die Aufgabe übernimmt Zühlke, wenn auch seine tätige Hilfe mir lieber gewesen wäre. Er klettert den Hang hinauf und bezieht in Rufweite oben im Gebüsch seinen Posten.

Obwohl bei der Einschätzung der aufzuwendenden Mühe berücksichtigt wurde, daß keine Werkzeuge vorhanden sind und nur mit bloßen Händen geschafft werden muß, ist die Arbeit umständlicher als angenommen. Kessler und ich schuften fieberhaft Hand-in-Hand. Um an die Planken zu gelangen, wird der Bunker zum großen Teil abgetragen, schließlich eingerissen.

Potschka ist keine Hilfe. Er steht sich meist selbst im Wege. Seine Trägheit regt uns auf:

„Faß zu, gaff' nicht so blöde rum!"

„Oder sammel' wenigstens unterdessen brauchbaren Draht zusammen!"

Die Sonne geht bald unter. Ihr tiefer Stand veranlaßt uns zu noch größerer Eile.

Zühlke befürchtet, daß wir trotz der Plackerei nicht rechtzeitig fertig werden könnten. Er verläßt den Beobachtungsposten, springt den Hang herunter und packt mit an. Seine Bemerkung zerstreut unsere Bedenken:

„So weit das Auge reicht, ist keine Menschenseele auszu-

machen. Ich glaube an keine Überraschungen, bin hier nützlicher!"
Er zeigt sich noch praktischer als wir, stellt sich geschickter an. Ihm gelingt jeder Handgriff. Er benutzt kleinere Pfähle als Hebel, lockert mit ihnen die Pfeiler und löst auf diese Art die Sparren. Wir ziehen vier der drei Meter langen Bohlen heraus. Weitere werden nicht benötigt.
Trotz Zühlkes Eingreifen haben die Vorbereitungen im Ganzen zu lange gedauert. Es bleibt keine Minute für Gedanken über das Wie des Aufbaus übrig. Die Montage liegt auch auf der Hand und bietet sich mit den wenigen Teilen von allein an.
Zwei der gleichmäßig geschnittenen Dielen halten die Fässer in entsprechendem Abstand links und rechts ihrer Stabilisierungsringe von unten, und die anderen beiden von oben eingeklemmt. Das Ganze wird mit Draht verspannt und straff verknebelt, so daß sich die einzelnen Teile weder verschieben, noch voneinander lösen können.
Wir prüfen die Haltbarkeit, das Floß ist stabil.
Mit der Fertigstellung war es auch höchste Zeit. Man kann kaum noch was sehen, die Nacht bricht an. Über dem Wasser verdichtet sich der Abendnebel.
Wir benötigen handliche Latten zum rudern. Es liegen einige zwischen den Resten des zerstörten Bunkers. Jeder sucht aus dem Haufen für sich eine geeignete Petschel heraus.
Plötzlich bleibt Zühlke wie angewurzelt stehen und starrt den Hang hinauf. Er warnt:
„Wir haben Zuschauer!"
Schräg über uns, unmittelbar am Rand der Böschung, stehen zwei Zivilisten. Sie haben ihre Hände in den Hosentaschen vergraben und verfolgen neugierig unsere Vorbereitungen.
Wir sind unschlüssig, lauern. Es vergehen spannungsgeladene Sekunden.
Sind das Polen...? Grenzwachen...? Besitzen die Waffen...? Was haben die vor?
Ich gehe zaghaft auf die beiden zu.

Wie werden sie reagieren?
Die Unbekannten wenden sich ab, hinterlassen einen unbeteiligten Eindruck bei uns.
Doch der ist falsch! Sie drehen sich noch einmal um, blicken argwöhnisch und entfernen sich auffallend hastig. Rasch verlieren wir die Fremden aus den Augen.
Hinter ihnen herzulaufen, halte ich für verlorene Zeit. Jetzt heißt die Alternative — Vorsprung! Jede gewonnene Sekunde erhöht die Chance, rechtzeitig zu entkommen.
„Wir müssen weg ..., uns beeilen! Die holen gewiß Verstärkung, oder auch Waffen!"
„Das Floß ins Wasser! — Packt mit an!"
„Zugleich! — Hau — ruck!"
Das Provisorium schwimmt. Die Sitzfläche ragt knappe dreißig Zentimeter über die Oberfläche des Wassers hinaus. Das genügt, um keinen nassen Hintern zu kriegen. Wir steigen behutsam auf und beachten dabei, das Floß gleichmäßig zu belasten. Kessler und Zühlke beschweren die rechte Seite. Als Gegengewicht zur Linken hockt vorn Potschka und ich dahinter.
Wenn alle nun ein gutes Balancegefühl im Gesäß haben und im selben Augenblick rudern, dann dürfte nichts schief gehen. Einer gibt den Takt an:
„Eins — und — zwei — und — ...!"
Der Ruderschlag wird unterbrochen. Die Fuhre neigt sich nach rechts. Wir versuchen die Waage zu halten.
Die Ausgleichsbewegungen waren insgesamt eine Kleinigkeit zu hektisch. Die Nußschale schwankt etwas heftiger zu meiner Seite herüber. Potschka macht keine Anstalten, sich festzuhalten.
Er rutscht glatt ins Wasser.
Der Gewichtsverlust läßt mich augenblicklich hochschnellen. Ohne die geringste Chance landen Zühlke und Kessler im Bach.
Nun wäre die Reihe wieder an mir! Ich werfe mich quer über die Planken, habe Glück und bleibe trocken.

Schwimmend drückt Potschka das Floß ans Ufer zurück, hält es dort fest und wartet im Wasser, bis ich an Land bin. Unvermittelt zetert er geheimnivoll:
„Da kommt was auf uns zu!"
Ich reagiere sofort:
„Duckt Euch ins Schilf!"
Wir warten gespannt, sind ganz Aug' und Ohr.
Potschka verbirgt sich mit seinem Kopf hinter dem Floß. Ich behalte ihn ständig im Auge und fürchte, daß er Fehler macht, sich falsch verhält, womöglich die Gelegenheit benutzt und seine Drohungen in die Tat umsetzt, sich zu erkennen gibt.
Doch mein Mißtrauen ist aus der Luft gegriffen. Aus seiner Deckung peilt der Angsthase konzentriert einen Punkt längsseits des Ufers an.
Minuten vergehen, es rührt sich nichts. Ich will wissen, was er sieht und raune ihm zu:
„Was hast Du denn bemerkt?"
„Ich weiß nicht! Ein dunkler Fleck! Er kommt ganz langsam näher!"
Wieder lausche ich auf Stimmen, irgendwelche Geräusche, aber man kann nichts hören. Ich werde ungeduldig:
„Der Fleck müßte doch jetzt hier sein!"
„Nein! Er kommt ganz, ganz langsam immer näher!"
Das muß eine Sinnestäuschung sein!
Ich gehe am Ufer entlang und suche Meter für Meter, das Schilf ständig teilend, nach dem vermeintlichen Fleck oder Schatten auf der Wasserseite.
Da ist er!
Ich traue meinen Augen nicht, bin überrascht. Mir schlägt das Herz bis zum Hals. Meine Stimme jubelt:
„Ein Boot! — Männer hierher, wir haben mehr Glück als Verstand!"
Potschka hat von der Wasserseite den aus den Halmen herausragenden Bug eines Angelkahns entdeckt. Die günstige Gelegenheit blieb uns nur deshalb verborgen, weil das Röhricht an der Uferseite die Sicht versperrte.

Die Enttäuschung über das unfreiwillige Bad ist wie weggeblasen. Zühlke bemerkt belustigt:
„'Ne blinde Henne findet auch mal 'n Korn!"
„Laß' die Späße! Freunde, macht die Jolle flott!"
Sie liegt auf Grund, ist bis zum Rande vollgelaufen. Nur Bug und Heck ragen aus dem Bach.
Mit vereinten Kräften kippen wir den Rumpf auf die Seite, ein Großteil Wasser fließt heraus, und lassen das Boot dann wieder zurückschnellen. Es ist halbleer, schwimmt. Die Methode wird wiederholt. Die Neige ist schnell ausgeschöpft.
Wir besteigen den Nachen und prüfen unter der Belastung die Dichte.
„Stellt Ihr ein Leck fest?"
„Ich sehe keins!"
„Hier auch nicht!"
„Bei mir ist alles klar!"
„Dann nichts wie rüber!"
Noch behindern Nebelschwaden die Orientierung. Wir stoßen deshalb im rechten Winkel vom Ufer ab, fahren nach Gefühl und achten darauf, den Kurs nach Westen beizubehalten.
Auf eine Dunstglocke folgt die andere. Mit dieser Tarnung können uns die rätselhaften Männer, wer sie auch sein mögen, nicht mehr gefährlich werden.
Die Sicht ist frei, die Wand durchbrochen, das ander Gestade erreicht. Wir wenden, fahren flußaufwärts und suchen am Schilfrand eine freie Stelle, um anzulegen. Es bietet sich nichts an.
Dort, eine tiefe Einbuchtung! Sie gibt freie Fahrt nach Westen! Wir steuern hinein.
Weit hinten im Osten fällt ein Schuß. Eine Leuchtkugel erhellt gespenstisch die Nebelwand in unserem Rücken.
Das Licht nützt den Verfolgern nichts mehr. Nur wir profitieren davon, sehen mehr.
Vor uns führen die beiden gegenüberliegenden Ufer der Bucht zusammen. Sie begrenzen einen Kanal.
Führt der durch das Bruch zur Westoder?

Ich finde keine bessere Erklärung.
Auf beiden Seiten steigen die Böschungen an, werden höher.
Ist dort mit patrouillierenden Grenzern zu rechnen?
Wir wären eine leichte Beute! Wie auf einem Präsentierteller gleitet das Boot mitten auf der Oberfläche. Ein Schuß könnte uns zum Beidrehen zwingen.
Die Ruhe ist beängstigend.
Das Fließ wird noch schmaler, die Hänge steiler. Sie gehen in senkrechte Betonwände über. Die Enge ist erdrückend.
Sind wir in einer Schleuse?
Ja, die Tore stehen offen!
Ein Lichtschein ist nirgends zu sehen. Die Anlage scheint nicht besetzt zu sein.
Oder vielleicht doch?
Wir fahren behutsam hindurch, spähen mit gemischten Gefühlen nach oben zum Schleusenrand.
Niemand zeigt sich. Kein Laut dringt an unser Ohr. Nur die nach jedem Ruderschlag vom Blatt herabfallenden Wassertropfen verursachen ein leises plätscherndes Geräusch.
Die Schleuse ist bezwungen. Der Aufwurf an den Böschungen wird niedriger. Die Ufer ziehen sich auseinander. Der Kanal mündet in ein großes Gewässer.
Wir bleiben auf geradem Kurs.
In Fahrtrichtung glaube ich Land zu erkennen. Links und rechts aber sieht man nichts, verbirgt die Nacht alle Konturen.
Ich bin der Meinung, daß wir jetzt den westlichen Flußlauf überqueren und den Weg durch den Sumpf vergessen können.
Inzwischen ist der Nebel gänzlich verflogen. Er ist aufgestiegen, hat sich zu Wolken gebildet. An einzelnen Stellen bricht das Mondlicht durch. Die matten Strahlen reflektieren auf der Wasseroberfläche und tauchen das niedrig hängende Gewölk in ein gespenstisches Grau.
Mit dem verhangenen Himmel ist mir die einzige Orientierungsmöglichkeit genommen. Ich muß improvisieren:
„Achtet darauf, daß wir die Kanalausfahrt genau im Rücken behalten. Wenn davon nichts mehr zu sehen ist, dann steuern

wir in gerader Linie vor uns einen Punkt an. Auf diese Weise bleiben wir auf Kurs und haben nicht das Gefühl, uns zu verirren!"

Das Gestade rückt näher ins Blickfeld. Stur behalte ich den Punkt im Auge.

Eine beträchtlich hohe Schilfwand stellt sich uns entgegen. Sie verläuft in breiter Front schnurgerade. Ich sehe nirgends eine Einbuchtung oder gar einen freien Strand zum Anlegen.

Wir steuern gerade zu.

„Legt Euch ins Zeug! Der Kahn muß durch den Busch, um mit dem Kiel auf trockenen Sand zu gelangen!"

Mit kräftigen Ruderschlägen kommt das Boot in Fahrt. Der Bug verdrängt die Halme. Sie schleifen an den Bordwänden entlang, hemmen. Der Rumpf bleibt stecken.

Vom Ufer und festem Boden keine Spur!

„Zurück! Das Ganze noch einmal!"

Der zweite Versuch bringt auch nicht mehr. Es hat den Anschein, als ob ausgerechnet an dieser Stelle das Röhricht besonders stark wuchert, das Festland erst ein paar Meter weiter beginnt.

Eine bessere Gelegenheit zu finden, ist zweifelhaft.

„Wir steigen aus!"

Ich versinke bis an die Hüfte im Wasser, finde Halt und wate voran. Meine Füße bereiten jeden Schritt vor. Sie zertreten das Schilf, schaffen dadurch eine Unterlage und eine Spur. Im dichten Abstand folgen die Kameraden.

Das Gewächs ragt weit über den Kopf hinaus. Es umgibt mich völlig, nimmt mir die Sicht. Ich muß darauf achten, daß ein Links- oder Rechtsdrall von mir keinen Irrweg auslöst.

Der Schilfgürtel müßte doch bald ein Ende nehmen, das Gelände ansteigen.

Es wird flacher! Das Wasser reicht bis an die Knie.

Haben wir's bald geschafft? Meine Hoffnung steigt mit jedem abfallenden Zentimeter des nassen Elements.

Nach einigen hundert Metern versinken die Füße nur noch bis wenig über die Knöchel.

Jäh endet das Gebiet des hoch emporragenden Riedgrases. Es wuchert niedriger, reicht mir bis zur Brust und gibt die Sicht im engsten Umkreis frei.
Nichts hebt sich von der Finsternis ab. Nirgends leuchtet ein Licht.
Um uns Schilf, nichts als Schilf.
Wir stapfen geradeaus weiter.
Ich stutze. Unmittelbar vor mir eine leichte Veränderung der Halmspitzen! Bei unverändert hohem Wuchs hebt sich kaum merkbar eine hellere Tönung ab. Man kann sie eher ahnen als sehen. Es ist ein etwa zwei Meter breiter, von Süd nach Nord führender Streifen!
Was mag das sein?
Mißtrauisch fühle ich mit den Füßen vor. Sie ertasten den Rand eines Grabens.
Das muß ein künstlich angelegter Entwässerungskanal sein!
Einer nach dem anderen hopst hinüber. Ich nehme von dem markanten Punkt in vertikaler Richtung den Weg wieder auf.
Bald stehen wir vor der gleichen Situation.
Die parallel verlaufenden Abzugsfurchen wiederholen sich in regelmäßigen Abständen. Sie weisen den Weg, lassen uns nicht die Richtung verfehlen — und geben in Verbindung mit dem Wasserstand die Erklärung dafür, daß mit der offenen Schleuse die gesamte Gegend überflutet sein muß. Wahrscheinlich hatte man mit der Maßnahme den Vormarsch des Gegners aufhalten wollen.
Die Tatsache, daß hier einmal Menschen gearbeitet haben, nimmt uns die Furcht vor dem Sumpf, läßt uns hoffen. Irgendwann müssen wir hier mal rauskommen, muß die abgesoffene Gegend mal ein Ende haben.
Stunde um Stunde vergeht. Die ungewohnte Fußstellung, die bei jedem Schritt möglichst viele Halme zu erfassen sucht, bewirkt in meinem rechten Bein Schmerzen. Sie werden stärker und im Laufe der Zeit unerträglich. Die Wade schwillt stark an. Ich werde langsamer, muß humpeln.
Zühlke drängt mich wortlos zur Seite und übernimmt die

Führung. Ich hinke hinter ihm her. Der vorbereitete Pfad ist eine Erholung.
Der Freund tritt unvermittelt ins Leere und versinkt bis zum Hals im Wasser. Schreckhaft suchen seine Hände auf der anderen Seite des Grabens Halt. Der Überraschte rangelt sich hoch und setzt seinen Weg mit einem unterdrückten Fluch auf den Lippen fort.
Wir springen hinüber und folgen ihm.
„Hast Du den Streifen nicht bemerkt?"
„Nein!"
„Du mußt aufpassen! Es ist ein kleiner Unterschied in den Halmspitzen, den man eigentlich nur indirekt wahrnehmen kann!"
Er knurrt:
„Machst Du Witze? Ich kann die Hand nicht vor den Augen sehen, geschweige denn einen Unterschied!"
Ich will's ihm zeigen und erklären, hefte mich dicht an seine Fersen und gebe Obacht.
Er liegt wieder bis zum Hals im Wasser.
Auch am dritten Graben ist die Misere nicht zu verhindern. Der Gute ist mir im Weg. Ich kann ihn nicht warnen, weil ich die Gefahr nicht rechtzeitig erkenne. Mir fehlt nur ein Schritt.
„Franz, das hat keinen Zweck, bleib' stehen! Ich gehe wieder nach vorn!"
Die kurze Erholung hatte mir dennoch gut getan. Doch nun setzt der brennende Schmerz von neuem ein. Er steigert sich. Ich habe das Gefühl, als wolle es mir die Haut zerreißen.
Was ist das?
Zwei miteinander parallel verlaufende Linien!
Ist hier einmal ein Fahrzeug entlang gefahren?
Wir verfolgen die Spur nach Süden. Sie wird unkenntlicher, verschwindet völlig.
In entgegengesetzter Richtung tritt die Markierung wieder stärker hervor. Sie hebt sich klar als Fahrspur ab und wird schließlich zum trockenen Feldweg.

Er wird uns aus dem Sumpf herausführen.
„Seht mal, dort drüben! Was für ein seltsamer Schimmer!"
Der matte Schein zieht sich mit schmalem Strich vom Osten herüber. Er wird kräftiger. Aus dem Nebel tauchen die Konturen einer langen Kette von Lampen auf, die eine Holzbrücke beleuchten. Anschließend sind Silhouetten von Pappeln zu erkennen. Im Zweifel handelt es sich um eine befestigte Straße!
Ob wir sie unerkannt erreichen? Vermutlich führt unser Pfad an der erhellten Zone gerade noch vorbei.
„Wollen wir das riskieren?"
Alle sind einverstanden:
„Aber klar! Dann haben wir die Scheiße endlich hinter uns!"
Der klitschnasse Zühlke stöhnt:
„Ich bin völlig fertig, halt's kaum noch aus!"
Auch mir geht's nicht besser. Ich bin der Meinung, daß man sich auf diese bequeme Strecke vorwagen sollte. Zumindest, so weit als möglich. Um ins Schilf auszuweichen, ist immer noch Zeit.
Unentwegt behalte ich die Brücke im Auge. Wenn auch niemand zu sehen ist, so haben wir von dort dennoch mit Überraschungen zu rechnen.
„Vermeidet jedes Geräusch!"
Unvorhergesehen verläuft unser Feldweg in einem kleinen Bogen. Er führt leicht aufwärts.
Eine massiv gebaute Furt verbindet das andere Ufer eines Wasserlaufs.
Vor mir ein Trichter.
Sein Rand könnte brüchig sein. Ich taste mich behutsam an dem Hindernis vorbei und warne mit stummer Geste den Nächstfolgenden. Er verständigt auf die gleiche Weise seinen Hintermann. Auch dieser hält sich an die Regel.
Ein Aufschrei reißt mich herum!
Potschka ist in den Krater gestürzt!
Seine Schlafmützigkeit raubt mir die Fassung. Ich packe seine Feldbluse und ziehe ihn hoch. Dicht vor ihm, fast berühren

sich unsere Nasen, — mache ich mir durch hörbares Schnaufen Luft.
Er brüllt:
„Laß mich los, Du Idiot!"
Erschreckt gebe ich ihn frei. Er strauchelt zu Boden, beinahe in die Versenkung zurück. Im letzten Augenblick finden seine Hände einen Halt.
Der Krach dürfte auf der beleuchteten Brücke nicht überhört worden sein!
Zühlke und Kessler stürzen über den Bach zur anderen Seite und wechseln vom Weg ins schützende Schilf. Ich springe hinterher.
Prompt flammt eine Leuchtkugel auf. Wir werfen uns flach in den Morast, warten ab.
Potschka ignoriert die Gefahr. Im vollen Licht hastet er aufrecht hinter uns her. Kessler ist außer sich:
„Den trete ich bei passender Gelegenheit in' Arsch und jage ihn davon!" preßt er zwischen den Zähnen hervor.
Der Schein verlischt. Ein zweiter Schuß wird abgefeuert. Bevor er voll zur Leuchtkraft kommt, springt Zühlke auf und reißt den Starrsinnigen in Deckung, ringt mit ihm und hält seinen Mund zu. Kessler kriegt die Beine zu fassen. Er umklammert sie hartnäckig, gibt sie nicht frei.
Der Widerstand des Aufsässigen bricht. Zühlke redet unmißverständlich auf ihn ein:
„Ich warne Dich! Wenn Du so weitermachst, dann passiert ein Unglück!"
Das Beleuchtungsmanöver ist zu Ende. Es bleibt dunkel. Sicher werden die aufmerksam gewordenen Diensthabenden andere Pläne entwickeln; möglicherweise am Feldwegende eine Falle vorbereiten, in die wir ahnungslos hineinlaufen sollen!
„Wir bleiben im Sumpf, vermeiden Weg und Brücke und gehen nach Westen!"
Nochmals beginnt das Gestakse und das Gehopse über die Gräben. Es raubt die letzten Kraftreserven. Wir machen uns Mut:

„Nur weiter Kameraden! Keine Müdigkeit vorschützen!"
Meine Schmerzen im Bein nehmen wieder zu. Sie werden unerträglich, lenken mich ab. Meine Aufmerksamkeit gilt nicht mehr der Umgebung. Ich bin zu sehr mit mir selbst beschäftigt.
Abrupt endet das unwirtliche Gelände. Es steigt an. Wir haben trockenen Boden unter den Füßen. Ein Waldrand richtet sich vor uns auf.
Sollte es schon geschafft sein?
Noch bin ich mißtrauisch.
Apathisch torkeln wir zwischen den Baumstämmen hindurch. Sie lichten sich bald, enden an einer Uferböschung!
Uns dämmert's:
Vor uns fließt die Westoder! Es kann sich hier um kein anderes Gewässer handeln.
Enttäuscht fallen wir ins Gras.
Was nun?
„Erst mal ausruhen, Kräfte sammeln, Lage peilen und überlegen!"
Doch allzu lange darf die Rast nicht dauern. Es wird schon schummrig. Bevor der Morgen graut, müssen wir auf der anderen Seite sein!
Drüben erkenne ich die Umrisse einiger Landhäuser, einer Uferchaussee. Hundert Meter weiter rechts führt eine Holzkonstruktion über den Strom. Am anderen Ende der Überführung hebt sich vom Geländer ein Schilderhaus ab!
„Seht Ihr dort eine Wache?"
„Nein! Aber man kann sich täuschen. Es ist noch zu dunkel!"
Ich blicke angestrengt hinüber, versuche die Finsternis zu durchdringen, sehe keinen Menschen.
„Der Posten müßte doch besetzt sein!"
„Vielleicht vertreibt sich einer die Zeit und läuft in der Gegend umher. Er kann sich im Augenblick auch irgendwo verdeckt aufhalten!"
„Oder der pennt im Schilderhaus, im Stehen!"

Mich lockt der bequeme Übergang:
„Ich halte ein Hinüberschwimmen nicht mehr durch, fürchte, mir versagen die Kräfte. Mir ist jetzt alles scheißegal! Ich gehe einfach über die Brücke. Kommt Ihr mit?"
„Ja!"
„Ich bin der gleichen Meinung!"
Potschka steht abgewandt daneben und schweigt sich aus. Ich erwarte von ihm auch keine Antwort. Seine Meinung interessiert mich nicht mehr.
„Gut! Dann gehen wir laut und vernehmlich hinüber; dürfen auf keinen Fall schleichen. Das macht verdächtig, zeigt ein schlechtes Gewissen. Die könnten nervös reagieren und ohne Anruf schießen! Sollte uns jemand festnehmen, dann müssen wir uns was einfallen lassen, einen Ausweg finden. Kommt der nicht an, dann haben wir eben Pech gehabt! Ist alles klar?"
„Ja! Vielleicht glückt's, ist keiner da!"
„Dann kommt, bevor es heller wird!"
Noch verbergen uns Bäume und Büsche. Unentwegt behalte ich das Schilderhaus und den näheren Umkreis im Auge.
Es bleibt still. Die Gegend scheint wie ausgestorben.
Wird das Vabanquespiel gut enden?
Wir erreichen die Brücke, schwenken ein.
Am anderen Ende versperrt ein Schlagbaum den Übergang!
Mir kommen Zweifel. Sollte man zurückgehen...? Nein! Oder doch...? Auf keinen Fall...!
Schon hallen die festen Schritte auf den Holzplanken durch die Stille des anbrechenden Morgens.
Warum zeigt sich nicht der Grenzposten? Er muß uns doch hören! Lauert der etwa im Schilderhaus, um überraschend mit vorgehaltener Knarre herauszuspringen?
Nein! Die Hütte ist leer, nicht besetzt! Schnell zwängen wir uns vorbei.
Da! Auf der anderen Seite der Uferstraße, noch ein Schlagbaum, und — noch ein Schilderhaus! Sie blockieren eine ansteigende Chaussee, die nach Westen führt.

Wir müssen dort hindurch!
Auch diese Anlage ist nicht besetzt. Mir fällt ein Stein vom Herzen:
„Das ist ja kaum zu fassen!“
Wir sehen uns argwöhnisch um, lauschen in die Dämmerung. Es ist weder was Verdächtiges zu hören, noch zu sehen. Zühlke flüstert:
„Wer weiß, wo die Brüder stecken!“
„Unwichtig! Ich glaube, das Experiment ist gutgegangen!“
Kessler wird unruhig. Er drängt:
„Ab in den Busch! Laßt uns verschwinden, ehe es zu spät ist!“
Im dichten Gestrüpp des Waldes beruhigen sich die Nerven. Wir kommen zur Besinnung, atmen auf. Ich befürchte, daß der Erfolg meinen Kameraden zu Kopf steigen könnte und sie leichtsinnig werden läßt.
„Freunde, das Schlimmste ist geschafft! Aber dennoch ist Vorsicht geboten. Wir haben damit zu rechnen, daß die Russen jeden, der ohne Papiere herumläuft, aufgreifen. Besonders die, die jung sind und denen man ansieht, daß sie ehemalige Landser waren. Haltet Euch also zurück und riskiert nichts!“
Endlich geht die Sonne auf. Eine geeignete Lichtung lädt zur Ruhepause ein.

Der Himmel ist wolkenlos. Die Septembersonne scheint noch kräftig. Sie meint es gut mit uns und spendet angenehme Wärme. Wir ruhen nackt im Gras, haben ausgiebig tief geschlafen. Ringsumher hängen und liegen dicht nebeneinander ausgebreitet zerschlissene Uniformstücke, Hemden, Unterhosen und all die übrige Habe zum Trocknen. Auch der von mir stets getragene und inzwischen völlig verkommene hellblaue Fischgrät-Anzug befindet sich darunter. Meine Halbschuhe habe ich mit Hilfe biegsamer Gerten auf Spannung gebracht. Sie werden sicher ihre Form behalten und nicht einlaufen. Hoffentlich ist aus ihnen bis zur Dämmerung die Nässe gewichen.

Die Schmerzen in meinem Bein sind abgeklungen, der beängstigende Wadenumfang ist geringer geworden.

Potschka liegt, verdrossen seinen Rücken zeigend, von uns getrennt im Abseits und döst immer noch vor sich hin.

Nun spielt der Halunke, zu all dem Ärger, den wir mit ihm hatten, obendrein noch die gekränkte Leberwurst! Ein Sinneswandel stünde ihm nach den überstandenen Gefahren und Strapazen besser an.

Mir kommt die Galle hoch.

Diese Undankbarkeit! Am liebsten möchte ich den Strolch augenblicklich in die Wüste schicken!

Jedoch jetzt mit ihm abzurechnen, wäre unklug. Eine solche Herausforderung paßt nicht hierher. Er würde seine Drohungen wahr machen und Schwierigkeiten bereiten. Keiner weiß, wie es in der näheren Umgebung aussieht und welche neuen Probleme bei einer lautstarken Auseinandersetzung auftauchen könnten.

Das Abschieben muß bei Nacht erfolgen. In der Finsternis sind wir schneller getrennt und auch gleich verschwunden. Die Klette kann dann nichts mehr unternehmen.

Der Kohldampf, der schon gestern allen zu schaffen machte, war zunächst über den Anstrengungen der letzten Nacht ver-

flogen. Das Thema kam überhaupt nicht auf! Nun aber meldet sich der Magen wieder.
Er wird sich bis zum Abend gedulden müssen. Dann sind wir wieder frisch, vollends bei Kräften und können eventuelle Risiken wagen und einen Bauern suchen.
Bei der Kontaktaufnahme wäre ein unserer Situation entsprechend guter Eindruck erforderlich, damit der Mann zugänglicher und bereitwilliger wird, uns Lebensmittel zu überlassen. Darüber hinaus erwarten wir von ihm einige Auskünfte. Uns interessiert das Aktuelle der politischen und wirtschaftlichen Lage. Und nicht nur das! Vor allem müssen wir über die Praktiken der russischen Besatzungsmacht Erkundungen sammeln.
Diese Informationen sind wichtig. Man kann daraus schließen, wie weit unser Wagemut unter Berücksichtigung der neuen Verhältnisse gehen darf — und was auf jeden Fall zu unterlassen ist. Denn ohne Legitimation bleiben wir nach wie vor Freiwild.
Mit den letzten Sonnenstrahlen wird es kühler. Fröstelnd sammeln wir die trockenen Lumpen ein, klopfen und schütteln aus ihnen den Staub heraus und ziehen sie an.
Durst, der heftig gewordene Hungerschmerz und die Neugier auf das weitere Ausmaß der Niederlage unseres Vaterlandes lassen uns bald aufbrechen.
„Bevor wir einen Bauernhof aufsuchen, wird sich erst irgendwo noch schnell gewaschen und rasiert!"
Als gute Gelegenheit dafür bietet sich ein geschützt liegender Schrebergarten an. In ihm arbeiten zwei alte Leutchen. Sie begießen ihre Beete.
Auf unseren Anruf kommen die beiden bereitwillig an die Gartenpforte. Ich frage ohne Umschweife:
„Sind in der Nähe Russen stationiert? Ist mit ihnen hier zu rechnen?"
„Nein, kaum!"
Das Ehepaar hört sich unsere Bitte an, begreift sofort und läßt uns ein.

Ohne viel Worte stellt die Hausfrau Waschschüsseln zur Verfügung. Sie opfert sogar ein kleines Stück Kernseife.
Ihr Mann gesellt sich zu uns. Er setzt sich vor der Laube auf die Gartenbank und weist mit bedeutsamer Geste auf seine bessere Hälfte, die inzwischen wieder im Haus hantiert:
„Sie wird Ihnen einen Tee kochen. Er wird Ihrem Magen gut bekommen. Wir haben Lindenblüten gesammelt, und genug davon!"
Ich reagiere impulsiv:
„Wir nehmen dankend an! Das haben Sie richtig erkannt. Haben Sie vielleicht auch irgend was zu essen?"
Er wehrt ab:
„Damit ist es schlecht bestellt! Es reicht kaum für uns zwei. Obwohl wir mit dem Garten schon gut dran sind, sammeln wir noch Kräuter hinzu, um sie gegen fehlende Dinge einzutauschen. Wir machen uns Sorgen. Der Winter steht vor der Tür!"
Die Ablehnung ist berechtigt. Meine Erwartung war zu hoch geschraubt. Die Erklärung über die ärmliche Selbsthilfe der beiden Alten rührt mich, macht mich verlegen. Ich überspiele den peinlichen Moment:
„Entschuldigen Sie bitte! — Wir hatten an sich auch vor, uns an einen Bauern zu wenden. Gibt's denn einen in der Nähe, der aus Ihrer Sicht etwas Eßbares erübrigen könnte?"
Trotz langer Überlegung fällt ihm niemand ein. Er ruft seine Frau zu Hilfe:
„Die armen Jungchen haben Hunger! Kennst Du jemanden, der ihnen was geben würde?"
Sie besinnt sich kurz:
„Die Köhlers! Die sind doch einigermaßen heil über den Krieg gekommen und hatten auch 'ne gute Ernte. Bei denen kann ich's mir schon gut vorstellen!"
„Ja, natürlich!", erinnert sich der Greis. „Die können was rausrücken, denen tut's nicht weh!"
Wir freuen uns über den Tip.
„Und wie sieht's dort mit dem Iwan aus? Wir haben nicht die Absicht, einem in die Arme zu laufen!"

„Da braucht Ihr Euch keine Sorgen zu machen. Das ist unwahrscheinlich. In dem Dorf sind keine stationiert. Da der Hof abseits liegt, verirrt sich nur selten mal einer dort hin!"
Das klingt so harmlos.
Sicher mögen die beiden wegen ihres hohen Alters kaum schlechte Erfahrungen gemacht haben! Wie sollten sie auch! Wo nichts zu holen ist, da zeigen auch die Russen kein Interesse.
Zühlke ist unbekümmert. Er strahlt:
„Na, dann ist ja das Abendbrot gerettet!"
Sein Optimismus steckt an. Frisch gewaschen und rasiert und mit dem warmen Tee im Magen sieht die Welt gleich freundlicher aus. Wenn auch hungrig, so sind wir dennoch guter Laune.
Entsprechend herzlich ist der Abschied. Nach der Wegbeschreibung zu dem Gehöft trennen wir uns mit den besten Wünschen für die Zukunft.
„Grüßen Sie mir Berlin!" ruft der Alte hinterher.
„Das werden wir ausrichten!"
Er blickt uns nach, bis er uns hinter den Tannen aus den Augen verliert.
Obwohl gegenwärtig ohne Belang, so hat uns doch diese erste Fühlungnahme mit den Landsleuten aufschlußreiche Eindrücke vermittelt. Ohne unnötig neugierige Fragen stellen zu müssen, haben wir aus den Lebensverhältnissen der beiden und ihren Äußerungen einen Vorgeschmack von dem erhalten, was uns im Nachkriegsdeutschland blühen wird.
Wir erreichen den Hof, der leicht zu finden war. Der Alte hatte den Weg präzise erklärt. Es ist inzwischen stockfinster geworden.
Ein Hund schlägt an. Er zerrt an der Kette, kann uns nichts tun. Aus zwei Fenstern im Erdgeschoß des Wohnhauses dringt mattes Licht auf das Kopfsteinpflaster.
Die Leute sind noch auf. Sie scheinen sich in der Küche zu beschäftigen, denn aus der Wrasenöffnung tönt Geschirrgeklapper.

Das heisere Gekläff der Promenadenmischung hat die Bewohner aufmerksam gemacht. Hinter der beiseite geschobenen Gardine lugt eine Frau hervor. Hinter der Haustür ruft eine kräftige Männerstimme:
„Wer ist da?"
Der Tonfall klingt nicht vielversprechend. Zaghaft treten wir aus dem Dunkel hervor und geben uns zu erkennen. Ich komme ohne Umschweife zur Sache:
„Wir sind aus dem Osten geflüchtete Soldaten und haben seit Tagen nichts gegessen. Haben Sie vielleicht für uns etwas übrig?"
Der hochgewachsene Mann in den besten Jahren steckt gelassen die Hände in die Hosentaschen und mustert uns geringschätzig. Nach einigen Sekunden sagt er barsch:
„Machen Sie mir keine Unannehmlichkeiten!"
Enttäuscht und niedergeschlagen wollen wir uns abwenden, da ändert sich seine Meinung:
„Warten Sie einen Augenblick!"
Er läßt uns stehen und geht ins Haus.
Nach geraumer Zeit erhält jeder von uns einen Becher warmen Muckefuck und eine Klappstulle mit Pflaumenmus in die Hand gedrückt.
Nichts liegt uns ferner, als den Mann in Schwierigkeiten zu bringen. Im Gegenteil!
Um die peinliche Begegnung schnell zu beenden, trinken wir auf der Stelle die Becher leer, geben sie mit kurzem Dankeswort zurück und kehren dem Bauern den Rücken. Das Brot wird unterwegs gegessen.
Endlich gibt der Magen Ruhe.
Ich weiß nicht, was von den beiden Begegnungen zu halten ist. Welche ist glaubwürdiger? Die Sorglosigkeit des Greises und die Furcht des Landwirts bringen mich in Zwiespalt. Ich bin im Zweifel, ob wir uns leisten können, nunmehr unbedenklich nach Berlin zu wandern. Mir erscheint es ratsam, bevor die Illegalität aufgegeben wird, weitere Erfahrungen zu sammeln.

Die nächste läßt nicht lange auf sich warten. Auf einer nach Südwest führenden Chaussee kommt unbemerkt ein russischer Soldat hinter uns her geradelt. Er bremst kurz, springt ab und fragt:
„Dokument?“
Für den Bruchteil einer Sekunde ist ihm die Überraschung gelungen. Doch dann versuche ich ihn zu verwirren, ihn durcheinander zu bringen. Temperamentvoll weise ich gestenreich mal nach hinten ins Dunkel und mal nach vorn auf vereinzelt leuchtende Lampen in immer wiederkehrender Folge:
„Wir kommen von dort und woll'n nach da, nach Hause! — Passport, to dommo! — Pannimei? — Nix pannimei? — Wir kommen von dort und woll'n nach da, nach Hause! Passport, to dommo! Panni...!“
Zühlke und Kessler begreifen meine Absicht. Sie helfen mir. Gemeinsam gestikulieren und kauderwelschen wir unaufhörlich auf ihn ein.
Der Iwan versucht, zu verstehen. Er weiß nicht, auf wen er zuerst hören soll. Fragend wandern seine Augen von einem zum anderen. Ihm ist Unsicherheit anzumerken.
Gewinnen wir die Oberhand?
Wir drehen einen Zahn auf, spielen das Theater noch intensiver.
Der Umgarnte weicht zurück. Seine Hände halten das Fahrrad fest umklammert. Plötzlich schwingt er sich auf den Sattel und tritt kräftig in die Pedale.
„Den sind wir los!“
„Dem war nicht geheuer!“
Wir haben Schwein gehabt, weil der keine Waffe bei sich hatte!“
Potschka katte sich aus diesem Zwischenfall herausgehalten und als Zuschauer produziert. Wohl deshalb, um bei einem schlechten Ausgang eine Mitschuld von der Hand weisen zu können. Er hat damit offenkundig erneut den Mangel an Gemeinsamkeit und seine Hinterhältigkeit unter

Beweis gestellt. Die Stunde der Trennung ist gekommen. Ich gebe mich kühl, vermeide jeden Vorwurf, jede Begründung:

„Wir haben Dich heil über die Oder mitgenommen, dafür gesorgt, daß Du ausreichend zu essen und zu trinken hattest. Mehr kannst Du von uns nicht erwarten. Keiner will mehr mit Dir was zu tun haben. Von nun an bist Du auf Dich allein gestellt!"

Er ist außer sich:

„Das werde ich Euch heimzahlen!"

Kessler wird energisch. Er droht:

„Wage nicht, hinter uns herzukommen! Du findest Dich nicht mehr wieder!"

Wir verlassen ihn und verschwinden im Wald.

Diese Sprache hat der Erpresser verstanden. Wir kriegen ihn nicht mehr zu Gesicht, sind endlich von der Belastung, die zum Alpdruck wurde, befreit. Es ist wie eine Erlösung; ein Auftrieb, der gerade jetzt als Ausgleich am Platze ist; denn das Erlebnis mit dem Russen hat unseren Elan zwangsläufig gedämpft, uns wieder mißtrauischer gemacht.

Wie gewohnt, achten wir auf Deckung, umgehen Ansiedlungen und vermeiden, mit wem auch immer, menschliche Kontakte. Was soll's auch! Sie bringen uns zur Nachtzeit ohnehin nicht weiter.

Diese Zurückhaltung ändert sich erst gegen Mittag des nächsten Tages, als ich im Dickicht, noch im Halbschlaf, die behäbigen Schritte eines Fußgängers höre. Offenbar ist in unmittelbarer Nähe ein mit Schlacke befestigter Weg, der unserer Aufmerksamkeit entgangen ist.

Wer mag dort entlanggehen?

Hellwach halte ich nach dem Unbekannten Ausschau.

Zwischen den Baumstämmen taucht ein deutscher Eisenbahner auf. Eine altvertraute Uniform! Sauber und gepflegt, mit einer Bügelfalte in der Hose und die Aktentasche unter dem Arm, gewinnt man von dem älteren Herrn den Eindruck, als führe sein Weg zum Dienst.

Wird er uns unbefangen Auskunft oder einen Rat geben können? Ich rufe:
„Hallo, Herr Bahnmeister;“
Er dreht sich um, ist überrascht:
„Ja, bitte?“
„Wir sind geflüchtete Landser, quer durch's Oderbruch gekommen und woll'n nach Hause, nach Berlin! Wie sieht's denn aus in unserem neuen Deutschland?“ frage ich herausfordernd.
„Was man übrig gelassen hat, ist von den Alliierten besetzt und in Zonen aufgeteilt. Sie sind hier im russischen Bereich!“
„Wie heißt denn der nächste Ort? Und können Sie uns sagen, wie man am besten weiterkommt?“
Sein Arm zeigt nach Nordwest:
„Dort drüben liegt Tantow. Von dem Bahnhof fährt jetzt um zwölf ein Zug nach Angermünde, da müßten Sie umsteigen, gegen Abend sind Sie in Berlin!“
Die Auskunft klingt verlockend. Doch ich bin skeptisch und wehre ab:
„Wir haben keine Ausweise!“
„Danach fragt keiner!“, antwortet er leichthin.
Könnte das 'ne Chance sein?
„Und wie sieht's mit den Kontrollen aus?“
Der Beamte zerstreut meine Bedenken:
„Es gibt keine! Und außerdem fallen Sie nicht auf, weil in dem Zug ständig ehemalige Soldaten mitfahren, die man in Stettin entlassen hat!“
Zühlke und Kessler, inzwischen herbeigeeilt, verfolgten gespannt die Unterhaltung:
„Das hört sich ja traumhaft an!“
In mir kribbelts. Noch bin ich unentschlossen und wage mich nicht zu entscheiden.
„Ist's Ihre ehrliche Meinung, daß uns nichts passieren kann?“
Der Mann wird ungeduldig:
„Aber wenn ich's Ihnen doch sage! Nun beeilen Sie sich endlich! Der Zug fährt in fünf Minuten. Schließlich verpassen Sie ihn noch!“

Ich habe mich durchgerungen und hoffe, daß es gutgehen wird:
„Los, auf ein Neues, Männer! Wir lassen's drauf ankommen!"
Zunächst ist von einem Bahnhof überhaupt nichts zu sehen. Wenn der Zug nicht da stünde, würde man kaum meinen, eine Station vor sich zu haben. Erst beim Näherkommen fällt als einziges Anzeichen dafür der zwischen den Geleisen in gleicher Höhe zementierte Bahnsteig auf.
Die Lok ist unter Dampf, Personen- und Güterwagen willkürlich aneinandergekoppelt. Verhärmte Frauen, zum Teil mit Kindern, und alte Männer, sowie auch einige deutsche Soldaten in zerlumpten Uniformen, laufen mit ihren Bündeln wirr durcheinander, suchen einen Platz.
Das Bild beeindruckt mich nicht. Es ist mir ein gewohnter Anblick aus früheren Kriegstagen.
„Der Beamte hatte recht; man sieht keinen einzigen Russen!"
„Dennoch bleiben wir auf der Hut! Wir steigen in einen offenen Waggon, um bei Gefahr abspringen zu können! Ein geschlossenes Personenabteil ist wie eine Mausefalle, in der man zu schnell überrumpelt werden kann."
„Die Lore in der Mitte ist am sichersten! Wenn eine Kontrolle von vorn oder auch am Ende des Zuges einsetzen sollte, dann werden wir nicht gleich erwischt, können vorher stiften geh'n!"
Von den Fahrgästen heben sich unsere Gestalten nicht sonderlich ab. Zwanglos postieren sich Zühlke auf der einen und Kessler auf der anderen Laderaumseite. Sie halten die Umgebung im Auge, denn wir sind unruhig und befürchten, daß im letzten Augenblick der Abfahrt noch was dazwischenkommen könnte.
Endlich setzt sich der Zug in Bewegung, bald kommt er in Fahrt.
Uns fällt ein Stein vom Herzen. Wenn's nur weiter so gut geht!
Ich betrachte die Mitreisenden. Die Gesichter sind in sich

gekehrt, verschlossen. Die Augen starren ins Leere. Keinen kümmert der Nachbar. An der hinteren Stirnwand schmiegt sich ein hohlwangiges Kind an die Mutter.
Was für ein Leid mögen die Leute durchgemacht haben? Selbst der Landser mir gegenüber, der sich eigentlich freuen sollte, nach Hause zu kommen, stiert abgestumpft vor sich hin.
Ob er krank ist, die Gelbsucht hat? Alle Anzeichen, seine Augäpfel und die fahle Gesichtshaut, sprechen dafür. Sicher hatte man ihn deshalb nach Hause geschickt. Ich rede ihn an:
„Wo hat man Dich entlassen?"
„In Stettin!"
„Bist Du an der Grenze gefilzt worden?"
„Ja!"
„Von wem?"
„Polen!"
„Haben die Dir was abgenommen?"
„Alles!"
„Auch Deine Papiere?"
„Die hab' ich noch!"
Seine Antworten klären mich mehr über die neue Wirklichkeit auf, als die vorangegangenen Begegungen. Sie sind verwertbar, könnten bei unserer Wiedereingliederung von Nutzen sein. Ich bluffe:
„Uns hat man sie geklaut, mitsamt den Brieftaschen. Meine war aus echtem Krokodilleder. Unter anderem waren hundertfünfzig Mark darin!"
Er nickt:
„Die Schweine kassieren alles, was nicht niet- und nagelfest ist!"
Auch diese Antwort kommt mir gelegen. Man kann sie im Bedarfsfall als Notlüge mitverwenden.
Der Zug blieb unbehelligt. Langsam läuft er in den Angermünder Bahnhof ein.
Weit und breit ist keine Kontrolle zu sehen. Nicht mal eine patrouillierende Streife läßt sich blicken. Inmitten der Zivilbevölkerung bewegen sich nur einzelne Soldaten mit Reise-

gepäck. Sie sind ohne Waffen, haben andere Interessen, keine einschlägigen Kompetenzen.
Der Stationsvorsteher geht die Reihe der Waggons ab:
„Alles aussteigen! Der Zug endet hier!"
Kessler spricht den Beamten an:
„Wann und wo fährt ein Zug nach Berlin?"
„In eineinhalb Stunden vom Bahnsteig A!"
Mit diesem langen Aufenthalt hat keiner gerechnet.
„Was machen wir in der Zwischenzeit?"
Zühlke schlägt vor:
„Vorläufig in der Menschenmenge untertauchen!"
Der Pulk strömt zum Ausgang und löst sich vor dem Hauptgebäude auf. Wir heften uns an die Fersen einer kleinen Gruppe von Fußgängern, die sich in die Innenstadt begibt. Doch die Anzahl der Leute nimmt langsam ab, einer nach dem anderen verläßt den Haufen.
Auf einem gegenüberliegenden Bürgersteig schlendert ein russischer Soldat vorüber, ohne sich um uns und die übrige Bevölkerung zu scheren. Seine makellose Uniform macht einen guten Eindruck. Die wenigen Passanten stören sich nicht an ihm. Anscheinend gehört hier die Besatzungsmacht schon zum gewohnten Straßenbild.
Die kleine Gesellschaft hat sich aufgelöst. Der Letzte biegt in eine Seitenstraße.
Es wäre albern, dem hinterher zu laufen, sich an ihn zu halten. Wir sind unschlüssig:
„Was nun?"
„Jetzt sind wir ohnehin mitten in der Stadt! Wir nutzen die Zeit und versuchen Ausweise zu kriegen, gehen einfach zur Polizei. Die haben Befugnisse!"
Eine einheimische, gut angezogene Frau weist den Weg zum Revier:
„Es ist nicht weit. Sie gehen nur ein paar Minuten!"
Schon kommt das Hinweisschild ins Blickfeld.
Wir betreten das Gebäude. Mich wundert, daß kein einziger Beamter in Uniform anzutreffen ist. Im Meldezimmer hockt

hinter dem Tresen am Schreibtisch eine Zivilangestellte.
„Was wünschen Sie?“
Ich rede frei von der Leber:
„Wir sind in Stettin von den Russen nach Berlin entlassen worden. An der Grenze haben uns die Polen gefilzt, Geld und alle Papiere abgenommen . . .!“
Zühlke fällt mir ins Wort:
„Wir brauchen Ausweise! Ohne Legitimation bringt man uns wieder dahin, wo wir hergekommen sind!“
Die Frau antwortet zurückhaltend:
„Da müssen Sie morgen wiederkommen. Heute ist Sonntag, das Büro geschlossen. Von den Herren ist niemand hier und ich bin nicht ermächtigt!“
Kessler wird unwirsch:
„Darauf können wir keine Rücksicht nehmen; denn in einer Stunde fährt unser Zug. Wir wollen ihn nicht verpassen!“
„Ich kann's nicht ändern!“
Er gerät außer Fassung:
„Dann holen Sie bitte einen, der ermächtigt ist!“
Sie reagiert spitz:
„Jetzt ist keiner zu erreichen!“
Mir wird's zu bunt. Ich versuche noch einen Anlauf, schlage einen sanfteren Ton an:
„Schreiben Sie doch bitte selbst eine Bescheinigung aus, irgend ein Zettel genügt uns. Die Hauptsache ist, daß er mit einem Stempel versehen wird!“
Die Unwillige spannt einen Bogen mit Durchschlag in die Schreibmaschine. Sie ist weich geworden:
„Gut! Aber ich kann mich nur auf Ihre Angaben beschränken!“
„Das genügt; mehr erwarten wir auch nicht!“ antworte ich erlöst.
Sie tippt die Ausweise mit verkniffenem Gesicht herunter. Glaubt die Bockige, mit der Zusage ihre Kompetenz überschritten zu haben, oder ist ihr nur die Arbeit zuviel?
Bevor wir die Dienststelle verlassen, versuche ich mit gekünsteltem Verdruß die Sache wichtig zu machen:

„Machen Sie den Vorfall aktenkundig; denn es ist nicht in Ordnung, daß Polen entlassene deutsche Soldaten derart ausplündern. Da muß ein Riegel vorgeschoben werden!“

„Natürlich wird der Vorgesetzte unterrichtet; man wird sehen, was dabei herauskommt!“

Angermünde,

A U S W E I S !

Albert Breyer, ist aus der Gefangenschaft Stettin entlassen und kehrt nach seinem Heimatsort Berlin zurück.

Der Kreispolizeimeister

Ortspolizeibehörde

Wenn das Papier auch nicht als Entlassungsdokument gewertet werden kann, so ist immerhin daraus zu erkennen, daß sich ehemalige Kriegsgefangene auf dem Heimweg befinden. Wie weit der Text im Ernstfall Anerkennung findet, mag dahingestellt bleiben. Vorerst ist die amtliche Bestätigung eine große Hilfe. Sie erleichtert das Gewissen, deshalb sind wir glücklich darüber.

„Das hat gut geklappt!"

„Und wie fix das auf einmal ging!"

Mit einem Schlag sind Risiko und Gefahr ins Unterbewußtsein gedrängt. Das Gefühl, mit dem Dokument halbwegs von der Öffentlichkeit aufgenommen zu sein und nunmehr ohne Angst die Straßen entlanggehen zu dürfen, wächst auf dem Rückweg zum Bahnhof mit jedem Schritt und drückt sich in immer größer werdende Freude aus.

Ich war seit langem nicht so unbeschwert!

Kessler jubelt überschwenglich:

„Freunde, seht das Restaurant! Neben dem Eingang hängt 'ne Speisekarte! Ich lade Euch ein!"

Die Idee ist großartig!

Tatsächlich preist die Menükarte in dem Glaskasten Gerichte an. Leider sind Lebensmittelmarken erforderlich. Nur eine Suppe mit Graupeneinlage wird frei angeboten. Der Preis ist für den Spendierfreudigen erschwinglich.

In dem gediegen eingerichteten Lokal hat der Krieg keine Spuren hinterlassen. Es ist dicht besetzt. Unsere Stipvisite erregt Aufmerksamkeit, jedoch nur für Sekunden. Den ordentlich angezogenen Leuten ist das vorgesetzte Essen im Kreis ihrer Lieben wichtiger. Schließlich ist heut' Sonntag.

Mich überrascht diese gutbürgerliche Atmosphäre, die von außen nicht zu vermuten war. Unmittelbar neben dem Entree ist noch ein Tisch frei. Er steht separat. Wir plazieren uns mit dem Rücken zur Wand und erwarten den Kellner.

Da ist er schon, kommt schwer beladen aus der Küche. Mich wundert, daß der jugendliche Mann mit seiner kräftigen Statur offensichtlich gut über den Krieg gekommen ist. Seine

Berufskleidung ist dem Bild des Hauses angepaßt. Über der weißen Schürze ziert ihn rustikal eine grüne Weste. Dienstbeflissen jongliert er mit dem Tablett geschickt um die Tische. Er setzt das Geschirr ab, blickt auf und sieht uns sofort. Seine Miene wird ungehalten. Er ruft laut über die Köpfe der Gäste hinweg:
„Bei uns gibt's nichts geschenkt! Hier müssen Sie bezahlen!"
Die robuste Unverfrorenheit verschlägt mir die Sprache. Welche Geringschätzung spricht aus seinen Worten! Wie peinlich!
Ich zwinge mich zur Ruhe. Auch meine Freunde halten sich zurück. Eine passende Antwort würde ohne Zweifel den Aufenthalt im Lokal unverzüglich beenden.
Aber daran liegt uns nichts. Wir wollen uns die Suppe nicht entgehen lassen. Als der rücksichtslose Kerl endlich die Bestellung aufnimmt, mahne ich kühl zur Eile.
Er serviert das Gewünschte und bemüht sich, einzulenken:
„Ich habe in der Küche gebeten, die Einlage etwas größer ausfallen zu lassen!"
Hier gibt's nichts mehr wiedergutzumachen! Wir schlucken die Knochenbrühe mit den Kälberzähnen hinunter, bezahlen und gehen. Kaum auf der Straße, schimpft Zühlke:
„Ich kann nicht verstehen, daß kein Mensch dem Ganoven ins Wort fiel!"
Kessler sucht eine Erklärung. Er vermutet:
„In dem Laden halten sich wahrscheinlich unter anderem Kommunisten auf. Da hat man Rücksichten zu nehmen und vielleicht auch Angst!"
Was auch dahinter stecken mag, wir sind wieder um eine Erfahrung reicher. Die spontane Äußerung des Kellners und das passive Verhalten des Publikums Heimkehrern gegenüber kann uns die derzeitigen moralischen Verhältnisse nicht besser widerspiegeln! Wir machen uns keine Illusionen. Es war ein erneuter Vorgeschmack von dem, was uns zu Hause erwarten wird.
Der Verdruß und die Gedanken darüber legen sich. Sie wer-

den von der Vorfreude, in wenigen Stunden Berlin erreicht zu haben, verdrängt. Ich male mir schon die Gesichter meiner Eltern aus, wenn ich überraschend vor ihnen stehe, das Gesicht meines Bruders, dem man einen Heimatschuß verpaßt hatte und der deshalb vorzeitig aus der Wehrmacht entlassen wurde. Er wird die Eltern in der schweren Zeit unterstützt haben. Ob die Wohnung noch existiert, nicht ausgebombt ist?

Der Uhrzeiger am Bahnhofsgebäude mahnt zur Eile. In der Vorhalle zeigt die Hinweistafel mit der Aufschrift „Berlin-Stettiner-Bahnhof" das Abfahrtsgleis an. Der Zug, diesmal nur aus Personenwagen zusammengekoppelt, steht schon bereit. Wir besteigen ein halbleeres Abteil.

Noch suchen einige Fahrgäste hastig nach einem freien Platz. Der Stationsvorsteher gibt das Abfahrtssignal.

„Zurücktreten von der Bahnsteigkante! Türen schließen!"

Die Letzten klicken wuchtig ins Schloß. Der Zug setzt sich in Bewegung, rumpelt über die Weichen der Verschiebegeleise und gelangt schließlich auf freie Strecke. Die Geschwindigkeit nimmt zu.

Vom monotonen Rhythmus der Fahrgeräusche werden mir die Augenlider schwer. Ich nicke ein.

Hin und wieder nimmt mein Unterbewußtsein das Kreischen der Bremsen wahr. Es stört mich nicht; denn die Gründe sind belanglos. Es mögen Haltesignale oder auch andere technische Ursachen sein.

Der Ausweis in meiner Tasche ist ein gutes Ruhekissen.

„Albert!"

Ich schrecke hoch, bin hellwach:

„Was ist?"

„Russen! Sie sind alle unter Waffen!"

„Wo sind wir denn?"

„Eberswalde!"

Das große Aufgebot hat sich in einzelne Gruppen aufgeteilt. Sie besetzen Sperren und Ausgänge. An beiden Bahnsteigenden erwarten kleinere Kommandos das Halten des Zuges.

„Die werden die Abteile durchkämmen!“
„Woll'n wir's darauf ankommen lassen?“
„Auf keinen Fall!“
Kessler will hinaus, öffnet die Tür. Ich halte ihn zurück:
„Nicht so voreilig! Da läufst Du nur den Fängern in die Arme! Geh' zur anderen Seite raus!“
Hier ist die Luft reiner.
Wir springen über das Nebengeleis auf den angrenzenden Perron, mischen uns unter das auf den Gegenzug wartende Volk und schlendern unauffällig, als seien wir einer der ihren, bis zum ersten Wagen vor, den man unterdessen schon unter die Lupe genommen hatte.
Ebenso schnell wie der Zug von uns verlassen wurde, wird er auf gleichem Wege wieder bestiegen. Das Ausweichmanöver ist nicht aufgefallen.
Die gefährlichen Kettenhunde haben einige verhaftet. Man führt die Verdächtigen ab. Die wichtigtuende Kolonne verläßt geschlossen die Bildfläche.
Der Lokführer erhält freie Fahrt.
Die Leute erzählen untereinander, daß man nun ohne Unterbrechung bis nach Berlin durchreisen werde, daß keine Kontrollen mehr zu erwarten sind. Ich frage mein Gegenüber:
„Und wie sieht's auf dem Stettiner Bahnhof damit aus?“
„Da habe ich noch nie eine erlebt!“
„Benutzen Sie diesen Zug des öfteren?“
„Jeden Sonntag!“
Ich stehe am offenen Fenster und lasse mir den Fahrtwind um die Nase wehen.
Das schöne Wetter hat die Landarbeiter aufs Feld gelockt. Es sind meist Frauen und Kinder. Da ernten sie Rüben, dort Kartoffeln. Man pflügt und eggt den Acker, bestellt das Feld.
Das Leben geht weiter! Es hat einen neuen Anfang gefunden.
Da sind die ersten Landhäuser von Bernau, kleinere Villen und Ruinen.

Dort zwischen den Geleisen die vertrauten Stromschienen der S-Bahn!

In Abständen huschen die Stationen vorüber. Wir überholen langsam einen fahrenden Vorortzug, ein anderer kommt uns entgegen.

Mir wird die Zeit zu lang. Ich werde ungeduldig, möchte jubeln, zwinge mich zur Ruhe. Es wäre verfrüht, denn noch kann was dazwischenkommen.

Das Dampfroß drosselt die Geschwindigkeit. Wir rollen an ausgebrannten und zerschossenen Loren vorbei.

Die Kette der Personenwaggons schlängelt sich durch die zum Teil zerstörten Gleisanlagen bis in die riesige Haupthalle des Stettiner Bahnhofs hinein.

Wir haben Glück! Die Fahrgäste passieren ungehindert die Sperren. Der Mitreisende hatte mit seiner Prognose recht behalten.

Die Straßenbahn befördert uns durch die zertrümmerte Stadt.

Wir erreichen den amerikanischen Sektor.

Ich atme befreit auf. Mir ist zumute, als hätt' ich eine Schlacht gewonnen.

Meine Familie und ich sind glücklich. Wir liegen uns in den Armen. Die Mutter weint Freudentränen.

Zühlke und Kessler erholen sich noch einen Tag bei uns zu Haus. Sie besorgen sich ordentliche Papiere und fahren dann nach Westdeutschland.

AUSKLANG

Die elterliche Habe blieb nicht ungeschoren. Auswirkungen einer Brandbombe haben die Wohnung arg mitgenommen, den Hausrat zum Teil ruiniert. Immerhin hatten die Lieben meinen hellgrauen Sonntagsanzug über die schwere Zeit hin retten können. Die Paßform ist noch gut, der kunstgestopfte Dreiangel in der Hose stört mich nicht. Ungeachtet des noch sichtbaren Schadens komme ich mir — mit seinem dezenten Nadelstreifen und rosa Karo — wie „Graf Koks" vor.

Obgleich das Ausmaß der Katastrophe nicht mehr reparabel erscheint, sind allerorts überwiegend verhärmte Frauen — neben alten, hageren Männern — am Werke, Ordnung zu schaffen und einsturzgefährdete Mauerreste zu beseitigen. Angesichts dieser Trümmerfelder und der hungernden und abgestumpften Einwohner dieser ehemaligen Reichshauptstadt verblassen die Abenteuer meiner Heimkehr von einem Tag zum anderen. Hiobsbotschaften lösen einander ab. Das Entsetzen über die vielfältigen Gewalttaten ist noch nicht verklungen, da werden Stimmen von Demontagen unserer Wirtschaft laut. Sogar Musikinstrumente, wie Klaviere und Flügel lassen die Russen mitgehen!

Wie sollen wir mit den zusätzlichen Herausforderungen fertig werden?

Beistand erhoffend, vertraut der Berliner auf die Anwesenheit der Westalliierten.

Während eines Spazierganges über die ehemalige Prachtstraße Kurfürstendamm bemerke ich auf der Suche nach beginnendem Leben nichts mehr, was aufmuntern, einen Anstoß geben könnte. Alles liegt brach. — Nein! Erste zaghafte Versuche auch hier: Café Schilling und Haus Wien wagen mit provisorischen Mitteln einen Neubeginn!

Dort abermals eine Überraschung! An der Ecke Uhlandstraße fallen dem Fußgänger aufwendig plakatierte Worte in's Auge:

„Die Erfahrungen der Geschichte besagen,
daß die Hitler kommen und gehen,
aber das deutsche Volk,
der deutsche Staat bleibt."

Josef Stalin

Von „zwei deutschen Staaten" war damals noch nicht die Rede.

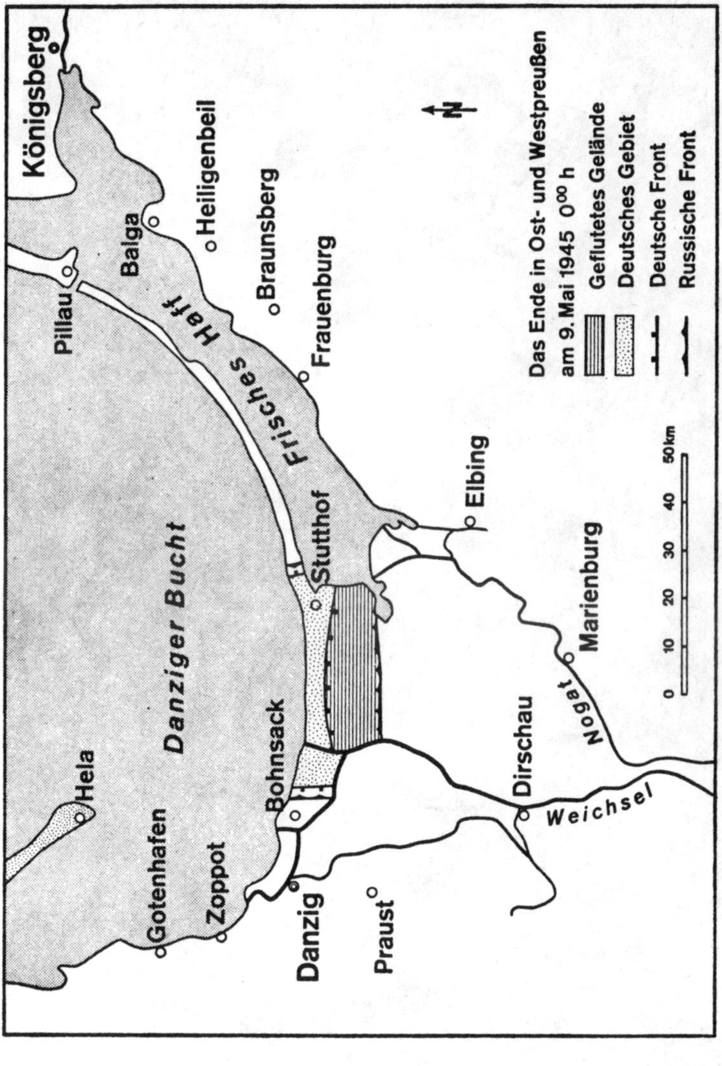

Das Ende in Ost- und Westpreußen
am 9. Mai 1945 0^{00} h
Geflutetes Gelände
Deutsches Gebiet
Deutsche Front
Russische Front
N
0
10
20
30
40
50km
Königsberg
Heiligenbeil
Balga
Braunsberg
Pillau
Frauenburg
Frisches Haff
Elbing
Stutthof
Danziger Bucht
Marienburg
Nogat
Dirschau
Bohnsack
Hela
Gotenhafen
Zoppot
Weichsel
Danzig
Praust

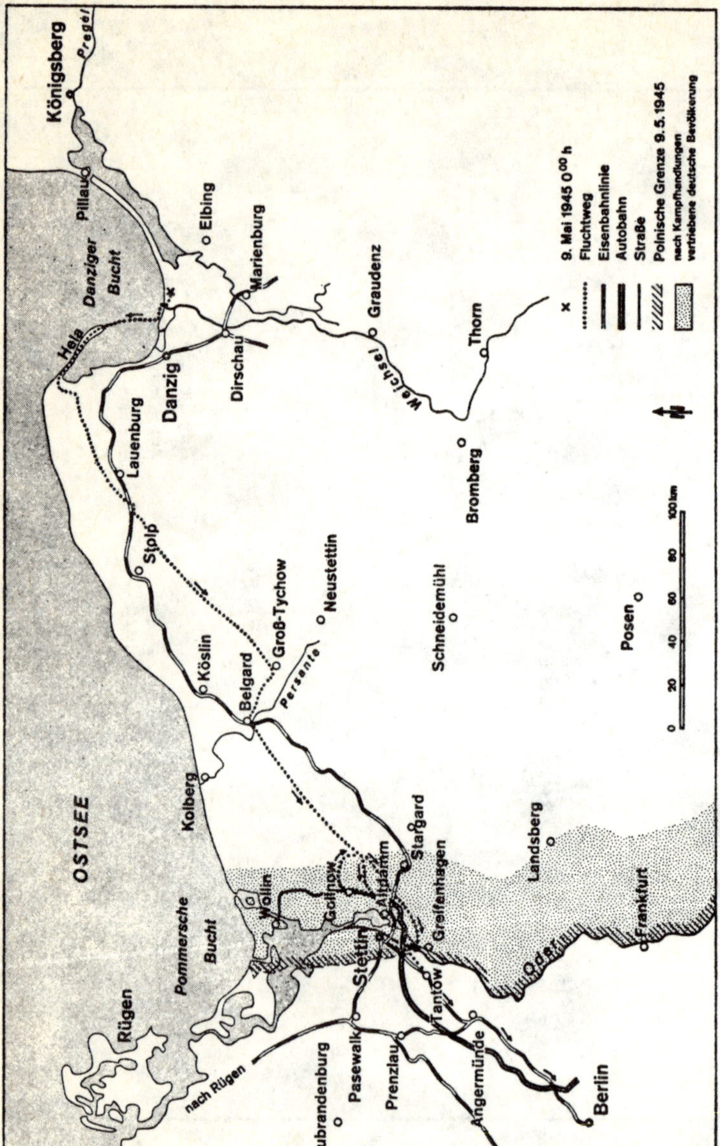
OSTSEE
Königsberg
Pregel
Pillau
Danziger Bucht
Elbing
Marienburg
Hela
Danzig
Dirschau
Graudenz
Weichsel
Thorn
Lauenburg
Stolp
Bromberg
Neustettin
Groß-Tychow
Köslin
Belgard
Persante
Schneidemühl
Posen
Kolberg
Stargard
Landsberg
Pommersche Bucht
Wollin
Gollnow
Altdamm
Greifenhagen
Stettin
Frankfurt
Oder
Rügen
nach Rügen
Tantow
Pasewalk
Prenzlau
Neubrandenburg
Angermünde
Berlin
0 20 40 60 80 100 km
9. Mai 1945 0⁰⁰ h
Fluchtweg
Eisenbahnlinie
Autobahn
Straße
Polnische Grenze 9. 5. 1945
nach Kampfhandlungen vertriebene deutsche Bevölkerung